A Filosofia de Rudolf Steiner

e a Crise do Pensamento Contemporâneo

Andrew Welburn

A Filosofia de Rudolf Steiner

e a Crise do Pensamento Contemporâneo

Tradução:
Elaine Alves Trindade

Publicado originalmente em inglês sob o título *Rudolf Steiner's Philosophy*, por *Floris Books*.
© 2004, Andrew Welburn e Floris Books
Direitos de edição e tradução para todos os países de língua portuguesa.
Tradução autorizada do inglês.
© 2005, Madras Editora Ltda.

Editor:
Wagner Veneziani Costa

Produção e Capa:
Equipe Técnica Madras

Tradução:
Elaine Alves Trindade

Revisão:
Rita Sorrocha
Bruna Maria Martins Fontes
Daniela de Castro Assunção

CIP-BRASIL. CATALOGAÇÃO-NA-FONTE
SINDICATO NACIONAL DOS EDITORES DE LIVROS, RJ.

W47f
Welburn, Andrew J., 1954-
A Filosofia de Rudolf Steiner: e a crise do pensamento contemporâneo/Andrew Welburn; tradução Elaine Alves Trindade. - São Paulo: Madras, 2005
Tradução de: Rudolf Steiner's Philosophy
ISBN 85-7374-973-3

1. Steiner, Rudolf, 1861-1925 - Filosofia. 2. Teoria do conhecimento. 3. Filosofia da natureza. 4. Antroposofia. 5. Filosofia austríaca. I. Título.

05-1470.		CDD 193
		CDU 1(436)
11.05.05	13.05.05	010149

Proibida a reprodução total ou parcial desta obra, de qualquer forma ou por qualquer meio eletrônico, mecânico, inclusive por meio de processos xerográficos, incluindo ainda o uso da internet, sem a permissão expressa da Madras Editora, na pessoa de seu editor (Lei n° 9.610, de 19.2.98).

Todos os direitos desta edição, em língua portuguesa, reservados pela

MADRAS EDITORA LTDA.
Rua Paulo Gonçalves, 88 — Santana
CEP: 02403-020 — São Paulo / SP
Caixa Postal: 12299 — CEP: 02013-970 — SP
Tel.: (11) 6959-1127 — Fax: (11) 6959-3090
www.madras.com.br

Índice

Prefácio 7
Introdução: O Filósofo da Liberdade
    A Liberdade e seus Perigos 11
    Uma Filosofia Espiritual 14
    Repensando o Passado 24

1. Uma Ecologia do Conhecimento: o Pensamento de Steiner
na Origem e em Linhas Gerais 29
    Steiner-Nietzsche ou uma Recusa ao Pânico 30
    Enigmas Filosóficos 34
    As Linhas Gerais do Pensamento de Steiner 38

2. O Conhecimento como Relação
    Fenomenologia 51
    A Verdade e a Ciência 62
    Uma Visão Moderna de Mundo:
    "Antroposofia" – com um Toque de Arte 76

3. O Eu em Desenvolvimento
    O Eu e o Outro: Formando o Mundo? 89
    O Eu e o Outro: uma Realidade Social 105
    A Existência e o Nada 112
    As Forças Contrárias 125
    O Paradoxo do Eu 139

4. Liberdade e História
    O Eu e seus Valores – A Filosofia da Liberdade 149
    A História e a Moralidade 156
    A Percepção Moral 164
    Símbolos Naturais e Tabus Modernos 170
    Questões Finais 175

5. A Crítica da Modernidade
    Mitos e Modernidade 179
    Novamente a História – e o Logos 186
    A Redescoberta do Significado 206
    Anexo 1: Lendas da Queda 211
    Anexo 2: Kant e os Pós-kantianos 217

Cronologia 233

Bibliografia Selecionada 235

Prefácio

Ao denominar meu capítulo de abertura sobre o pensamento de Rudolf Steiner "Uma Ecologia do Conhecimento", talvez eu deva deixar claro imediatamente que o leitor não encontrará fatos ou índices com referência ao declínio das florestas tropicais, nem sobre a poluição dos nossos mares. O título chama a atenção para um problema mais profundo do nosso modo de pensar referente à nossa relação com o mundo. Durante muito tempo, nós continuamos a pensar nos caminhos que nos levaram à beira de um desastre ecológico, pensando em termos de manipulação, desapego, observação do lado de fora. Nós podemos fazer pouco mais que um funileiro com os assuntos que realmente exigem uma abordagem radical. Ainda assim, poucos pensadores têm ido muito longe em direção a uma reavaliação do tipo da que Rudolf Steiner fez. Os cientistas temem que não poderá haver um conhecimento real se nós dermos as costas para a "objetividade", e são dúbios com relação às complexidades que surgem com o conhecimento a partir de seu interior; os moralistas compartilham a avaliação do conhecimento sendo frios e estranhos à compaixão, e buscam substituir uma ordem imperativa ou reprimida no progresso da ciência. Para alguns, pelo menos, Rudolf Steiner tem sido visto como o mais relevante à medida que os partidos de oposição crescem e se distanciam. O que precisamos é de um ponto de vista que nos dê conhecimento, mas de uma forma que nos mantenha em contato com a perspectiva humana, colocando esse conhecimento no contexto do equilíbrio de forças que nos dêem nosso lugar no cosmo. O conhecimento, afinal de contas, é o conhecimento humano para os objetivos humanos. Steiner ajuda a explicar seu significado humano e, portanto, enquanto ele faz isso, nos induz a voltarmos para nós mesmos – e explica também a dinâmica inerente dentro do conhecimento, que pode nos incitar a esquecer sua origem de um ângulo especial, fazendo com que pensemos que apenas a nossa perspectiva é real ou que só ela importa.

O movimento ecológico já se relaciona muito às idéias que Rudolf Steiner introduziu. Porém, as aplicações práticas do pensamento de Steiner estão muito distantes de serem seguidas neste livro. A natureza profundamente ecológica de sua abordagem na agricultura, na medicina, na nutrição e em outros aspectos do nosso estilo de vida está clara. Podemos observar que o pensamento ecológico moderno deve muito ao impacto de dois seguidores das idéias de Steiner. Um deles é seu aluno, D. N. Dunlop, fundador da organização que se transformou no Conselho Mundial de Energia, derivando da Conferência Mundial de Força, de 1924.[1] E o outro, também seu aluno, é Walter Johannes Stein, que, trabalhando com Dunlop na Inglaterra na década de 1930, viu claramente o "problema de energia" como algo que exige uma compreensão ampla dos recursos planetários e dos fatores que afetam o desenvolvimento global.[2]

Entretanto, os assuntos que afetam a forma como pensamos sobre o meio ambiente são tão amplos quanto a própria filosofia. Portanto, o que eu tenho tentado é um esboço de uma explicação de como nós podemos compreender os aspectos objetivos do conhecimento e suas origens humanas, o desenvolvimento livre da individualidade humana, sem qualquer meta fixada, mas com um potencial ilimitado que está relacionado à própria natureza do universo em desenvolvimento, e a uma habilidade para perceber os valores específicos em ações e em experiências que afetam o mundo e a nós mesmos, como Steiner caracterizou-os em seus livros e palestras filosóficas. Eu tenho tentado fazer isso sem entrar muito nos detalhes técnico-filosóficos (mesmo achando que estou qualificado para tal!), mas em vez disso, uso uma série de considerações cruzadas para mostrar a implicação da abordagem de Steiner e sua forma de relacionar as questões fundamentais do conhecimento com a liberdade moral em sua forma especial e inspiradora. Havia, em um estágio, a intenção de incluir uma menção àqueles filósofos que avançaram nas idéias de Steiner – Owen Barfield, Oskar Hansen, Jonathan Westphal, Georg Kühlewind, Bernardo Gut, para citar apenas alguns – e então chamar a atenção do leitor para os argumentos detalhados que têm, desde então, sido desenvolvidos nas áreas em que ele tocou. Mas o tempo e o espaço, que costumam ser tradicionalmente hostis para tais filósofos, voltaram-se contra essa idéia. O que tem surgido é, pelo menos, um esforço para ver o pensamento de Steiner em sua potencial perfeição da visão de nosso tempo.

Ao chamar de "repensamento" o pensamento de Steiner em meu capítulo de abertura, pode parecer que estou negando meu próprio caso na contínua relevância de Steiner; que achei melhor que ele se desenvolvesse sozinho. Mas essa contradição é apenas superficial. É exatamente por suas idéias ainda serem tão relevantes que elas precisam ser reformuladas nos termos das lutas e visões do mundo moderno. Em sua época, ele voltou

---

1. Veja T. H. Meyer, D. N. Dunop. *A Man of our Time* (London, 1992) pp. 201-246.
2. Veja J. Tautz, W. J.Stein. *A Biography* (London, 1990) pp. 187-207 (esp. p. 190).

suas idéias contra o kantismo moderno que tentava limitar todo o conhecimento ao tipo da verdade externa que os cientistas afirmavam. Atualmente, as pretensões da ciência são expressas em outras formas. Steiner nunca foi contra a ciência, mas ele teria, sem dúvida, protestado contra os abusos desta em termos necessariamente diferentes, ou nos princípios morais: o *slogan* do "individualismo ético" que ele então colocava contra as éticas "formalistas" das regras e imperativos, o que para mim não traz mais à memória das características realmente importantes do pensamento ético de Steiner. O que nós precisamos trazer à luz atualmente não é tanto a ênfase no individualismo na forma de Max Stirner, à medida que uma explicação que Steiner defende sobre um sentido mais profundo do ser em si: alguém que não quebre apenas as regras e as regulamentações, mas que seja capaz de descobrir a percepção moral direta, as intuições de que nós precisamos tornar o individualismo, mais uma vez, uma parte criativa da realidade compartilhada, um todo social.

Na exposição de seu pensamento eu tenho, portanto, evitado resumir o que significa a sua filosofia neste momento, optando por mostrar precisamente como tais idéias são necessárias nos argumentos cruciais que têm surgido desde então. Eu adotei o recurso de imaginar Steiner espreitando certos desenvolvimentos significantes, seja na física, na psicologia ou na antropologia sócio-ética. É a idéia geral do "eu em desenvolvimento" apresentada em si como uma forma de mostrar a inter-relação, no pensamento de Steiner, de vários aspectos – evitando a sugestão unilateral do "individualismo" na ética e trazendo à tona a ligação das abordagens estruturais-morfológicas e de desenvolvimento que ajudam a integrar o ponto de vista humano em um mundo mais amplo. Isso certamente seria possível para escrever um livro sobre Rudolf Steiner em seu cenário contemporâneo. Mas quando Eduard von Hartmann, por exemplo, respondeu ao tentar colocar Steiner de lado e optou pelo rótulo inconveniente de "monista epistemológico", realmente não provou nada exceto que ele não tinha compreendido bem a nova direção essencial que nós agora reconhecemos como fenomenologia – uma direção cuja essência Steiner tinha revelado claramente no trabalho embrionário de Brentano? Não é mais significativo que a fenomenologia que, por sua vez, estava tendo certas dificuldades quando ela tentava "suspender" o ponto de vista natural – as dificuldades para as quais Steiner poderia oferecer novas soluções se nós estivéssemos abertos para ouvi-las, como um resultado de seu projeto sutilmente diferente de esclarecer as mudanças históricas e evolucionárias do ponto de vista, o "eu em desenvolvimento", que é o assunto de sua "antroposofia"?

Introdução

O Filósofo da Liberdade

A Liberdade e seus Perigos

Nenhum filósofo fez tantos apelos para a extensão da liberdade humana quanto Rudolf Steiner, e em momento algum os assuntos sobre liberdade e sobre a nossa responsabilidade pelo mundo que habitamos têm tido tanta necessidade de serem esclarecidos do que hoje em dia, à medida que entramos no novo milênio. É com muito atraso que tem chamado a atenção de um número de pessoas sem precedentes o fato de que toda ação humana tem um significado ecológico. E como resultado, a ética tem se confrontado com esse aspecto, nem tanto das regras ou das boas intenções, como uma necessidade pela consciência de que isso atinge os detalhes de nossas vidas: o uso desnecessário da eletricidade, os *sprays* em aerossol, o consumo de alimentos comercialmente preparados e embalados – tudo isso tem surgido como fatores sobre os quais nós precisamos exercer um controle consciente e moral.

Entretanto, freqüentemente é tido como certo que esses novos imperativos ecológicos devem ser colocados contra os impulsos pela liberdade e pelo conhecimento que têm inspirado o desenvolvimento humano nos tempos modernos, verificando nossos impulsos "egoístas", com a implicação que eles devem ser "contidos" ou controlados se quisermos um futuro viável. Nós somos questionados freqüentemente sobre os efeitos de uma regressão, para abrir mão da afirmação dos desejos individualistas para mudar o mundo e retornar a atitudes morais mais antigas e mais "tradicionais". As forças contraditórias na experiência moderna do mundo estão, portanto, expostas. Mas é difícil ver como podemos até mesmo desconhecer as coisas no curso de direção que a civilização atual tem ensinado. Desde que Bacon percebeu que "conhecimento é poder", o tipo de entendimento que tem sido perseguido está precisamente no que nos habilita a intervir, a experimentar, a fazer as coisas acontecerem e a mudar o mundo. Então, o conhecimento – pelo menos o conhecimento do tipo científico-tecnológico – e a moralidade parecem estar cada vez mais em uma rota de colisão. Mas poucos são capazes de oferecer uma visão de uma unidade mais profunda pela qual a urgência de uma resolução final possa ser contemplada. A imensa dedicação e boa vontade que estão nas preocupações ecológicas quando elas são levantadas, na maioria das vezes carecem de uma filosofia coerente no sentido apropriado. O repensamento radical de Steiner da natureza do conhecimento e da ação moral do homem parece cada vez mais significativo à medida que a crise da vida moderna tem se desenrolado.

Em contraste à exploração materialista do mundo, ele ensinou uma filosofia espiritual que ainda não faz sentido, uma tentativa de "voltar para trás". Na verdade, como veremos, há sinais de um bom número de tendências mais empolgantes e inovadoras no pensamento contemporâneo. Ele nos conduz pela situação moderna com uma retidão crescente. Apesar disso, Rudolf Steiner não propõe que violemos nossas aspirações mais profundas, nosso caminho da auto-realização, a fim de salvar o mundo; ele acredita que é necessário compreender nossa liberdade e a natureza da humanidade de forma mais profunda. Para ele, o nosso conhecimento e a nossa liberdade moral estão, em princípio, intimamente relacionados, por isso, para Steiner, todo conhecimento produz um significado moral e nosso relacionamento com o mundo como conhecemos (tradicionalmente um tipo de tópico acadêmico) já é, no sentido estrito, um assunto ecológico. A solução de nossos dilemas atuais, muitos dos quais ele viu se aproximarem, exige um passo além na autocompreensão e no autodesenvolvimento, não uma contenção sobre ele. Apesar do muito que tem sido escrito e refletido sobre a crise contemporânea, só Rudolf Steiner, ainda é correto afirmar, desejava chegar às raízes do problema e nos dar a base para uma ecologia do conhecimento. Sem tal mudança de atitude, na melhor das hipóteses, nossas crises podem ser adiadas e, na pior, elas podem ficar pairando sobre nós perigosamente.

Suas idéias ainda são mais conhecidas, talvez, por inspirar o movimento educacional Waldorf, que hoje tem escolas por todo o mundo, de Israel ao Peru. Mas elas também servem como base para uma variedade assustadora de atividades científicas, médicas, agrícolas, arquitetônicas, entre outras, que são cada vez mais reconhecidas na Europa e em todo o mundo por sua vitalidade e pela originalidade de sua abordagem. Nascido na obscuridade dos limites do império austro-húngaro, como era na década de 1860, ele já foi uma figura controversa em seu tempo. Primeiro ficou conhecido como estudioso de Goethe, depois foi associado ao pensamento popular com as idéias nietzchianas antes de desenvolver a sua antroposofia, ou a "ciência espiritual". Mas, embora sua vida após esse fato, depois da virada do século, tenha sido dedicada a estimular as várias derivações de suas aventuras pioneiras na vida prática, a busca dos fundamentos dos valores espirituais em organizações religiosas, sociais e econômicas permaneceram fiéis a sua essência destemida de "uma concepção moderna do mundo".[3] Escrito pelo filósofo quando tinha 30 anos, seu testamento filosófico *A Filosofia da Liberdade* ainda é o ponto de partida para a compreensão de sua subseqüente linha academicamente menos ortodoxa.

Nem tanto um conjunto de conclusões como um processo de liberação no pensamento, ele está escrito em uma linguagem não-técnica que ainda tem um apelo externo. Entretanto, nos cem anos ou mais desde que Rudolf Steiner publicou *A Filosofia da Liberdade* (1894),[4] algo bom aconteceu para mudar nossas formas de pensar. Foi algo que naturalmente o grande "individualista ético" teria recebido bem e que, na verdade, ele aspirou produzir por toda a sua vida. Quando olhamos para essas mudanças no passado, a característica independente de Steiner das concepções convencionais fez com que ele fosse uma voz inovadora, bem como exprobatória que nos ajudou a avaliar de onde viemos e para onde vamos. Os perigos tremendos são muito evidentes para nós hoje, tanto no mundo político como no cultural, e em nossa preocupação com o equilíbrio da natureza, bem como com relação às enormes potencialidades da liberdade para nós e para o mundo, faziam parte de sua visão. Como um pensador que desafiou a instituição filosófica de sua época, Steiner, de forma crescente, tem o poder de nos fazer repensar o hoje. Apesar de algumas vezes ter sido mal-compreendido por seu radicalismo nietzschiano, Steiner estava, na realidade, preocupado em apresentar uma nova abordagem de longo alcance para assuntos como a liberdade humana, a evolução e as origens dos valores morais. Ele resistiu à academização e à compartimentização da filosofia, e

---

3. Um bom relato de sua vida disponível em inglês é: Johannes Hemleben, *Rudolf Steiner* (Sussex, 1975); em alemão, há o muito recomendado Christoph Lindenberg, *Rudolf Steiner* (Hamburg, 1992). Seleções dos textos de Steiner sobre espiritualismo ou antroposofia (em oposição aos seus textos mais estritamente filosóficos), com uma bibliografia muito útil, está disponível em R. A. McDermott (ed.), *The Essential Steiner* (New York e San Francisco, 1984); artigos sobre muitos aspectos da obra de Steiner em diferentes áreas são encontrados em A. C. Harwood (ed.), *The Faithful Thinker* (London, 1961); e J. Davy (ed.), *Work Arising from the Life of Rudolf Steiner* (London, 1975).
4. Steiner, trad. M. Wilson, *The Philosophy of Freedom. The Basis for a Modern World-Conception* (London, 1964; 1999), também trad. R. Stebbing *The Philosophy of Spiritual Activity* (New York, 1963). Materiais relacionados em O. Palmer (ed.), *Rudolf Steiner on his book* The Philosophy of Freedom (New York, 1975).
Surpreendentemente, não há coleções disponíveis dos materiais filosóficos sobre a obra de Steiner.

insistiu na inter-relação do conhecimento humano, colocando as ciências humanas, com determinação, no centro de seu pensamento. Em nosso tempo, quando a questão da relação do homem com seu meio ambiente deixou de ser simplesmente acadêmica e se tornou algo ecológico e vital, a relevância de sua abordagem e dos assuntos que ele levantou nunca estiveram mais claros. As atividades práticas mais importantes, incluindo o movimento de educação de Steiner, o Waldorf, as Comunidades de Camphill para pessoas com necessidades especiais, e a Sociedade Antroposófica continuam utilizando a inspiração de suas idéias. Os conceitos que ele desenvolveu abrem novas perspectivas na natureza da ciência e na mudança do caráter da experiência religiosa – perspectivas que são freqüentes desde o início, seja as que foram diluídas ou mesmo aquelas de contextos de menor alcance no fluxo do pensamento. Entretanto, redescobrir suas formulações sobre nossa batalha continua sendo sempre um desafio e algumas vezes um choque.

Uma Filosofia Espiritual

Começando nas últimas décadas do século XIX, Rudolf Steiner escreveu um número considerável de livros filosóficos e ministrou um número ainda maior de cursos e palestras nos quais ele aplicou suas idéias para quase todos os aspectos da vida. Em todos era possível ouvir um chamado de liberdade. Entretanto, diferentemente de muitos fornecedores de abordagens "espirituais" da vida, Steiner não nos encoraja a obter a liberdade ao custo de rejeitar o mundo ou o nosso lugar na sociedade, mas argumenta que podemos ser livres dentro das tensões e das contradições da modernidade, livres para preencher nosso potencial ao encontrar seus desafios. Uma vez que seu pensamento é, assim, de algumas formas diferente das abordagens naturalistas que nos vêem como alguém determinado pelas forças que nos rodeia, ou dos costumes religiosos – ou, até mesmo aqueles movimentos "alternativos que asseguram que podemos nos encontrar só se escolhermos aquelas forças – será importante enquanto examinar o tipo de pensamento que Rudolf Steiner desenvolveu".

É altamente individualista em ênfase – ainda que sua meta seja empregar as formas de pensamento que se desenvolveram em vívida complexidade na sociedade como um todo. É "espiritual" – ainda que não sugira que acreditemos em alguma realidade "metafísica" além do que podemos ver e saber, um mundo espiritual "reflexivo" no "além". Ela busca, de preferência, fazer com que nos tornemos cientes do espírito por meio de nossa própria atividade, interpretando e transformando o mundo ao nosso redor.

Atualmente, os termos dos argumentos que nós conduzimos sobre o nosso papel no mundo têm mudado inevitavelmente durante o tempo. Isso é algo pelo que o grande expoente da liberdade não esperava, mas ansiava. Então, parece que exige uma reavaliação desse pensamento, o que pode nos tornar capazes de confrontar as implicações desafiadoras de sua nova abordagem. Steiner necessariamente coloca seu caso na linguagem do seu tempo (amplamente neo-kantiana), e procura apresentar suas idéias em termos que seus contemporâneos possam compreender rapidamente, embora ele também corte caminho por muitas de suas suposições preciosas. Este livro introdutório, entretanto, não é uma tentativa ampla de reescrever a obra de Steiner. Ele é, mais exatamente, uma coleção de observações sobre a relevância contínua de seu pensamento no mundo moderno. Entretanto, é possível afirmar em relação à essência de sua visão que a filosofia e a liberdade estão inextricavelmente interligadas. Não que uma possa estabelecer a outra. A liberdade, para Steiner, tem de ser agarrada a todo instante por um ato de consciência individual: ela não pode ser provada em teoria, ser retirada da estante, nem ser como o capricho que nos move. Para ele, entretanto, é na liberdade que a filosofia torna-se parte da vida, e é, na verdade, a própria tarefa de repensar sobre nós mesmos – sobre a "atividade espiritual" – que dará validade à nossa liberdade e que Steiner encoraja-nos a assegurar. Esse é, de fato, o único mandamento que seu individualismo ético pode conter. O que significa, em um primeiro momento, é que estabelecemos nossa própria estrutura moral de referência ao longo de nossas ações, que não podem ser julgadas antecipadamente:

> Nós sabemos
> Que temos o poder sobre nós mesmos para fazer
> E sofrer – o que não sabemos antes de tentarmos.

Então, a filosofia aparece em sua visão, na urgência da nossa resposta para a vida. Certamente tem muitas implicações, e há um sentido que claramente se aplica de forma ampla a Steiner no qual a filosofia de um homem poderia ser usada para significar todo o movimento de seu pensamento, por toda a vida. Os textos de Steiner com referência ao homem, à natureza, à evolução, a Deus, à educação, à arte e a quase todo o resto constituem-se em uma declaração extraordinariamente completa de sua filosofia neste sentido, expressa em suas centenas de palestras e no conjunto de seus livros. Mas não estou aqui para parafraseá-los, nem resumi-los. Tais resumos têm sido tentados, mas eles correm o risco de perder a própria essência do que eu entendo da filosofia que está contida neles. Por esse motivo, penso no significado de Steiner, o sentido da abertura de novas abordagens, de libertar o pensador e capacitá-lo a ver coisas novamente. Steiner possuía esse dom de iluminar seu material filosoficamente em um nível muito surpreendente. Dois exemplos podem ajudar a chegar a esse ponto. Um é um cientista Ernst Lehrs; o outro, o escritor literário e filosófico Owen Barfield.

É dessa forma que Ernst Lehrs lembra-se de suas reuniões e discussões com Rudolf Steiner:

"Eu falei a ele sobre as minhas pesquisas experimentais sobre o fenômeno elétrico de alta-freqüência, introduzindo brevemente o problema específico com o qual eu estava ocupado. Eu acreditava que uma questão de um ramo tão especializado da física não despertaria muito interesse nele. Imaginem a minha surpresa quando ele tirou de seu bolso uma caderneta e um enorme lápis de carpinteiro, fez um esboço e começou a falar sobre o problema como alguém totalmente versado no assunto, e de uma tal forma que me deu o ponto de partida para uma concepção totalmente nova da eletricidade"...[5]

O que impressionava os especialistas não era apenas o extraordinário e variado conhecimento de idéias contemporâneas, mas sua habilidade de apossar-se do ponto que transformava toda a discussão, para começar um novo mundo de discurso. Owen Barfiel lembra sua impressão que:

até onde sei sobre o assunto em particular com o qual eu estava envolvido na época, que é a história dos significados verbais e suas influências na evolução da consciência humana, Steiner tinha, obviamente, esquecido muito mais coisas do que eu pudera sonhar um dia. É difícil apontar o que me convenceu disso. Até onde sei, não há um tratado especial sobre semântica ou semasiologia entre seus trabalhos. De certa forma, é um caso de observações soltas e alusões casuais que mostravam que algumas das minhas conclusões originais mais ousadas (como eu pensava) eram as premissas dele.[6]

Por trás disso está a idéia de Steiner sobre filosofia como uma libertação da limitação das formas de pensamento, em vez de ser um dedo em riste da moral ou um programa intelectual. Algumas das suas filosofias lembram aqueles esboços desajeitados, aquelas observações casuais que ainda sugerem a profundidade e a perfeição de sua visão. Aqueles que procuram nele respostas prontas para todos os problemas da vida, procurarão em vão, ou no máximo farão dele um outro ídolo. Para aqueles que aceitam seu trabalho no espírito no qual foi transmitido, há poucos filósofos que se proporcionaram oportunidades tão estimulantes para considerar a relação da filosofia com a liberdade.

É claro, Steiner trouxe um grande número de resultados precisos, que seus trabalhos, tanto os falados como os escritos expõem em detalhes consideráveis. Quando eu digo que ele nos deixou a liberdade, eu não quero dizer que ele manteve distância do compromisso para definir conclusões ou linhas de pensamento. Na verdade, um problema que muitas pessoas encontram inicialmente é que Steiner é tão definido e concreto em tantos

---
5. E. Lehrs, *Man or Matter* (London, 1961) p. 26.
6. O. Barfield, *Romanticism Comes of Age* (Connecticut, 1967). Prefácio da nova edição.

assuntos tentadores e em tantos outros que poderia ser moralmente mais fácil permanecer-se vago. O que significa é que, em vez disso, ele nos permite, a todo momento, considerar por que nós devemos pensar sobre o assunto desta forma em particular. Então, não é, a pletora dos resultados, menos ainda, sobre as suas aplicações em escolas, escritórios de arquitetos, em fazendas ou em clínicas e hospitais, que eu falarei sobre a rubrica da "filosofia" de Steiner. O que nos mobiliza aqui é o tipo de pensamento pelo qual Steiner trouxe às suas visões a luz sobre aqueles domínios múltiplos com sucessos surpreendentes (seja na classe, na clínica ou em um centro de purificação de água, as idéias de Steiner inegavelmente têm funcionado). Quando pensamos sobre essas coisas, devemos estabelecer uma estrutura dentro da qual vamos considerá-las. E dentro de uma estrutura, é possível atingir muitas conclusões frutíferas. As questões sobre qual estrutura e por que refletir sobre o pensamento são as questões da filosofia.

Mas aqueles que vêem Rudolf Steiner essencialmente como um guia para o desenvolvimento pessoal e espiritual, ou o pioneiro daquelas diversas formas de vida e de comunidade que ainda continuam e florescem, não devem sentir que o Steiner "filosófico" que eu abordo aqui seja uma figura diferente. O meio termo pode parecer mais abstrato, mas devemos nos lembrar que a libertação que nos proporciona ver outras possibilidades, outras estruturas, tem lugar para Steiner na parte mais central da vida e coincide com a liberdade para ver as coisas de uma forma nova ou em uma ligação saudável. O que é valioso sobre o "conceito" da liberdade de Steiner é exatamente que ela também pode ser expressa na forma de um prédio ou uma sala, em um gesto, ou em uma pintura.[7] O tipo de pensamento que eu

---

7. O "conceito" da liberdade está vividamente encorporado na construção de Goethe em Dornach, na Suíça, que Steiner projetou como o quartel-general da Sociedade Antroposófica. Rex Raab escreve sobre as formas usadas na estrutura da obra-prima de Steiner no "concreto eloqüente", o círculo e suas modificações. O ponto da construção de Steiner não é, de forma alguma, a auto-expressão artística unilateral de um arquiteto, dominando as formas como em tantas torres de vidro ou estruturas de concreto construídas hoje, mas surge apenas no encontro e no diálogo ativo livremente com aqueles que o visitam e o utilizam. "Foi o plano dominado apenas pelo princípio concêntrico; ele seria rígido e acima de tudo, sob a magia de um princípio 'egoísta', egocêntrico. É de grande importância, portanto, que as duas seções do edifício no oeste – a escadaria escultural acima, e a entrada principal abaixo – quebrem o círculo encantado, crescendo além dele. É possível até dizer que o empurra para fora... Em face do círculo plano, uma pessoa sensível à forma sentirá que ele está colocado sob seus próprios recursos, descansando sobre si mesmo. Para começar, essa linha não-articulada permite duas tendências características. Na primeira, protuberâncias aparecem na forma de uma linha ondulada, proclamando a 'vitória interior'. Na outra, uma linha em zigue-zague indica que as forças externas venceram a vitória": Raab, com A. Klingbord e A. Fant, *Eloquent Concrete* (London, 1979) p. 104. O resultado, ele adiciona, é uma linguagem arquitetônica que não exige aceitação, mas um envolvimento livre, uma linguagem "que comunica imediatamente com o espírito do homem... cujas formas pedem padrões adicionais na conversação." (p.162).

tentarei identificar e evocar é precisamente aquele pelo qual muitas das barreiras convencionais são irrelevantes.

Talvez seja por isso que muitas das observações filosóficas mais interessantes de Steiner estejam espalhadas em seus livros e palestras em temas muito diferentes. Apesar de eu ficar basicamente na esfera das questões mais estritamente filosóficas que foram apresentadas por Steiner, é importante estar ciente de que em todos os pontos, seus termos podem estar relacionados à vida; eles transformam ao nos fazer vê-la de modo diferente, assim como um prédio faz com que nos sintamos de forma diferente no espaço, etc. Em tudo isso, deve ficar claro, então, que não há, na realidade, duas abordagens distintas sobre a obra de Steiner, como às vezes é suposto – primeiro uma "filosófica" e mais tarde uma "espiritual" ou antroposófica.

Em sua antroposofia, Steiner falou, é verdade, sobre experiências diretas de assuntos espirituais. Ele fez isso, devemos mencionar, apenas depois de uma deliberação longa e até mesmo agonizante, como revela o capítulo "Devo ficar em silêncio?" de sua autobiografia.[8] Seria muito errado imaginar que Steiner viria com a convicção surpreendente de que ele sabia todas as respostas, ou (novamente como é às vezes afirmado) que ele oferece novas revelações religiosas; Steiner pensou muito e de forma profunda sobre os problemas da compreensão da experiência espiritual em caminhos adequados para o indivíduo livre dos tempos modernos. A antroposofia, ou "ciência espiritual", é algo diferente da filosofia, mas uma experiência espiritual considerada um ponto de vista da liberdade que sua filosofia se preocupa em apresentar. Pois um dos aspectos mais difíceis das experiências "transcendentes", "místicas" ou "espirituais" tem sido sempre exatamente o problema de saber como interpretá-las. Não é apenas a questão do que elas significam, mas como saberíamos se nossa interpretação estava certa ou errada. As abordagens do passado podem ilustrar muito bem o ponto sobre as estruturas. Para o Cristianismo medieval, quaisquer experiências desse tipo eram revelações "místicas", e como tal, consideradas automaticamente para confirmar as verdades doutrinárias da Igreja – senão, a única outra categoria disponível, ou mágica "condenável", etc. seria invocada. Mas para quem vive sobre o islamismo, ou o hinduísmo, a validade de suas crenças de fé também formou o ponto de partida. Nós fomos deixados com o problema que para aqueles de convicção religiosa diferente, o fenômeno espiritual sugere, então, interpretações bem diferentes. Uma cura que convenceu um católico medieval dos milagres teria persuadido outros dos efeitos da ioga, e sugeriu outros ainda do poder de um relicário próximo que contém relíquias de um xeque religioso. Steiner não desejava propor a questão em qualquer tipo de forma monolítica, mas sim

---

8. Steiner, *The Course of my Life* (New York, 1977) pp. 296 e ss.

investigar a espiritualidade, até mesmo o "fenômeno" espiritual cientificamente – o que também é específico culturalmente, é claro: é a abordagem do pensador individual moderno. Na verdade, o que ele quer dizer por "científico" no contexto espiritual é primeiramente que ele não pede por um ato prévio de crença. Se ele adota um ponto de vista antecipadamente, é aquele do indivíduo moderno livre com um desejo de ver por si mesmo, ou seja, testar tanto os fatos como as estruturas de referência, as suposições que fazemos sobre como explicá-las. Claramente, foi nesse sentido que ele pensou sua "ciência espiritual" como algo apropriado para os tempos modernos – e não como um tipo de álgebra da alma.

Nós podemos contrastar sua abordagem com aquela baseada nas chamadas estruturas científicas que se revelam ser igualmente monolíticas como aquelas do passado. Muito da pesquisa que ainda continua na "pesquisa psíquica", por exemplo, tem sido confundida apenas por tais assuntos conceituais, e uma falha para fugir de termos ambíguos. Nós podemos tanto provar de forma conclusiva algo que rompa com todas as leis conhecidas, ou podemos falhar ao fazer isso; tanto podemos aceitar a estrutura contida no pensamento material-científico, como podemos ter de admitir algo totalmente fora e além dessa estrutura. A "ciência" está em risco de se tornar um tipo de ídolo aqui, um conjunto fixo de resultados do passado que não pode desafiar nada além de um método da livre investigação. O objetivo não é encontrar um método científico apropriado para o tema, ou relacionar o prestígio das áreas estabelecidas do pensamento aos assuntos ocultos ou psíquicos. Steiner opõe-se com razão dizendo que os sucessos da ciência no domínio material de jeito algum significa que possam apenas ser aplicados aqui. Há um tipo de ilusão envolvida na noção de que nós aceitamos a estrutura materialista e forçamo-nos a ver que há algo além dela. Steiner resiste a isso, como ele resistiu a muitas outras escolhas falsas que foram empurradas à humanidade no século XX. (O darwinismo ou o criacionismo fundamentalista, a ciência ou a verdade religiosa, o pensamento holístico *versus* o analítico, o coletivo *versus* as ênfases individualistas na sociedade). Para ele, se nós aceitarmos a realidade espiritual em nossa imagem de mundo, ela não pode ser como uma coisa qualquer, selvagem, que rompe padrões. Para ser verdadeiramente "científico" e ter pensamentos espirituais cientificamente úteis, devemos reformular todo o quadro, a parte "material", bem como a espiritual. Em vez das atitudes fixadas e relacionadas a blocos de idéias de grande escala por terem se mostrado úteis em algum domínio, Steiner defende uma abertura que não precisa ameaçar os sucessos da ciência no passado, nem as visões verdadeiras da religião.

É quando esse fato não é compreendido que, às vezes, podem surgir suposições muito equivocadas a respeito de Steiner. Freqüentemente é tido como certo que, por ele ter falado sobre as entidades espirituais, ele deve ter importado com essa idéia todo o aparato da metafísica que foi usado no passado para defender uma visão de mundo espiritual – e ele deve ter sido um tipo de neoplatonista! Mas sua posição está longe de se parecer com a de Plotino. A experiência espiritual, as insinuações místicas da união com o cosmo, etc. foram de interesse dos neoplatonistas, principalmente porque eles pareciam corroborar com a idéia de "o Uno", o conceito todo explicado sobre o ponto mais alto do sistema intelectual. Qualquer coisa mais que isso que possa ter significado para eles foi um grão de areia da especulação, desenvolveu na filosofia deles que a base do universo deve ser o Uno, deve ser a Mente. Mas Steiner cortou suas amarras com a filosofia "especulativa" juntamente com o idealismo alemão que foi o último grande sistema de construção da filosofia na direção de linhas similares. Então, ele se recusou a pensar nas "Idéias" fundamentais – os princípios de controle do pensamento – nesse sentido como verdades de ordem maior transformando-se em uma faculdade superior da Razão, concebidas como um tipo diferente da Compreensão comum. As "Idéias", ele insistia, não se diferem qualitativamente dos conceitos. Elas são apenas conceitos mais completos, mais saturados, mais abrangentes.[9] A perspectiva de Steiner em sua antroposofia – como eu tentarei salientar, em face das suposições amplamente divulgadas do contrário – é antimetafísica. Na verdade, ele pensa sobre a experiência espiritual em formas bem mais modernas, científicas, evolucionárias e críticas que são mais familiares com os dias de hoje em áreas como a biologia e a física. Mas ele não limitou a ciência ao seu sucesso, e levou suas limitações particulares com ela para outros domínios. E nem ficou tentado a supor que por adotarmos aqueles tipos "modernos" de pensamento, devemos, portanto, negar Deus. Exatamente o contrário. Novas formas de pensamento podem sugerir novas formas de compreender Deus. Um universo em desenvolvimento, se pensarmos sobre ele, não leva necessariamente nenhuma conotação de um universo materialista. Na verdade, acreditar nisso é ser vítima da história pelo fracasso em confrontar o fato com honestidade, interpretando mal a circunstância do surgimento da evolução, como uma substituição ao mais antigo, às visões orientadas sobre Deus e sobre a criação, por uma investigação mais profunda e apropriada do escopo do próprio conceito.

Caracteristicamente, a filosofia de Steiner nos torna cientes de nossas próprias pressuposições e da situação histórica que as determinam, portanto, é capaz de nos libertar. Ele faz com que a nossa consciência volte-se para ela mesma. "Qualquer pessoa refletindo o significado da ciência natural na vida humana", ele observa:

> "descobrirá que seu significado não está de forma alguma limitado à aquisição de um conhecimento muito detalhado da natureza. Os itens detalhados do conhecimento podem, na verdade, apenas con-

---
9. Steiner, *The Philosophy of Freedom* - A Filosofia da Liberdade - p. 40.

duzir a uma experiência do que a psique humana não é. A alma vive, não em pressuposições completas sobre a natureza, mas no processo do conhecimento científico sobre a natureza. É trabalhando a natureza que a alma se torna consciente de sua própria vida e de seu ser".[10]

O conhecimento científico é o caminho pelo qual *nós* podemos relatar o mundo por meio do desenvolvimento de nossa atividade interna. Com isso, nós estamos estabelecendo um relacionamento particular com a natureza e definindo nossa própria postura. Quando nos aprofundarmos nos pensamentos de Rudolf Steiner, talvez encontraremos, para nossa surpresa, que a atividade científica não revela nossa passividade frente aos "fatos" definidos da natureza, mas nosso próprio processo de vida, de conhecimento, o desenvolvimento livre do nosso eu.

Descrições ingênuas da ciência podem apresentar o caso de forma diferente, implicando que a forma científica natural de pensamento foi descoberta para "se enquadrar" no mundo, e que os modos anteriores de pensamento estavam incorretos ou eram pré-científicos. Mas isso ocorre porque projetamos nossas próprias atitudes e nossos pontos de vista sobre outros do passado. Para eles, suas próprias interpretações pareciam tão naturais e tão transparentes quanto as nossas interpretações científicas nos parecem. Na verdade, nem são transparentes, mas o resultado de nosso posicionamento em um certo modo com relação ao mundo. A consciência de Steiner da falta de transparência da estrutura, da nossa própria implicação no processo, antecipa idéias muito mais recentes. E, portanto, nós temos uma das suas visões centrais e cruciais para seu conceito de liberdade. "O pensamento", Steiner observa, "é o elemento despercebido em nossa vida mental e espiritual normal".[11] Isso, mais que qualquer outra coisa, define a modernidade essencial do pensamento de Steiner, em contraste com a busca por "respostas" definitivas que precederam a autoconsciência moderna. É tarefa da filosofia nos lembrar constantemente desse fato, fazendo-nos retornar, como seres que pensam, para a figura do nosso conhecimento do mundo. Sua sensibilidade com a história desfaz a ilusão da natureza definida do "se enquadrar" e abre nossas mentes para possibilidades adicionais do pensamento científico, bem como para uma compreensão das mudanças na consciência que nos possibilita ter uma visão mais realista do pensamento no passado.

Vale continuar a examinar alguns aspectos fundamentais do pensamento moderno e tentar colocá-los em uma perspectiva filosófica tal como Steiner adota. Considerar a forma com que a evolução darwiniana substituiu as in-

---

10. Steiner, *Outline of Esoteric Science* (New York, 1997) p. 15
11. Steiner, *Philosophy of Freedom* p. 26

terpretações "teológicas" do objetivo e meta na visão amplamente aceita do mundo. Isso ocorre porque a evolução tem sido vista para "se enquadrar" e excluir as idéias enganadas ou confusas que a precederam? Na verdade, antes da ênfase no debate do Genesis *versus* Geologia, religião *ou* ciência do fim do século XIX, alguns dos desenvolvimentos mais excitantes sobre o pensamento sugeriram que uma interpretação mais dinâmica do universo poderia unir à teologia no clímax de sua visão criativa. Quando o livro de Darwin foi escrito, a evolução foi, na verdade, saudada por alguns como uma contribuição para o objetivo do entendimento e para o planejamento na natureza. E voltando apenas um pouco mais cedo, muito do que nós chamamos de romantismo foi uma tentativa ampla de chegar aos termos com as implicações, em todas as esferas, do processo, do desenvolvimento e da mudança. Steiner levantou alguns desses desenvolvimentos em seu *Riddles of Philosophy*, e Owen Barfield em particular tem sido um advogado das relações de Steiner a esse tipo de pensamento que foi desenvolvido no período romântico. Goethe, o grande descobridor da "metamorfose" e do evolucionismo na biologia, pertence a esse contexto de idéias, que Steiner acreditava que tinha sido desviado a fim de enfatizar a versão materialista da evolução.[12] Segundo seu ponto de vista, ele levantou as possibilidades que notou ainda não estarem realizadas no pensamento deles. Longe da tradução obsoleta da dimensão "teológica" da vida, a visão do Cristianismo do Deus se tornando humano, Steiner viu, pode vir a ser apenas a mais relevante em um cosmo sempre em criação.

O motivo pelo qual a maioria do mundo moderno pode ter passado essas idéias, como podemos refletir, não é porque o caso deles tem sido examinado e há carências, mas porque a atmosfera defensiva tem envenenado e polarizado os argumentos. A teologia se tornou defensiva uma vez que a escala substancial da reinterpretação exigida pela evolução tornou-se aparente. Evidentemente, muitos teólogos consideravam o risco grande demais para ser enfrentado. A religião se fechou, procurando se prender a certezas tradicionais e limitar a área do conhecimento científico. Mas os resultados ficaram longe de serem bem-sucedidos: o desgaste da crença religiosa se instalou e o círculo defensivo provou-se difícil de ser rompido. O fundamentalismo é um último gesto de desespero, enquanto a relação com a vida prática, científica-tecnológica, econômica e os valores espirituais começaram a ser vistos como muito irrelevantes e obsoletos. Porém, uma vez mais seria muito errôneo ver esse processo como o resultado da "natu-

---

12. Uma seção de *The Riddles of Philosophy* (New York, 1973) foi, é claro, dedicada ao "Darwinismo e a Concepção do Mundo" (pp 284-313); veja também Steiner, *Goethean Theory of Knowledge* pp. 1e ss. para uma abordagem de Goethe para as idéias evolucionárias de Steiner. Também, O. Barfield, *Romanticism Comes of Age*, que contém vários artigos sobre o pensamento de Steiner: um especialmente relevante é: *The Time Philosophy of Rudolf Steiner* (pp. 184 e ss).

reza das coisas", ainda que tivessem descoberto que a vida é "realmente" uma batalha darwiniana pela sobrevivência do mais adaptado (que em si já é uma idéia muito vaga).[13] Isso é mais um fracasso histórico e cultural da coragem.

A historiografia moderna começou a compreender o que aconteceu de uma forma que nos mostra a ingenuidade da concepção do progresso científico "como conhecemos agora". Na verdade, Deus manteve sua posição por muito tempo como uma parte integrante da ciência, e isso foi até aprimorado no fim do século XVIII. Foi uma religião que vacilou e começou a oscilar entre a deidade racionalizada que não evocava uma devoção religiosa real, e um Deus fundamentalista, ingênuo-realista que não poderia atuar nos argumentos cosmológicos e científicos dos séculos XVIII e XIX. "Ninguém pensou que o Cristianismo poderia render-se ao racionalismo", conclui um historiador do Iluminismo, "até que os cristãos tentaram provar que o Cristianismo era lógico".[14] Foi o pensamento espiritual que não conseguiu se manter e foi parar nas mãos do materialismo. No darwinismo, a evolução caiu como vítima no vale que tinha sido aberto. Steiner, com sua devoção a Haeckel e aos evolucionistas de sua época, surge como uma figura única – ou quase única – ao acompanhar por meio de seu julgamento contrário de que o pensamento espiritual poderia servir e ser enriquecido pelo universo evolucionário. (O Cristianismo tinha persistido no fato por meio de várias reinterpretações similares no decorrer de sua carreira de vários séculos.) Podemos agora estar iniciando a recuperação desse fracasso de coragem, que nos levou para o que se parece muito com um beco sem saída. Rudolf Steiner nos lembra que isso pode ser como pensar nas coisas de forma holística. Em vez de ser aprisionado em uma situação que permanece desconhecida, ele nos dá o caminho filosófico para a consciência de como chegamos aqui e nos liberta para continuarmos.

---

13. O mais adaptado é definido como aquele que sobrevive, e os organismos que sobrevivem são vistos assim por serem mais adaptados. Cf. as observações em D. Holbrook, *Evolution and the Humanities* (Aldershot, 1987) pp. 9 e ss

14. Peter Gay, *The Enlightenment. The Rise of Modern Paganism* (New York e London, 1966) p. 326: o comentário é uma paráfrase referente ao grande defensor racionalista do Cristianismo, Samuel Clarke, que "ninguém tinha duvidado da existência de Cristo até que o dr. Clarke tentou prová-la". Foi uma traição ao racionalismo; em outras palavras, perturbou o equilíbrio, não superando as idéias religiosas por um cientificismo excessivo ou por um Iluminismo vitorioso. Sobre Deus na ciência do século XVIII, veja M. C. Jacob, *The Radical Enlightenment* (London, Boston e Sydney, 1981) pp. 93-96, que implicou na progressão da religião, via ciência religiosa (newtoniana) para a ciência naturalista, ela demonstra que é historicamente falsa a tentativa de ligar a religião à ciência racionalista e que na verdade é basicamente um mecanismo de defesa. Historicamente, parece muito claro que isso era fundamentalmente a religião caindo em sua própria armadilha em uma atitude de insegurança destrutiva que levou a sua recente complicação.

Com certeza, a ciência como todo o conhecimento humano, segundo Steiner, precisa de uma consciência de sua história. Por exemplo, precisamos ser lembrados constantemente de que a forma com que as perguntas são feitas determina necessariamente uma boa quantidade da direção tomada pelo pensamento subseqüente. Vista dessa forma, a história não é apenas orientada para o passado, mas para o futuro no qual ela impede que nosso ser seja aprisionado na suposição de que apenas uma forma de pensamento é possível. Isso não significa que rejeitamos as conquistas reais do pensamento que tem surgido. Nós estaremos livres com relação a elas.

Repensando o Passado

Entretanto, podemos ver por que Steiner era freqüentemente mal compreendido nesse caso, como aconteceu, por exemplo, quando uma organização que se dizia seguidora da direção modernizadora e liberal inspirada em Giordano Bruno (um pioneiro das idéias naturalistas, queimado pela Inquisição) expulsou-o por sugerir que havia muito dos valores filosóficos em Tomás de Aquino.[15] As ironias estão em destaque. Por trás do fato está a percepção de Steiner de um importante pensador mais velho obscurecido e denegrido pelos representantes de idéias, apenas interessados em localizar precursores da ciência do século XIX. Em conseqüência disso, a própria obra de Bruno foi deturpada – na verdade, ele não era um liberal de estilo moderno; e, como as idéias mudaram, o retorno do século XX de grande interesse no tomismo tinha confirmado amplamente a avaliação de Steiner sobre a importância do grande pensamento dominicano.

A habilidade de Steiner de reavaliar o pensamento do passado enquanto permanecia essencialmente moderno em espírito é, de fato, uma das suas facetas mais notáveis e chama a atenção de forma especial para a historicidade do pensamento. Ao mesmo tempo os mal-entendidos tinham surgido de seu uso de termos mitológicos entre outros termos, por exemplo. Ele mesmo descobriu que suas críticas aproveitavam-se deles de forma simples. "Prestando pouca atenção à verdadeira direção e ao conteúdo das minhas descrições, eles voltaram a atenção para as palavras." Mas Steiner nunca buscou simplesmente reviver uma idéia antiquada. O leitor deveria ter notado que a consideração nesse conteúdo recorria apenas a sua própria observação do pensamento. Se ele usou os termos da tradicional literatura, destacou, "eu os usei com muita liberdade. Na forma como eu os usei,

---

15. Uma útil visão do incidente envolvendo Giordano Bruno Bund pode ser encontrada em A. Oldenburg (ed.), Zeitgenossen Rudolf Steiners im Berlin der Jahrhundertwende (Dornach 1988) pp. 17 e ss. A resposta de Rudolf Steiner sobre Aquino está em suas palestras traduzidas como The Redemption of Thinking - A redenção do pensamento - (ed. A.P. Shepherd) (London, 1956).

raramente um deles coincide exatamente com sua conotação na fonte da qual eu o retirei".[16] Nós podemos tomar um exemplo com alguns dos interesses considerados modernos, e também mostrar como as estruturas e as perspectivas mudam.

Foi o grande gênio da Física e da Química, Paracelsus (1493-1541) que provocou uma revolução que modernizou a medicina. Isso, destaca Charles Nicholl, foi seu "reconhecimento do tratamento específico". A terapia Galenista ortodoxa – a base da prática da medicina medieval – era não-específica. Todas as doenças eram interpretadas como um distúrbio no equilíbrio dos quatro "humores" fisiológicos – sangue, cólera, fleuma e melancolia – e todos os remédios procuravam recuperar esse equilíbrio, por ação contrária ou por evacuações tais como sangria, suor ou vômito. Entretanto, para Paracelsus, cada doença tinha uma entidade específica – uma "coisa viva", uma "semente" – dentro do corpo... e era tratada por um *arcanum* específico.[17] O avanço que ele levou à ciência médica é, claramente, de fundamental importância. Mas considerando retrospectivamente, nós também estamos cientes de algo mais. A idéia "galenista", que ele descartou com sucesso, hoje em dia volta a ganhar um certo atrativo, visto que a busca de remédios químicos específicos tem sido levada a lugares surpreendentes no intervencionismo moderno; a concretização de que além do remédio e da doença há uma pessoa com um equilíbrio único, fisiológico e psicológico, que precisa ser recuperado e harmonizado a fim de recuperar a saúde – isso agora parece uma antecipação da abordagem holística que é importante na medicina antroposófica e em muitos dos seus desenvolvimentos que andam em paralelo a esses tempos modernos!

Agora, ao insistir em uma abordagem "holística" quando ele foi o pioneiro, juntamente com o dr. Ita Wegman — a base de sua contribuição para a medicina, Steiner não estava revivendo a mentalidade medieval que atribuía tudo no corpo aos quatro fluídos básicos, nem estava recomendando um retorno à "sangria, suor e vômito"! Ele formulou suas idéias novamente, enquanto reconhecia que estava recuperando algo que havia sido entendido em tempos antigos, e sugeria que isso não precisava ser perdido na questão unilateral para remédios específicos, os valores do que ele também conhecia completamente. Vendo dessa perspectiva, a compreensão da história não nos amarra ao passado, mas nos liberta para trabalhar com ela. Observe na passagem de muita ironia com relação a Paracelsus: o fracasso na compreensão de seu papel modernizador gradualmente levou a uma idéia errada radical. Seu trabalho foi ligado à vaga névoa da "superstição medieval", principalmente devido à falta do que tinha sido constituído

---

16. Steiner, *Occult Science* pp. 7-8.
17. Veja Charles Nicholl, *The Chemical Theatre* (London, 1980) p. 60 sobre a "teoria de um arcano específico" de Paracelsus para a cura de cada doença.

como o único critério científico aceitável. Um pioneiro da ciência moderna em um ponto central, e o verdadeiro papel de Paracelsus logo foi perdido para uma visão mais precisa entre aqueles que tinham alcançado a colheita de suas descobertas.

Nós podemos tomar uma casa em um estágio avançado. Steiner pegou a idéia dos quatro "temperamentos" – os aspectos psicológicos dos humores – em seu método educacional. Não é suficiente, ele argumenta, para nós supormos que uma criança deva desenvolver-se de tal forma, ou que deva dominar certas idéias e assuntos em determinada idade. Crianças diferentes atingem o conhecimento de modos diferentes. A apresentação que é um desafio estimulando para um será um obstáculo depressivo que derrota o outro.

Os quatro tipos tradicionais (sangüíneo, colérico, fleumático e melancólico) mostraram que a psicologia medieval tinha entendido as atitudes diferentes que com certeza têm uma base psicofisiológica. Ainda uma comparação das caracterizações de Steiner com o significado medieval dos termos logo mostra que há pouco relacionado diretamente. O conceito de Steiner está fundamentado na experiência educacional e em uma nova classificação do fenômeno psicológico. Não devemos deixar de observar que Steiner é um desenvolvimentalista pioneiro. A psicologia evolutiva mais ortodoxa tem lidado com seu treinamento. Contra a idéia moderna que se espalha de que tudo pode ser considerado para uma forma desenvolvida, como enquanto a criança se depara com o mundo, Jerome Kagan observa que as crianças em estágios similares de desenvolvimento nem sempre reagem a estímulos ou a desafios da mesma forma. Ele chega por meios próprios na visão de que "as variações temperamentais entre crianças pequenas implicam que haverá poucas conseqüências fixas de uma classe específica de experiência. Cada temperamento da criança leva-a a impor uma estrutura especial na experiência..."[18]

Os detalhes do caso são menos importantes do que a forma que podemos ver como a filosofia de Steiner nos fornece um cenário mais profundo para os seus entendimentos. Os resultados, com certeza, podem não ser decididos *a priori*, mas a partir de uma investigação concreta no desenvolvimento humano e no comportamento característico. Ainda assim, a forma de pensar de Steiner tornou-o ciente da tendência fundamental, pela qual uma nova forma de compreender um assunto conduz a polarização – freqüentemente a uma falsa dicotomia ou a uma escolha entre alternativas que devem, na verdade, ser dadas em suas combinações: holística-específica, evolução-religião, desenvolvimento-temperamento. Quando a ciência do século XX viu "a descoberta" do "que realmente está lá" inutilizando a "ignorância" e a "superstição", Steiner estava ciente da complexidade do

---

18. J. Kagan, *The Nature of the Child* (New York, 1984) p. 70.

pensamento – do "elemento não observado" na experiência. Na verdade, ele viu a tendência em direção à polarização como fundamental na explicação evolucionária que ele deu do significado. O pensamento analítico leva a visões altamente concentradas: mas se nós as errarmos pelo que está apenas "realmente lá" esqueceremos que elas foram retiradas do que é por definição um todo muito maior. Entretanto, Steiner não rejeita o pensamento analítico, mas pede que estejamos cientes do nosso próprio processo de pensamento, e para equilibrarmos sempre a tendência de polarização que, se for permitida ficar livremente, sem dúvida nos levará a pontos de vista que são unilaterais e irreais, talvez acima de toda a forma humana destrutiva. A necessidade de repensar constantemente está, então, no coração da filosofia de Steiner. Pois no equilíbrio entre as tendências opostas inerentes em nosso próprio pensamento é o relacionamento que ele chamou de conhecimento e liberdade.

Então, Steiner é potencialmente tão empolgante porque faz mais que apenas oferecer uma visão "complementar" sobre os principais desenvolvimentos de idéias da nossa época, defendendo um tipo de papel residual para as idéias espirituais. Em vez disso, ele nos torna cientes das dimensões do significado nas próprias idéias que constituem a estrutura do mundo moderno, cujas conseqüências nós temos freqüentemente fracassado em encarar, pelo menos até que a situação se torne crítica demais para que seja evitada. Ele mostra nossa cultura não como uma "alternativa", mas como uma versão desafiadora dela mesma.

Aqui, então, está o paradoxo básico da familiaridade e da estranheza simultânea do pensamento de Steiner. De uma forma surpreendente, na verdade, o tipo de pensamento pelo qual ele luta está aparecendo por todo lado, ou, pelo menos, está sendo argumentado e discutido em toda parte. Há necessidade de explicações "holísticas" na ciência, para uma psicologia evolutiva como uma abordagem para a compreensão do homem e para uma educação centrada na criança, baseada em suas visões nas necessidades de mudança humana em vez de um mapa abstrato do conhecimento – Steiner ainda está longe em muitos aspectos sobre até mesmo as reformas mais recentes. Em virtude das mudanças que varrem a Europa Oriental e além dela, é possível adicionar seu reconhecimento da necessidade de que as formas sociais sejam baseadas em um respeito absoluto pelo pensamento livre individual. Ele não se opõe superficialmente ao indivíduo e às demandas da sociedade, como é a oposição, entretanto, a característica comum nos grandes mitos opositores do coletivismo comunista e do liberalismo ocidental. Para ele, o indivíduo era uma força criativa na sociedade, um agente da mudança necessária e um teste constante da validade das formas sociais, e não um fim em si mesmo, nem um "inimigo do povo". Agora que os mitos do Oriente e do Ocidente desempenharam seu papel extraordinário na história no palco do século XX, talvez os sinais de uma reavaliação mais equilibrada dos valores também tenham inspiração nas propostas de Steiner, formuladas a partir de motivos práticos após a Primeira Guerra Mundial. Elas sugerem uma "ordem social tripla" concebida mais dinamicamente – sua estrutura projetada livra-se das tensões dualistas improdutivas construídas pelas concepções do indivíduo *versus* o Estado.[19]

De muitas outras formas, Steiner poderia ser aclamado como o grande precursor de muitos dos melhores e dos mais empolgantes elementos do pensamento moderno. Nós veremos como isso é possível e na verdade necessário para ligá-lo ao movimento fenomenológico influente na filosofia que tem transformado muitas das suposições clássicas sobre o conhecimento e os valores existenciais humanos; e mais geralmente com a grande mudança em todo o pensamento moderno de categorias baseadas em "coisas" inertes para idéias geradoras de estrutura, de sistema e de forma. Ainda assim, tal abordagem seria tão inadequada nessa forma como mais comum que alguém que procura transferir a ele o submundo da "alternativa" da "contra-cultura". Ler a filosofia de Steiner, ainda hoje, um século ou mais depois que ele começou a expressá-la, é encontrar uma mudança radical. Para todas as acomodações significativas que têm sido feitas pela modernidade para a literatura do que ele pediu, rever o pensamento de Steiner é se tornar ciente de uma dimensão de idéias mais profunda e menos familiar que ele endereçou àqueles "espíritos livres" que ele convidou para que embarcassem no seu caminho do conhecimento.

---

19. Traduzido recentemente como *Steiner, Towards Social Renewal*. Em direção da renovação social - (London, 1999).

Capítulo 1

Uma Ecologia do Conhecimento: o Pensamento de Steiner na Origem e em Linhas Gerais

O pensamento de Steiner é baseado no despertar de uma nova consciência da nossa própria atividade do pensamento. A maior parte do pensamento moderno tem tentado reduzir os seres humanos à natureza – ao mundo que nós conhecemos – e com isso ignora o fato significativo de que somos nós que produzimos esse pensamento. Ou, quando esse pensamento chama-nos a atenção para a dimensão humana com tal abordagem unilateral e reduzida inconsistência de uma forma tão significativa que acabamos ignorando-o, ele tem nos retratado como seres isolados em nossa individualidade – deixando a consciência humana perigosamente exposta, por assim dizer, em um extremo existencial, abandonando nosso conteúdo interior e nos distanciando da natureza, encarando o nada.

O pensamento de Steiner confronta as forças que produziram essa situação, mas ao fazer isso, ele volta o processo de modernidade para a própria situação. As polarizações do pensamento moderno não precisam ser destruídas, segundo seu ponto de vista, à medida que se estudam os fundamentos em uma consciência de nossa própria responsabilidade durante o ato de criação. Sua filosofia ladeia o impulso da ciência: ele nos coloca, realmente, *dentro* do mundo que conhecemos, porém, não em um sentido passivo e reduzido – mas em um sentido ativo e ecológico; e por um outro lado, a liberdade existencial que ele oferece não é o heroísmo da alienação e do desespero, mas uma forma de aprender de um modo criativo e com liberdade como pertencer a este mundo. Para compreendermos seu pensamento em linhas gerais, primeiramente precisamos conhecer suas raízes nas origens das atitudes modernas, para as quais seu pensamento não se apresenta como uma "alternativa", mas como um novo entendimento. Devemos explorar o caminho percorrido do pensamento de Steiner, bem como da nossa própria posição cultural.

Steiner-Nietzsche ou uma Recusa ao Pânico

As polarizações do mundo moderno estão fundamentadas em suposições fixadas no início do último século e até um pouco antes. Na época em que Steiner era um estudante, os alunos estavam muito à frente em suas influências na vida moderna. Já caminhando para o fim do século XIX, como um moderno comentarista, destacou que "o cenário intelectual estava dominado por duas grandes escolas hostis do pensamento. Uma delas, uma filosofia idealística, com sua origem em Immanuel Kant, e a outra, uma personificação da visão de mundo materialista, partiu de Jeremy Bentham e obteve uma influência considerável por meio de escritos muito lidos e apreciados de John Stuart Mill. A opção de um jovem filósofo parecia bastante simples: ele poderia ir tanto para a direta como para a esquerda. Aparentemente, não havia uma posição intermediária".[20] A situação não mudou totalmente até hoje. As discussões filosóficas, especialmente na esfera da ética, tendem a ter seus pontos de partida nessas mesmas tradições dominantes. Há muito mais em jogo que os argumentos apresentados por Kant ou por Jeremy Bentham. Essas filosofias estão centradas em suposições e princípios semiconscientes em que vidas estão vivendo e quais sociedades estão sendo criadas. As desavenças dessas idéias no século XIX anteciparam algumas das terríveis batalhas que ocorreram subseqüentemente no século XX: principalmente as batalhas com relação ao valor do indivíduo no Oriente e no Ocidente. A filosofia de Kant coloca o indivíduo frente a um mundo no qual ele deve de alguma forma impor um significado e no qual precisa superar a si mesmo a fim de descobrir e de fazer o bem em uma realidade que contradiz o seu próprio ser. A visão utilitária de Bentham subordina o indivíduo às necessidades e à felicidade da sociedade de forma coletiva, negando qualquer significado maior à nossa personalidade e à batalha que ela possa exigir.

De modo geral, nem a tradição dominante determina muitos valores intrínsecos ao indivíduo como tal. Em muitos deles a vida moral é algo

---

20. W. Stark, "Introduction" to Scheler, *The Concept of Sympathy* (London e Henley, 1954) pp. ix-x.

imposto em si mesmo em vez de uma fonte de satisfação. Kant acreditava que os direcionamentos morais vinham até nós com uma força absoluta e obrigatória, como "deveres categóricos". Para ele, o significado do indivíduo moral é enfraquecido no ato de saber o que é certo, na expressão da idéia moral, da mesma forma que o conhecimento individual na visão de Kant tem a única função de reconhecer as leis necessárias de toda a existência, sem as quais o mundo não seria compreensivo para nós. E se em Kant o indivíduo é chamado a abnegar-se totalmente ante a obrigação e a verdade, em Bentham a individualidade mortal nunca foi mencionada. Indo mais a fundo, Bentham claramente acredita que nossa única satisfação está nos valores do todo, da sociedade, da tribo ou da raça. É a afirmação da individualidade que chacoalha o barco da coletividade. Sua atitude em respeito ao indivíduo é dada quase em uma apresentação simbólica, em seu consagrado projeto para a reforma e a reabilitação: o Panopticon. O ponto de falha de sua penitenciária benevolente é estar sob vigilância constante, sob a pressão incansável da aprovação ou da desaprovação dos representantes das normas sociais que ficam observando. O Panopticon é projetado para não permitir a privacidade. A idéia de Bentham era de uma casa de correção; mas ela claramente não é um grande passo para o mundo em *1984*. A aplicação de seu princípio e não apenas para os antigos países do bloco ocidental tem sido mais divulgada do que Bentham poderia prever.[21]

Os sistemas de batalha não deixaram uma posição intermediária. O indivíduo parece condenado a um tipo de grandeza em desespero enquanto tenta satisfazer as rigorosas exigências da lei kantiana, ou para ser mergulhado nos apelos da natureza e da sociedade. Nessa situação, se o jovem filósofo fosse Rudolf Steiner quando o século XIX chegou ao fim, ele bem que poderia estar atraído pela figura que propôs partir o nó Giordano, o iconoclasta e revolucionário pensador Friedrich Nietzsche. Na verdade, o caminho de Steiner levou-o diretamente em contato com o fundador do niilismo moderno, apesar de sua resposta à genialidade de Nietzsche ter sido complexa. Steiner via-o como um "guerreiro pela liberdade", "uma figura trágica" e ele estava "tanto fascinado com, quanto repelia" os textos de Nietzsche.

Nietzsche proclamava a libertação do homem de todos os códigos repressivos da moralidade. Ele estava ciente de que as atitudes radicais inconscientes e as pressões sociais manifestavam-se em sistemas de pensamento aparentemente racionais. Ele analisou as origens históricas das idéias do bem e do mal e considerou todas como uma prova muito inadequada para a realidade metafísica. Sob sua brilhante reinvestigação, eles se tornaram "humanos, demasiados humanos". Ele anunciou a morte de Deus

---

21. Uma clara visão do Panapticon pode ser encontrada no trabalho de William Hazlitt sobre Jeremy Bentham em *The Spirit of the Age or Contemporary Portraits*.

e a "transfiguração de todos os valores" nas mãos do seu herói individualista, o Super-homem. Certamente, esse protagonista nietzschiano não se preocupava com o chacoalhar do barco nem com a perturbação da tranqüilidade de uma sociedade feliz – a "terra do bom sono", como ele satirizava. Entretanto, para alguns, a extraordinária mistura da filosofia e da imaginação na qual ele traz de volta Zaratustra, o profeta original do bem e do mal, que desdiz tudo que ele tinha originado, já mostrava sinais do subseqüente transtorno de sua mente.

Steiner estava igualmente interessado em um progresso para uma nova visão moral. Ele tinha convivido desde sua época de estudante com anarquistas em Viena e em Berlim, e talvez descobrira que muitas dessas coisas não eram desconhecidas. Isso correspondia às idéias que ele mesmo estava desenvolvendo. "Eu já tinha idéias similares às dele", ele escreve mais tarde, "quando tomei conhecimento dos trabalhos de Nietzsche... Independentemente e vindo de direções diferentes, eu cheguei aos conceitos que estavam de acordo com os expressados por Nietzsche em seus escritos".[22] Mas o fato mais estranho sobre o livro de Steiner, *Friedrich Nietzsche: a Fighter against his Time* (1895), é a total ausência de qualquer referência ao lado sombrio da personalidade de Nietzsche – que certamente Steiner conhecia, pois ele a discutiu em outros lugares, mesmo antes que o conhecesse em estado avançado de doença mental, quando a irmã de Nietzsche convidou Steiner para ir à sua casa. Posteriormente, ele foi convidado para responsabilizar-se pela prestigiosa tarefa de editar os textos póstumos de Nietzsche. Ele recusou, provavelmente porque sua própria posição como um pensador estava sendo cada vez mais mal-interpretada, como sendo simplesmente um nietzschiano radical.[23] Seu livro sobre Nietzsche não tem a intenção de resumir e passar um julgamento sobre o trabalho de um outro pensador, mas pretende destacar tudo que seja valioso e capaz de ser levado a uma clara explicação.

Steiner revelou na emanação de Nietzsche a própria "libertação do conhecimento" que ele tinha tentado promover em *A Filosofia da Liberdade*: a libertação dos absolutos metafísicos sobre os quais, de uma forma ou de outra, as filosofias do século XIX insistiam. Ele está com Nietzsche na postura filosófica que marcou um claro rompimento com o passado e foi a base do século XX. Ao mesmo tempo, Steiner não compartilha o que podemos chamar de reação de pânico implícita ao niilismo nietzschiano. Se o pensamento humano não tem uma base nas verdades metafisicamente necessárias, se não há deveres que tornem uma exigência absoluta sobre o homem transcender tudo que parece ser correto para esse senso moral

---

22. Steiner, Friedrich Nietzsche. *Fighter for Freedom* (New York, 1960) p. 39.
23. Uma visão completa do envolvimento de Steiner está disponível em David Marc Hoffmann, *Zur Geschichte dês Nietzsche-Archivs* na série *Supplementa Nietzscheana* (Berlim e New York, 1991).

pessoal, então, parece que para Nietzsche não pode haver certo ou errado, nem a verdade absoluta (Deus); haverá apenas o nada. Se o pensamento do homem não pode ser estabelecido eternamente, os princípios lógicos que *devem* ser verdadeiros, isso só tem mudado, tem variado historicamente seus princípios que não têm fundamentação alguma. E, portanto, Nietzsche aceita o nada e contrapõe-se na idéia do Super-homem que é forte o suficiente para enfrentar o nada em si mesmo.

Steiner também enfrenta o nada e o vê como uma condição da consciência moderna com que temos de lidar. Entretanto, em sua teoria do conhecimento, ele questiona as suposições fundamentais de forma mais profunda. É verdade para ele e para Nietzsche que o conhecimento humano não pode ser obtido por meio de fundamentações metafísicas; para ele, bem como para Nietzsche, a tentativa do homem de dar um significado de sua vida em algo que esteja fora dele mesmo é uma forma de esquivar-se da carga existencial que recai sobre o homem pela natureza de sua consciência — mas, então, por que buscar os fundamentos além do próprio pensamento humano? A parte epistemológica de *A Filosofia da Liberdade* argumenta, na verdade, que o conhecimento não tem, nem precisa de "fundamentos": o pensamento estabelece conexões entre as coisas, conexões ideais cujas validades não precisam ser dadas por fundamentos metafísicos ou por forças quase reais, nem por qualquer outra entidade hipotética, como "a coisa em si". Tal suposição cria uma filosofia dualística, cuja psicologia está totalmente clara. "O dualista acredita que ele dissolveria todo o mundo em conceitos superficiais, ele não insistiria em ligações reais entre os objetos além daqueles que fossem conceituais. Em outras palavras, os princípios ideais que o pensamento descobre parecem muito superficiais para o dualista. Ele procura, além disso, princípios reais com os quais possa apoiá-los."[24] Foi por motivos similares que Gilbert Ryle fez sua famosa declaração de que, se perguntarmos por que estou tendo uma sensação que uma outra pessoa é incapaz de sentir, quer dizer: "porque não faria sentido dizer que ele sentia a minha dor e, portanto, não faria sentido dizer que ele estava ciente do beliscão que eu senti".[25] Tanto Steiner como Ryle estão preocupados em rejeitar a idéia de alguma entidade misteriosa que me *faz* sentir a experiência; a explicação de que eu a tenho é suficiente, não precisamos transformar a minha sensação em uma entidade quase real pairando no meu mundo particular para apoiar-se na teoria. "A nossa interpretação tem mostrado", diz Steiner, "que a hipótese de algum motivo de por que um julgamento é verdadeiro, além do fato de que o reconhecemos como verdadeiro, é inútil".[26] (Se o apelo de Ryle para o princípio da tautologia é suficiente, aqui fica ainda mais dúbio.)

---

24. *Philosophy of Freedom* (Filosofia da Liberdade) p. 94
25. G. Ryle, *The Concept of Mind* (Harmondsworth, 1973) p. 198.
26. Steiner, *Nature's Open Secret* (New York, 2000) p. 114.

De qualquer maneira, o impulso antimetafísico do argumento de Steiner está claro. Ao rejeitar a idéia de que o conhecimento precisa de apoio como se fosse um sólido edifício, ele deseja mostrar que não há necessidade de uma reação desesperada de que o pensamento precisa de uma base, ainda que não tenha nenhuma; e não é necessário a moral para os gestos histéricos ao se deparar com o nada, ou com o Super-homem. Steiner sempre suspeitou do tipo de polarização, o vôo para extremos nos quais Nietzsche percorreu de forma precipitada. A História tem provado que ele estava certo. A bravata da moda do Super-homem provou ser impossível de se manter e tem definhado para o que tem sido chamado pelos atuais sucessores de Nietzsche de "niilismo de teóricos".

Contra o niilismo nietzschiano, Steiner colocou a "certeza espiritual" do conhecimento, contra o Super-homem, o ideal do "espírito livre" encontrando novas situações com novas idéias morais. Mas sua ligação com Nietzsche continuou tendo destaque, mesmo que improdutiva. Suas ligações com os arquivos de Nietzsche e a associação de seu nome com o de Nietzsche na opinião pública foi, de forma geral, uma fonte de muita confusão que provavelmente o teria levado a adotar um outro curso, mesmo que ele não tivesse achado a influência do claro desacordo de Lou-Andreas Salomé e de Frau Foerster-Nietzsche totalmente impossível, ainda que ambos estivessem muito voltados para apontar o caminho que Nietzsche seria visto no futuro. O livro de Steiner sobre Nietzsche continua sendo uma notável avaliação positiva sobre as possibilidades filosóficas que ele próprio visualizava.

Enigmas Filosóficos

O próximo importante trabalho filosófico expandiu sua abordagem histórica do conhecimento: *The Riddles of Philosophy* — Os Enigmas da Filosofia — (1900, ampliado na edição de 1914) concentrou-se no período a partir de Kant, mas também incluiu um completo apanhado da história do pensamento, desenvolvendo essencialmente a idéia de uma "evolução de consciência". As questões filosóficas não são tratadas como perguntas com respostas diretas, mas como "enigmas", para os quais a resposta é o ponto de vista desconhecido ou a perspectiva do enigma.[27] Para colocar de uma

---

27. "O empenho do pensamento humano no curso de seu desenvolvimento não produz soluções nítidas e bem definidas para os enigmas da filosofia. Em vez disso, elas são ambíguas e aparentemente contraditórias..." Steiner, *Riddles of Philosophy* – Enigmas da filosofia - p. xx. Essa ênfase na natureza enigmática dos conceitos filosóficos é refletida no uso insistente do termo nos títulos de Steiner. (*Riddles of Philosophy, Riddle of the Soul, Riddle of Man*, etc.) ainda mais impressionante na proporção de sua produtividade quando lembramos que seus ciclos de palestras foram, em princípio, apenas particulares. Isso deve ter parecido quase uma marca registrada. O termo tem seu histórico, não há dúvida, no Welträtsel de Nietzsche, mas talvez esteja mais diretamente relacionado aos escritos de Haeckel, que o jovem Steiner tanto admirava (*Riddle of the Universe*, - Enigmas do Universo -, etc).

outra forma, nós compreendemos a perplexidade de um Descartes ou de um Kant quando vemos por que, em um determinado momento, assuntos específicos tornaram-se problemáticos para eles, o ângulo pelo qual eles os viam. Um exemplo brilhante dessa abordagem é dado no tratamento de Kant e os cem táleres de Steiner. Pois, na *Crítica da Razão Pura*, Kant manteve contra os empiristas que cem táleres imaginários eram o mesmo que cem táleres reais. Steiner corta caminho pelas perplexidades da filosofia estranha, que estão fundamentadas nos argumentos empiristas estabelecidos que entendiam que as coisas são, de alguma forma, mais claras, mais definidas, mais fortes e mais distintas. Em vez de entrar no redemoinho, ele pergunta: a partir de qual ponto de vista a perspectiva de Kant é válida? Daquele para quem os cem táleres não existe – pois então, é claro que a diferença com certeza seria mais clara! A perspectiva de Kant é aquela do observador, do simples espectador. "Quando uma pessoa não pode tê-los, então os cem táleres reais ou os cem táleres possíveis têm, na verdade, o mesmo valor." E imediatamente nós vemos mais profundamente o tipo de atitude que fundamenta a mentalidade kantiana e o sentido do poder explicativo, bem como a estranheza que acompanha a decisão de se manter alheio à realidade, tornando-a aparentemente incognoscível "em si".[28] Pois então, nós temos a possibilidade de fazer uma idéia pura do mundo, uma contemplação pura como se viesse de uma elevação semelhante a Deus. Uma vez que compreendemos sua inclinação específica sobre a realidade, as perguntas estranhas feitas sobre ela, a situação torna-se transparente. Para Steiner, o ponto de partida de qualquer filosofia sempre é um estado de idéias e uma interpretação existente, mas em mutação. Como em um enigma, o importante não são as coisas estranhas que são ditas, mas precisamos saber de qual desconhecida perspectiva a pergunta foi feita.

As questões tornam-se enigmas porque o conhecimento precisa mudar. As questões tornam-se "metafísicas" quando o pensador falha em perceber que a estrutura à qual elas pertencem é um ponto de vista específico. Logo, uma mudança de perspectiva continua a ser confrontada com idéias que não correspondem mais à relação viva que se desenvolve entre um pensador e seu mundo. Mas Steiner não oferece uma refutação no sentido convencional. Ele se esforça para nos ajudar a compreender o tipo de consciência que deu origem à forma do pensamento. Tornar-se ciente do nosso próprio processo de pensamento, o "elemento não-observado", restaurará nossa percepção do seu verdadeiro significado. Steiner já tinha ilustrado essa abordagem em *A Filosofia da Liberdade*. As filosofias – todas as filosofias merecem um estudo – podem trazer uma visão libertadora quan-

---

28. Veja: Steiner, *Human and Cosmic Thought* – Pensamento Cósmico e Humano – (London n.d.) pp. 17-18.

do paramos de argumentar a favor ou contra elas. Pois o filósofo é aquele que questiona a suposição ingênua de que sua própria visão é igualmente a visão da realidade de si mesmo. "Portanto, quando o filósofo começa a refletir sobre sua relação com o mundo", diz Steiner, "ele acaba sendo pego por um sistema de pensamentos que se dissolvem tão rápido quanto são formados. O processo do pensamento é aquele que pede algo além de uma refutação teórica. Nós temos de viver por meio dele a fim de entender a aberração à qual ele nos leva e, a partir daí, descobrir a saída".[29]

Uma imagem chama-nos a atenção, como no famoso pronunciamento em *Investigações Filosóficas* de Wittgenstein, mas a visão de Steiner é menos dirigida que a de Wittgenstein com relação a desembaraçar a teia de pensamentos e mais voltada para nos dar a visão original de que, de repente, ficará clara e enriquecerá nossa ciência por meio da percepção de nossa mudança na histórica relação com o universo que nos cerca, reconhecendo essa imagem como algo que nos liberta para imaginar novas possibilidades e não apenas para reconhecer a nossa prisão.

Ao chamar a atenção para a nossa atividade, Steiner esquiva-se da idéia sedutora, mas sempre evasiva, de um simples encontro entre mente e matéria, de apenas encontrar as coisas que transformam o homem em um eterno estranho – sempre abrindo a porta, por assim dizer, para uma situação totalmente desconhecida. Sob a perspectiva de um observador, o homem permanece, inevitavelmente, sempre um estranho e o conhecimento é necessariamente algo imposto à mente. Porém, para Steiner, nossa consciência está sempre adotando novos pontos de vista e encontrando, como resultado, novos problemas de interpretação. O reconhecimento do problema é a filosofia; a solução para esse problema é o conhecimento. Mas o conhecimento de uma época nunca é o mesmo de uma outra época, porque o homem cresce e muda.

Nessa situação, os sintomas de pânico nietzschianos ameaçam mais uma vez: Steiner nos conduz ao extremo de um relativismo assustador. O fato de tornarmo-nos cientes de nosso pensamento, em vez de imortalizar a feliz suposição de sua total transparência ao mundo que ele interpreta, coloca-nos à beira do abismo. Como, perguntamos, o conhecimento pode ser conhecido em sua totalidade se ele está sempre mudando? Mas Steiner recusa-se a entrar em pânico. O conhecimento surge e muda quando as idéias são aplicadas ou modificadas segundo as exigências feitas sobre elas. Nós entramos em uma nova estrutura: só que isso não significa que, no momento anterior, estivéssemos lidando com o nada. Estávamos lidando com o mundo da compreensão e da interpretação que tinha sido alcançado. Para Steiner, essa dimensão espiritual – a consciência e sua perspectiva sempre em mutação – é uma parte irredutível do cenário. O conhecimento

---

29. Steiner, *Philosophy of Freedom* (p. 78).

sempre é o conhecimento de alguém a partir de determinado ponto de vista de alguém.

Os grandes filósofos ofereceram, de formas bem radicais, vários pontos de partida e sistemas para a filosofia. Entretanto, cada um deles trabalhava com as idéias disponíveis na época e foi por causa dos enigmas propostos pelo pensamento da época em que viviam que novas respostas foram propostas, tornando-os importantes pensadores. Steiner, de forma convincente, evita a falsa perspectiva – que tem, no entanto, obtido grande predomínio hoje em dia – que analisa os vários sistemas comparando-os com outros e atribui a ênfase especial sobre idéias específicas a um "privilégio" arbitrário baseado nos interesses de um grupo especial. A implicação é que na natureza das coisas nada existe para compelir-nos a tornar essas idéias o centro de nossa interpretação, exceto talvez nas estruturas poderosas e no próprio interesse da sociedade ou de um grupo. Invocar a arbitrariedade dos "significados privilegiados" é uma tentativa de esquivar-se da história. Esquece-se de que os filósofos anteriores não poderiam ter a nossa perspectiva. Todavia, tudo serve para projetar um pluralismo intelectual moderno (nossa ciência dos sistemas da verdade e dos valores morais co-existentes, porém diferentes) que de modo inapropriado volta-se a assuntos históricos, tratando Platão ou Spinoza como se fossem graduados em um moderno *campus* americano. Esquece-se de que a ciência das possibilidades plurais é, em si mesma, uma fase histórica específica que atingimos. Mas, na verdade, as ênfases diferentes nas idéias dos grandes filósofos resultaram das diferentes pressões históricas que sofreram. A "evolução da consciência" significa que devemos ver por que as pessoas do passado não eram capazes de fazer as perguntas que fazemos – da mesma forma, como Steiner também viu — como as crianças são pressionadas em seus estágios de desenvolvimento. Nós não somos diferentes. Podemos, no mínimo, isentar os relativistas modernos. O pluralismo tem surgido, em si, por meio de um processo histórico – principalmente na recente história americana, que é a história de um povo de diversas bases culturais tentando conviver. Não podemos dizer que isso é mais livre que os pontos de partida dados pela história comparados a qualquer outro ponto de vista.

Quando grande parte do relativismo moderno corre atrás do próprio rabo, a aceitação de Steiner de uma seqüência histórica do conhecimento oferece-nos o caminho da segurança interior. E quando observamos crises históricas com relação à forma com que as pessoas têm pensado — revoluções científicas ou outras reorientações fundamentais no pensamento —, Steiner é capaz de destacar continuidades de base, não em um mundo exterior construído eternamente, mas em um relacionamento em evolução entre o homem e o mundo que ele conhece. O conhecimento muda e o homem cresce no conhecimento. As transições não são arbitrárias, visto que elas são limitadas pelos nossos processos humanos de transformação, processos desenvolvidos que asseguram nossa continuidade como conhecedores. Entretanto, o relativismo tem mostrado que o mundo não pode impor a nós um modo único e necessário de olhar para ele. Steiner pode aceitar isso, sem se sentir à deriva. Ele abraça perspectivas variadas. Tais mudanças são, em vez de uma volta para um novo ponto de partida, o começo de uma nova construção que muda o significado das coisas. Steiner vê isso não como arbitrário, mas como algo impulsionado pelo desenvolvimento natural do homem, pela sua consciência em mutação e por seu desejo de evoluir. É a nossa presença no cenário que levanta as questões e a resolução delas é um assunto da nossa ação. "O conhecimento", como ele coloca, "não é uma preocupação do mundo como tal, mas um caso que o homem deve resolver sozinho. As *coisas* não exigem explicações".[30] Sua teoria filosófica é o trabalho dessa idéia básica, com suas conseqüências libertadoras: conhecimento como relacionamento. O ponto de partida antimetafísico de Steiner é a restauração da imagem dessa dinâmica espiritual em seu humano-centrado. Ela surge com a implicação desse significado, ou da existência do homem, e nunca poderá ser ditada externamente; portanto, não poderá ser limitada ou prescrita. E tudo isso, juntamente com seu potencial para o terror e para a transformação, é a liberdade.

As Linhas Gerais do Pensamento de Steiner

Na explicação das nossas idéias, os filósofos descobriram que a maior dificuldade está no fato de que não somos coisas externas e, ainda assim, a forma de nossas idéias deve corresponder às coisas. Mas em uma análise mais profunda, percebe-se que essa dificuldade não existe realmente. Certamente não somos coisas externas, mas pertencemos junto com elas a um mesmo mundo... No meu ponto de vista, eu estou, em um primeiro momento, confinado aos limites demarcados pela minha pele. Mas tudo que está incluído dentro desta pele pertence ao mundo como um todo. Por isso, para uma relação subsistir entre meu organismo e um objeto externo a mim, não é, de jeito algum, necessário que qualquer parte desse objeto entre em mim nem que deixe uma marca em minha mente como se fosse o sinete de um anel na cera... As forças que estão atuando dentro do meu corpo são as mesmas que existem exteriormente. Então, eu realmente faço parte das coisas – entretanto, não "eu" até aqui como percebo a mim mesmo enquanto matéria, mas "eu" até aqui, enquanto sou parte do processo do mundo cósmico.
Rudolf Steiner.

---

30. *Philosophy of Freedom* p. 92.

Em seus escritos filosóficos, Rudolf Steiner prepara-se para desafiar muitas das falsas suposições que ele acreditava que serviam de empecilho para que entendêssemos o nosso lugar no grande fluxo do processo do mundo, como ele freqüentemente colocava. Steiner se opunha profundamente ao tratamento mecânico do problema do conhecimento, como se o fato pudesse ser solucionado como se fosse uma câmera tirando uma foto do mundo, sem se envolver nele. Para ele, o conhecimento era essencialmente um sistema complexo de vida, uma atividade humana. E isso predizia nosso compromisso com um mundo para o qual em um nível mais profundo, pertencíamos profundamente: o mundo que nos deu a nossa organização como seres inteligentes. Nossa consciência de um mundo "externo" é, para ele, não uma contradição estranha na composição das coisas, mas uma característica enigmática da nossa relação com nosso ambiente, que será solucionada com a ajuda de conceitos de forma, de desenvolvimento e de uma noção mais profunda da evolução.

Da época de seu trabalho pioneiro sobre os escritos científicos de Goethe, defendendo diferentes interpretações de cor e de crescimento biológico referente às teorias materialistas de sua época, Steiner encontra-se na vanguarda de muitos dos avanços sobre o entendimento da estrutura e da forma tão importantes no pensamento moderno. No início de seu trabalho, ele viu a necessidade de estabelecer uma base epistemológica sobre a qual estava a ciência de Goethe e em sua *Theory of Knowledge Implicit in Goethe's World Conception* – Teoria do Conhecimento Implícito no Conceito de Mundo de Goethe –, ele esboçou as implicações dessas idéias para as ciências físicas, biológicas e humanas, de forma que ele já oferece um vislumbre da direção que seu trabalho tomaria após a virada do século.[31] Atualmente, quando as estruturas científicas clássicas do século XIX são cada vez mais questionadas, as idéias de Goethe estão, mais uma vez, chamando a atenção e muito do que Steiner tinha a dizer é claramente relevante para as discussões modernas da natureza da ciência, principalmente aquelas que enfatizam os processos evolutivos com base no "crescimento do conhecimento" e no cenário histórico no qual o conhecimento é gerado. O grande conceito de Steiner sobre a evolução da consciência e as condições de mudança do conhecimento como uma expressão da relação de mudança do homem com o mundo está, talvez, tornando-se mais fácil de ser entendido na era da psicologia evolutiva (como a psicologia infantil de Piaget).

---

31. Steiner, *A Theory of Knowledge Based on Goethe's World-Conception* (New York, 1968). Os estudos pioneiros de Steiner foram apresentados recentemente em Steiner, ed. Barnes et al., *Nature's Open Secret. Introductions to Goethe's Scientific Writings* (New York, 2000). Veja mais em F. Amrine et al. (eds), *Goethe and the Sciences: A Reappraisal* (Dordrecht, 1987); H. Bortoft, *The Wholeness of Nature: Goethe's Way toward a Science of Conscious Participation in Nature* (New York, 1996).

O conhecimento é descrito por Steiner como um processo e uma relação. Como vimos, ele rejeitava qualquer tipo de visão "metafísica" do conhecimento, baseado na idéia de que podemos, de alguma forma, ficar de fora de nossa posição de envolvimento com o mundo. Colocando de uma forma mais simples, conquistamos a objetividade não por ficar de fora de nossa perspectiva como conhecedores para ver o que as coisas "realmente são", mas pelo entendimento do ângulo de nossa visão estando do lado de dentro e das condições que ela envolve.

É freqüente a idéia contra Steiner de que ele por meio disso, de alguma forma, queria estender a ciência para algo além do observável, ou do externamente representável. Seu uso nessa ligação com o antigo termo "oculto" para o componente em nosso conhecimento que não pode ser transformado em algo concreto, ou atribuído à realidade objetiva, que Descartes tinha tentado eliminar, [32] gerou grandes mal-entendidos. Mas as evoluções da linguagem conceitual da ciência, tanto quanto o entendimento filosófico, levaram-no novamente à frente do debate científico. Pois a física moderna tem sido obrigada a saltar para o não-representável que levanta, de forma aguda, todos esses assuntos. Muitas das entidades e dos processos que a física usa para explicar o mundo não podem ser vistas em termos do mundo que nós sentimos, ou atuamos, nesses termos, de modo autocontraditório. E nem é, como sempre é suposto, apenas uma questão de eventos pequenos demais para serem percebidos e que por isso criam os problemas. Como veremos, o astrônomo Norman Davidson dá o notável exemplo do nosso sistema solar, que os livros tão freqüentemente levam-nos a imaginar, com um sol como uma bola de futebol e os planetas do tamanho de ervilhas, a uma distância de um ou dois campos de futebol, etc. Apesar disso, o exercício não pode ser feito, pois se mostrarmos os objetos nas escalas das distâncias envolvidas, não seremos capazes de ver todos eles![33] Em outras palavras, a tentativa de construir um conceito de como é o mundo e que coloca o observador do lado de fora, simplesmente olhando para ele, não pode ser feito. A imagem no caso do "modelo" celestial não pode ser autoconstruída. Se o modelo for válido e a menos que queiramos voltar para atribuir algum tipo de poder metafísico ao pensamento, além da variedade do que podemos perceber, devemos supor que o "não-representável" relaciona-se com nossa perspectiva particular. O modelo torna-se funcional quando especificamos onde estamos na imagem e, então, os aspectos particulares que seremos capazes de ver; portanto, se for para conectar com a realidade, a relação do modelo para o mundo deve

---

32. Cf. discussão em R. Dteiner — O. Barfield, *The Case for Anthroposophy* (London, 1970) pp.10-11.
33. N. Davidson, *Astronomy and the Imagination* (London, Boston e Melbourne, 1985) pp. 3-4. Veja mais pp.86 e ss.

incluir uma visão do nosso próprio envolvimento. Ao cruzar o limiar do não-representável, ao se tornar a ciência "oculta", assim como veremos, a própria ciência progressista necessita dos conceitos do conhecimento formulados por Steiner, de forma independente, décadas antes.

Steiner acreditava que essa visão do conhecimento pudesse ter sido a salvação do pensamento ocidental na crise do relativismo e toda a dúvida envolvida que a obstrui no século XX. Em vez disso, o esforço para edificar o conhecimento como um edifício autoconstruído, no que diz respeito a que todos teriam de concordar, na verdade, provocou ansiedades profundas e um senso de contradição interior por toda a diversidade de nossa cultura. O colapso das certezas tradicionais levou a uma polarização doentia entre a redutiva ciência cética e uma religião defensiva que se tem tornado progressivamente menos segura de suas estruturas. A famosa "Evolução *versus* Criação" debate, de fato, o que o darwinismo mais tarde reivindicou ter "vencido", a base na qual os argumentos foram combatidos, deixando a impressão de que não havia escolha, exceto as alternativas monolíticas do materialismo ou do fundamentalismo; os pensadores que, como Steiner, questionaram se um universo em evolução deveria ser necessariamente um universo ateu que já estava sobrecarregado de argumentos, negavam a chance de questionar as pressuposições feitas. Mas, considerando retrospectivamente, nós podemos notar que o caminho por trás de tudo isso que reduz toda a experiência a suas bases supostas era a expressão, não de confiança, mas da incerteza interior da necessidade de erguer o edifício de abstrações no qual Steiner chamou de "um esforço convulsivo para unir alguém à realidade".[34] Apesar de todas as conquistas, a ciência e a tecnologia orientadas de forma material, a incerteza interior não foi embora. Se Steiner estiver certo, o que precisamos é de um conceito mais profundo do próprio conhecimento.

Certamente, ele descobriu muito para aprovar no movimento filosófico, em desenvolvimento, da fenomenologia criada no trabalho pioneiro de Franz Brentano, cujas palestras Steiner assistiu quando estudava em Viena. Existem muitos paralelos das idéias de Steiner com o trabalho dos grandes fenomenologistas, principalmente talvez com Max Scheler.[35] Porém, ele sentia que eles não tinham interrompido a crise do conhecimento de uma forma suficientemente radical – uma crise que exigia para sua solução nada menos que uma nova visão do lugar do homem no universo. O julgamento interrompido da fenomenologia colocava o ato do conhecimento em

---

34. Veja pp. 129-130 para mais detalhes sobre Steiner no programa de Descartes.
35. Cf. a relação com as idéias de Husserl discutidas em W. J. Stein, *Die moderne naturwissenschaftliche Vorstellungsart und die Weltanschuung Goethes, wie sie Rudolf Steiner vertritt* (Stuttgart, 1921). A centralidade de Brentano para compreender as origens do pensamento de Steiner são destacadas em W. Klingler, *Rudolf Steiners Menschenbild* (phil. Diss. Basel, 1986). Mais sobre Brentano, cf. adiante pp. 54-57; e sobre Scheler, pp. 166-167.

parênteses, a fim de examiná-lo, mas lançava uma luz de como a mente e o mundo confrontavam-se. A evolução fornecia o ponto de partida para tal visão e o pensamento de Steiner é a resposta mais direta do que considero as possibilidades de um tipo de pensamento evolucionário. Em vez de uma busca desesperada por bases, o conhecimento poderia estar estruturado no crescimento, no estado de mudança do homem. Isso significaria abandonar a idéia de um observador insensível e incluir a busca, o empenho humano, pela imagem que formamos do processo cognitivo. Talvez Steiner esteja no ponto mais atual ao reconhecer que o conhecimento deixou de ser um tipo de herança, um firme conjunto de opiniões que costumavam ser capazes de unir uma cultura em uma visão de mundo. A epistemologia da ciência substituiu a ênfase nas áreas de novos potenciais que com suas incertezas e suas habilidades tornaram relativo o que já conhecemos. Entretanto, a visão oficial da nossa relação com a verdade não manteve o foco e, de certa forma, a filosofia centrada no humano de Steiner é designada simplesmente para ajudar-nos com relação às condições de mudança do conhecimento.

Isso é exatamente o oposto do que pode ser visto como uma outra tentativa de resolver as mesmas tensões, ou seja, dar à ciência um *status* quase religioso (uma mistura de categorias que Steiner sempre lamentou), recebendo um tipo de adoração falsa. Contrariando alguns mal-entendidos rudes, Steiner também não transforma o homem em algo divino, mas explora em sua ciência espiritual o nosso próprio envolvimento no conflito cognitivo, inserindo-nos no processo do mundo e sendo mudado por nós.

Ele rejeitou a ficção filosófica empirista da mente simplesmente ao descobrir o que ela é, tendo uma impressão totalmente nova, assim como ele fez com outra ficção da mente, filtrando tudo para ser consciente apenas de suas capacidades ordenadas pré-organizadas. E surge com a imagem que não é nem a folha em branco do empirismo, nem a mente trancada em suas próprias categorias de Kant. Novamente, é na esfera do real desenvolvimento científico que ele prova ser mais relevante. Sua visão evolucionária está visivelmente relacionada às idéias "antrópicas" que têm desempenhado um papel controverso na nova cosmologia da ciência.[36] Para Steiner, o mundo não é apenas um espetáculo que, de um modo estranho, simplesmente se apresenta para nós desde que tenhamos olhos para vê-lo, órgãos para tocá-lo, ouvi-lo ou cheirá-lo, ou mentes para entendê-lo de

---

36. J. D. Barrow e F. J. Tipler, *The Anthropic Cosmological Principal* (Oxford e New York, 1988), uma brilhante exposição, incluindo uma consciência da dimensão histórica essencial. É uma pena que até em sua edição "corrigida" ainda contenha alguns "erros tolos" históricos, tais como a referência à ilha Mediterrânea de Iônia (p. 31), ou, mais grave, sobre as idéias de Roger Bacon, típicas para o século XIII, expressas em *A Sabedoria dos Antigos* (*De sapientia veterum*), que foi, infelizmente, escrita por Francis Bacon em 1700 (p. 111)!

formas específicas. O que conhecemos do mundo depende do fato de que somos parte do mundo e fomos formados por ele, de modo que desde o início de nossa natureza e organização ele se torna não um limite, mas a chave verdadeira para a natureza do universo do qual pertencemos e que nos transformou em seres vivos.

Em seu esboço fragmentado de idéias para sua *Antroposofia* (1910), Steiner cuidou de um modo novo da questão do aparente impasse que resulta da forma que nossas impressões do sentido são determinadas pela organização de nossos olhos, ouvidos, etc. Isso parece como se significasse que nunca escaparemos do círculo encantado, ou acharemos qualquer elemento de força verdadeira ou de poder real no qual nos encontramos de forma experimental. É apenas o reflexo dos nossos próprios instrumentos de percepção. Portanto, pode parecer que só poderemos deduzir a realidade que é a causa desse fato. Mas Steiner vira o argumento do avesso. O elemento verdadeiro, ativo, não é para ser procurado em tal suposição metafísica, mas no modo em que as forças da percepção provocaram a evolução dos olhos, nariz ou ouvidos. Ele volta o argumento para os processos *reais*, ou seja, a formação evolucionária dos órgãos dos sentidos, como a chave para entender as forças que trazem a percepção.[37] Nós mesmos nos tornamos o registro da atividade desses órgãos. E essa forma de chegar às forças que trazem nossa real situação, por meio da análise de nossa organização, está certamente presa ao princípio antrópico moderno, que significa, basicamente, tirar conclusões sobre o mundo que estamos observando pelo fato de estarmos lá para observá-lo; em vez de destruir a mente em um solipsismo (a idéia mais antiga de "efeito de seleção" limitante), essa abordagem segue em direção de uma visão integrada da ciência, mostrando as bases mais distantes do nosso conhecimento, em condições cósmicas necessárias para que ele aconteça.[38] Entretanto, ao mesmo tempo, não tem sido suficiente superar muitas das suposições "empíricas" da ciência moderna, que freqüentemente continua a afirmar que vivemos em um universo aleatório, etc. Steiner criou o princípio mais integral para seu pensamento. A filosofia resultante rompeu as antigas tradições do idealismo e do materialismo, bem como chegou a um novo modo de pensamento, uma nova visão "antroposófica" da natureza humana na direção de um novo mundo inter-relacionado.

Nessa perspectiva, o conhecimento deixa de ser um assunto passivo e reflexivo e se torna um processo segundo o qual nós nos inserimos ativamente na direção dada de nossas vidas que, portanto, sempre carrega um significado moral. Ninguém pode exigir ficar do lado de fora e permanecer neutro moralmente, ser "objetivo" e deixar os assuntos morais para os ou-

---

37. Steiner, *Anthroposophie. Ein Fragment* (Dornach, 1980) pp. 41 e ss.
38. Barow e Tipler, op. cit. pp. 4 e ss.

tros. A fantasia de muitos cientistas de que eles são capazes de "descobrir" coisas e apresentá-las de modo que sejam "livres de valores" continua perigosa e sem fundamento. É difícil ver como um homem inteligente, como o professor Lewis Wolpert, que eu considero, quase aleatoriamente, um porta-voz de tais idéias, pôde escrever que "o conhecimento científico é livre de valores e não leva em si implicações éticas", referindo-se a "saber fazer um aborto não é o mesmo que fazer um".[39] Descobrir como fazer um aborto, ou como construir uma bomba atômica, simplesmente não é correspondente com a orientação do professor de que os cientistas "não devem ser autorizados a tomar decisões sobre o uso de seus trabalhos que podem afetar a todos nós". Mas poucos assumiram a atitude radical de reconhecer que, visto que o conhecimento pressupõe uma relação particular com a realidade, o que é verdade, carregamos uma perspectiva moral em cada ato de relação com o mundo. E que é, na verdade, o que definimos por moral: a nossa relação com o mundo não está completa no nosso reconhecimento do que existe, mas ela é criada pela nossa presença humana com relação à mudança e à ação. O conhecimento realmente afeta a situação que ele cria, para o bem ou para o mal e o conhecedor é aquele que vive a situação. A visão de Steiner é a de que precisamos aceitar a responsabilidade pela forma que, como conhecedores, mudamos o curso potencial e real do mundo.

O valor moral de nosso conhecimento e de nossas ações nunca pode ser imposto externamente, mas está intrínseco e deriva do nosso livre envolvimento com o mundo que nos cerca, por meio do conhecimento. Portanto, para Steiner, nunca haverá uma ciência normativa da ética – uma ciência que diz às pessoas o que fazer, de forma que o conselho firmado para dizer aos cientistas o que fazer com suas descobertas não seria capaz, de modo algum, de aliviá-los de sua aparentemente desconfortável consciência moral, apesar de haver no sentido de Nietzsche uma "história natural da moralidade", na qual o conhecimento em si torna-se uma visão de nossa relação histórica de mudança com o mundo e envolve atitudes morais. Por outro lado, sabemos que a concepção kantiana de a mente impor sua própria ordem nas coisas encontra eco na idéia do conhecimento manipulador e controlador que muitos cientistas perseguem. A idéia de Steiner do conhecimento como relação enfatiza a nossa necessidade de nos transformar, de aprender e de crescer por meio de um encontro cognitivo e de permitir que a realidade revele-se em cada novo aspecto. Nós não temos,

---

39. Escrito em *The Dangerous Defiance of Science* no *The Sunday Times* em 24.03.96. O artigo também é interessante por sua distinta sugestão de paranóia que os cientistas odiados são supostos a evocar. Uma outra dica sobre a semiconsciência é que muitas pessoas inteligentes de dupla moral ocultam, na "objetividade" relacionada ao conhecimento, uma ansiedade defendida, como eu notei, ao ser apresentada como uma crítica hostil vinda dos outros.

nem precisamos de padrões além dos nossos próprios, como se o nosso eu se tornasse livre para nos dizer o que fazer. Mas Steiner argumenta que isso não é nem perigoso moralmente. Pois o "eu" paradoxal, autotranscendente, aprende e se aprofunda com esse encontro. Há um lugar nessa visão para o reconhecimento do valor intrínseco do outro, que podemos chamar de espiritual – para uma relação cognitiva da moral que inclui não só o domínio e o controle, mas também o amor.

O eu conquista a liberdade pelo conhecimento de sua situação e de seu papel moral; ou seja, a liberdade e o verdadeiro autoconhecimento tornam-se a mesma coisa. A visão moderna de mundo de Steiner aceita que precisamos de uma concepção complexa e sofisticada da identidade humana – porém, ele não concorda que a complexidade das pressões cognitivas e éticas obriguem a rejeitar a possibilidade de uma auto-existência coerente. Pelo contrário, ela serve para diferenciá-la de qualquer tipo de existência como "coisa", desempenhando um papel pré-determinado na relação com as outras coisas. Pois o eu não pode ser definido por um estágio anterior de seu desenvolvimento, nem pelas estruturas das idéias pré-determinadas, mas é primordial um aprendizado e um crescimento desse eu. Ele é "livre" no sentido real e inequívoco que ao responder com o conhecimento às exigências do mundo e ao transformar-se, o eu torna-se mais autêntico e não menos. "O homem é muito humano", como Steiner colocou mais tarde, "no processo de se tornar".[40] É nessas situações quando estamos em desvantagem com o encontro e recusamos ou permanecemos incapazes de assimilá-lo, transformando-nos então, como se absorvêssemos o que ele tem para nos ensinar, que nos encontramos determinados por uma "compulsão" estranha vinda de fora, da mesma forma que a repressão transforma a emoção em forças que não podemos controlar, em vez daquelas que podemos integrar em nossa personalidade. O pensamento convencional tenta inverter o verdadeiro status desse tema e procura basear nosso conhecimento em alguma estrutura externa da verdade "imposta" sobre nós em vez de nossa liberdade de interpretar, descobrir e aprofundar nossa experiência. Uma abordagem como a de Steiner parece perigosamente ilimitada, carente de garantias externas que muitos ainda buscam. Mas Steiner argumenta que não precisamos de nada além do conhecimento espiritual, do conhecimento de fundamentos profundos e, na verdade, nunca poderemos ter outros. Muitos dos problemas filosóficos tradicionais estão se transformando à medida que se deparam com os pensamentos do século XX, mas Steiner é capaz de projetar um papel criativo e até mesmo cósmico para o espírito livre que se revela em sua atividade a verdade mais

---

40. Cf. *Anthroposophie. Ein Fragment* pp.24-25: a ciência espiritual "avança na concepção de que o nosso ser interior não é algo completo e pré-determinado, mas algo capaz de ser desenvolvido e evoluído".

profunda sobre o mundo que o trouxe à existência. O conhecimento não é, na verdade, um reflexo do mundo como ele já é, mas o trabalho de desenvolver o eu livre e, então, dar um passo além na evolução do mundo. Ao perceber a dimensão moral de uma situação, damos o primeiro passo em direção ao "conhecimento superior", da natureza supersensível do mundo.
Como Rudolf Steiner resumiu:

"O resultado dessas investigações é que a verdade não é, segundo o que é suposto, o reflexo de idealizar algum objeto real, mas algo produzido livremente pela mente humana e não existiria, de modo algum, se não a trouxéssemos à tona. A tarefa do conhecimento não é recapitular, na forma de conceitos, o que é dado a nós de uma outra forma, mas sim criar um domínio totalmente novo que, quando agrupado com o mundo apresentado pela percepção do sentido, produz, pela primeira vez, a realidade completa. Desse ponto de vista, o modo mais elevado da atividade humana – a atividade criativa da mente — adapta-se organicamente ao processo completo dos eventos cósmicos. Nessa atividade, o processo do mundo não poderia ser compreendido como algo total e completo em si. O ser humano não é um observador preguiçoso frente ao espetáculo do mundo, imitando em seu espírito o que está acontecendo no universo sem se envolver; ele é um participante ativo em um processo criativo cósmico e seu conhecimento é, na verdade, a parte mais evoluída do organismo do universo".[41]

Essas palavras pareciam, para a maioria dos filósofos contemporâneos de Steiner, pedir uma reavaliação muito completa do papel do conhecimento, ou eles pensavam que seria um retorno às antigas idéias de um logos divino, o poder criativo divino do significado que nunca tinha sido colocado de uma forma conceitual satisfatória. Steiner insistiu que isso surgiu da moderna teoria da evolução e que estava simplesmente esclarecendo as conseqüências filosóficas de considerar a evolução mais seriamente. Há uma crescente evidência de que ele estava certo. O desenvolvimento das ciências hoje em dia, por exemplo, levou-nos, segundo um especialista da área, a encarar uma escolha difícil, pois parece mostrar que a linguagem expressa como um significado imposto pelo observador em um mundo que é "outro" nunca poderá ser explicada em um significado real, nem poderá nos dar uma identidade real. Se não seguirmos a rota para ver o conhecimento como parte do universo em evolução, poderemos não ter outra escolha, além de aceitar que não conhecemos o seu significado e não poderemos encontrar a identidade – apenas "efeitos de significado" e uma "aporia final", que é

---

41. Steiner, *Wahrheit und Wissenschaft* (Dornach, 1980) pp.11-12.

estar radicalmente em um fracasso frente ao mundo que habitamos. Esta é a encruzilhada que enfrentamos: devemos estar preparados para aceitar que o homem é, na verdade, um total estranho, eternamente incapaz de se ligar ao mundo, ou de ser ele mesmo, ou, se houver um significado, que nós compartilhamos em um propósito dado por Deus ou em uma estrutura de logos do mundo. A filosofia de Steiner demonstra que a última alternativa não precisa ser conservadora: na verdade, ela é exigida pela situação crítica para a qual a evolução do pensamento nos levou.

Este livro introdutório não é uma tentativa de dar uma visão técnica da realização de Steiner na filosofia; e menos ainda de oferecer qualquer tipo de guia detalhado sobre seus textos fundamentais. É mais um trabalho sobre a relevância de sua filosofia que um argumento filosófico, e seu objetivo é orientar o leitor moderno na direção e no significado geral do pensamento de Steiner – sempre tão mal-interpretado — e para posicionar esse leitor nas discussões relevantes aos assuntos importantes, ou nas matérias que parecem cruciais hoje em dia. No trabalho detalhado para estabelecer sua posição, Steiner responsabiliza-se sem muita segurança, embora, sempre de forma brilhante. Ele não ofereceu um círculo fechado de argumentos, mas sugeriu novas formas frente ao que o pensamento ocidental parecia, segundo ele, como se tivesse um tipo de espécie intelectual de "ponto cego". O efeito hipnótico das idéias kantianas de sua época levou-o ao exercício wittgensteiniano de entrar no labirinto metafísico, desembaraçando-se gentilmente das ilusões dos seus contemporâneos que se tinham tornado tão estranhamente convictos de que a realidade estava sempre lá, mas fora do alcance, desconhecida, mas lançava moralmente sobre nós uma obrigação inexorável, muito intensa por ser impenetrável. As pessoas, às vezes, sentem, ao ler Steiner (ou alguns de seus seguidores), que primeiro é preciso tornar-se um kantiano a fim de libertar-se de suas amarras. Mas transformar a grande realização de Steiner na superação da sedutora metafísica de Kant é um exagero e uma forma de desvalorizá-la: por um motivo, não há nada como uma refutação detalhada e nem era esse o objetivo de Steiner. E a obsessão com Kant obscurece o verdadeiro foco da batalha de Steiner – contra o materialismo: o problema com Kant foi que ele afirmou ter resolvido o assunto do materialismo, mas na verdade ele aumentou o seu poder. Além disso, o significado mais profundo da idéia anárquica de Steiner sobre a filosofia como a libertadora do eu é, na verdade, colocado efetivamente em argumentos modernos. Em outras palavras, hoje estamos sob pressão para aceitar que estamos contra as "verdades" científicas inexoráveis, por exemplo, da genética, que limita, ou mais freqüentemente, nega nossa liberdade absoluta. É fácil negligenciar o fato de que decidimos que os aspectos da natureza humana tratada pela genética são "essenciais", quando a genética afirma que a natureza humana é essencialmente determinada por nossos genes. Na verdade, muitos outros fatores podem e realmente atuam como parte no que somos. O método de

Steiner, revelando nossa cumplicidade nessas construções, nas interpretações baseadas em uma relação particular com o mundo pode nos aprisionar se não compreendermos as forças por trás dessa construção, além de poder nos levar a uma nova previsão e a outras relações, reinterpretações novas e criativas que nos libertam para reassumir nossa humanidade ameaçada mais uma vez.[42]

Então, neste livro, Kant está relegado a um apêndice (veja Anexo 2). O que é importante aqui é a idéia de Steiner de que a filosofia não serve simplesmente para descrever, ou mesmo para avaliar a sua visão, ou a de qualquer outro, sobre a nossa situação, mas é em si a fonte da liberdade dentro dela. O filósofo é "um artista no reino dos conceitos" – segundo a metáfora que realmente fornece uma chave para o seu pensamento difícil de conquistar. O momento filosófico é aquele no qual olhamos para a nossa experiência, ou para a matéria-prima de nossas vidas, com um olhar para suas possibilidades criativas. Isso inclui a liberdade do desapego, não a fim de nos separarmos da vida, mas para novamente prever e reafirmar a luz de um contexto mais amplo, de alguma nova idéia, de algum recurso previamente escondido.

Então, Steiner precisa repensar nos termos do nosso mundo contemporâneo com o poder dessas idéias para escravizar ou aprisionar, para liberar ou humanizar a todos nós. Uma consciência de áreas nas quais o tipo de pensamento de Steiner agora está gerando frutos pode nos levar para sua obra com um sentido de novidade e de relevância contínua. Ao mesmo tempo, a força da crítica de Steiner sobre o pensamento estabelecido também nascerá em nós, apesar da estranha semifamiliaridade freqüentemente sentida ao ler, hoje em dia, o que ele escreveu. Sua resposta espiritual às implicações do relativismo, da mudança, do fracasso do que garantiu a identidade para o próprio homem que destaca nossa era de quase todas as que a precederam, é finalmente diferente daqueles que formaram nossa inquietude e nossa incerteza, distraindo e destratando a vida moderna. Talvez seja por isso, no fim das contas, de uma forma que ele certamente não teria

---

42. Considerar apenas a pressão para acreditar que o mapeamento da genética humana cria um nós "agora sabemos", que faz as pessoas como elas são. Certamente, se a genética estiver certa, não haverá lugar para um único aspecto "espiritual" para as pessoas que dão a elas um valor individual? Não só está no esquecimento de que somos nós, no nosso processo de pensamento, que decidimos em primeiro lugar, que a essência do "que as pessoas são" é equivalente àqueles fatores que podem ser determinados geneticamente – mas também é possível ler na descrição de Steiner sobre o espiritual no trabalho da hereditariedade, para ver o quanto somos aprisionados pelas suposições. O motivo para aceitar sua visão não deve ser encontrado em nossa relação com as experiências que ele descreve, mas o modo como ele mostra que é possível compreender o que se revela como algo que empobrece nossos caminhos do pensamento! Veja Steiner, *Evolution of Consciousness* (London, 1966) pp. 160 e ss.

desejado, que as idéias de Steiner continuam conhecidas apenas por poucos. O sentido da liberdade interior que ele derivou de sua visão filosófica contrasta com o sentido alarmante da constrição, do desamparo interior sentido por tantos em nossa civilização. O pensamento de Steiner pode nos ajudar nos dilemas da vida moderna, para os quais esse pensamento permanece um desafio contínuo e um bálsamo.

Capítulo 2

O Conhecimento como Relação

Fenomenologia

O jovem Rudolf Steiner fundamentou sua tese, mais tarde publicada como a apostila *Truth and Knowledge* – Verdade e Conhecimento –, chamando a atenção para uma teoria do conhecimento que seria "livre de pressuposições". A linguagem desse chamado agora nos parece familiar, visto que ela foi o clamor do que ficou conhecido como o Movimento Fenomenológico, associado aos nomes de Husserl, Scheler, Heidegger e outros, cuja base filosófica tinha muito em comum com a de Steiner.[43] Eles também queriam estudar o ato do conhecimento em seus próprios termos. Ainda assim, vale o esforço de reconstruir a situação na qual Steiner escreveu, a fim de perceber o quão estranho deve ter parecido esse chamado para os leitores, treinados filosoficamente, que ele estava tentando atingir. Para a epistemologia, a ciência do conhecimento como tal, tinha, até aqui, sido chamada para preencher o papel quase exclusivo de dar bases à metafísica proposta. Supondo que alguém desejasse provar que a realidade é "no fim das contas" partículas materiais: a epistemologia tinha de estabelecer que o conhecimento poderia ser compreendido em termos dos impactos e impressões alheios ao sistema nervoso físico da matéria. Supondo que alguém desejasse provar que a realidade é espiritual, ou semelhante na natureza à

---

43. Talvez a melhor introdução ainda seja de Edo Pivcevi æ, *Husserl and Phenomenologia* (London, 1970). Também veja do mesmo autor (ed.), *Phenomenology and Philosophical Understanding* (Cambridge, London e New York, 1975).

mente humana: a teoria do conhecimento tinha naturalmente de estabelecer que o conhecimento apenas é possível na suposição de que a mente contribui essencialmente para ele, ou em algum nível, faz o que ela conhece. Ou alguém poderia argumentar o inverso. Mas parecia aparente para quase todos que a teoria sem suposições era *ipso facto* uma teoria sem nada a provar e talvez nada a dizer.

Entretanto, Steiner acreditava que a epistemologia tinha sofrido muitas distorções e atrasos por ser tratada nesta forma como um terreno de batalha para sustentar postulados filosóficos. Isso levou, especialmente no século XIX, a uma obsessão com a objetividade, i.e. com um aspecto do processo cognitivo – uma obsessão que sobreviveu quase intacta até hoje em muitos círculos, muitos a consideram apenas uma abordagem "científica". Suas implicações são que a simples alternativa seria ilusória, subjetiva. Mas os problemas filosóficos levantados pela tentativa contínua de isolar alguns elementos da experiência como verdades absolutas, enquanto repelia todos os outros para o lixo meramente subjetivo, retorna com a mesma obstinação. Depois de analisar em profundidade a abordagem fisicalista da nossa percepção das cores que, por exemplo, tenta reduzir todas as cores à física e especialmente ao comprimento de ondas de luz, o filósofo Jonathan Westphal concluiu recentemente que não é apenas o detalhe dessa teoria que está errada, mas a abordagem fundamental. Muito do que é "real" em nossa percepção de cores não corresponde a propriedades físicas no objeto. Mas isso não quer dizer que seja insignificante, ou que não tenha uma estrutura significativa, nem que não pertença a uma descrição unificada do que realmente acontece quando vemos um objeto colorido no mundo real. Até quando desprezamos a importante questão: se a ciência "fisicalista" está fornecendo uma descrição correta sobre seu próprio nível, permanece ainda mais fundamental o assunto da idéia incorreta, a confusão filosófica que informa o objeto fundamentado. "Nos campos onde ainda há muito a ser aprendido", comenta Wetphal, "como na fisiologia e na psicologia da percepção da cor, o que é preciso não é uma redução do que polariza nosso conhecimento em primário e físico e em secundário, derivado ou ilusório, mas uma teoria mais imaginativa e mais clara".[44] Ele argumenta que a

---

44. Westphal, Colour. *Some Problems from Wittgenstein* (Oxford, 1987) p. 88: "O que é preciso aqui não é uma redução descrevendo o que acontece na superfície dos objetos observados e a sua física, mas uma compreensão mais ampla de toda a relação entre o organismo, os olhos e a cena visível, a fisiologia da visão da cor e por fim a evolução do sentido da cor", em resumo, "uma teoria mais imaginativa e mais clara". Westphal é influenciado por Steiner e também pela ciência da cor de Goethe. Ele aprecia, mas não deixa de criticar Steiner, cf. seu artigo em *Journal for Anthroposophy*. Em seu tratamento da experiência, Steiner protestou fortemente contra a partição do "objetivo", deixando o que foi presumido "subjetivo" em oposição a ele como um monte inútil e ilusório. Ele apontou para as decepções sensoriais, tais como o caminho da lua parece maior quando ela está baixa no céu: este é um fenômeno governado por condições estritas e não é uma "ilusão": veja mais em B. Kallert, *Rudolf Steiners Erkenntnistheorie* (Stuttgart, 1971) p. 14.

síntese prematura realmente bloqueou o caminho para uma compreensão mais dinâmica do que a cor significa em nossa experiência. E isso não é apenas uma questão de limpar o caminho para uma reavaliação da ciência da cor de Goethe, que foi baseada na relação entre aquele que vê a luz e a escuridão. E sim, se Rudolf Steiner estava certo, as considerações similares precisam ser aplicadas a muitas outras áreas básicas da experiência humana geralmente tratada pelas ciências analíticas. Uma parte de sua importância como um filósofo da liberdade que se recusou a pôr a liberdade fora da discussão epistemológica, e que ele resistiu à importação prematura da física e a todas as outras como absolutos antológicos na visão do conhecimento e manteve que isso tinha sido obscurecido por muito tempo da natureza do conhecimento, como compromisso e como transformação. O conhecimento não é um caminho em que reproduzimos o mundo "objetivo", mas uma relação na qual nós nos colocamos. Não é uma dimensão da repressão, mas da liberdade.

Em vez de correr precipitadamente para teorias de que o solitário é real, Steiner argumentou no esboço filosófico de *Truth and Knowledge* — Verdade e Conhecimento (que recebeu depois o subtítulo "Prelude to a Philosophy of Freedom" – Prelúdio a uma Filosofia da Liberdade) — que primeiro precisamos compreender o que está acontecendo no nosso processo do conhecimento; e não "o que está acontecendo até agora para provar isso ou aquilo", mas simplesmente sem pressuposições o que constitui o conhecimento. O conhecedor humano pode, então, ser capaz de assumir um lugar reconhecido no mundo que ele conhece sem ser necessariamente intimidado, sem ter a liberdade reduzida, pela aparente natureza absoluta do que é conhecido. A sabedoria convencional pode garantir que a teoria do conhecimento, em tais termos, se transformaria em um vazio. Mas Steiner, como Nietzsche, sabia que as próprias alternativas sempre se transformam em "demasiado humano". Uma vez livre das suposições metafísicas sobre o conteúdo do conhecimento, a epistemologia pode em um sentido mais positivo restaurar para nós o conteúdo genuinamente humano que as suposições tinham acobertado e transformado em irreal.

Aqueles que estiverem familiarizados com o Movimento Fenomenológico encontrarão muitos pontos similares aqui. Steiner tinha, na verdade, chamado a atenção para uma fenomenologia do conhecimento puro, e alguns dos seus pensamentos subseqüentes encontram analogias fascinantes na obra de Husserl e, talvez, ainda mais na de Max Scheler. Steiner tem em comum com Scheler não apenas a consciência das implicações religiosas inerentes em sua libertação do espírito humano, mas muitos movimentos paralelos de pensamento: sua idéia de valores, de qualidades morais percebidas concretamente por um tipo de ato elevado da visão, seu entendimento sobre a evolução, sua distinção entre a alma, ou a vida psíquica do homem levando em conta os animais, o espírito que pertence a uma ordem diferente, a visão cristã do modo que o homem pode libertar-se do passado e determinar pela sua habilidade criativa de mudar seu significado ao agir no presente.[45] Eu menciono isso aqui, de passagem, porque serve para refutar a idéia de que Steiner, de alguma forma, desviou-se fundamentalmente do objetivo final do pensamento filosófico e, portanto, não tem pontos construtivos de contato com ele. Steiner trabalhava em problemas que estavam para ser resolvidos de formas similares por outros pensadores importantes do século XX. O radicalismo de sua abordagem em certos aspectos não nos impede de reconhecer seu lugar na história filosófica. Ao mesmo tempo, ele, certamente, manteve-se independente: sua análise do sentimento, por exemplo, parte totalmente de uma abordagem da Escola Fenomenológica.[46]

Uma coisa que Steiner tinha em comum com os fenomenologistas era a admiração pelo trabalho pioneiro de Franz Brentano, cujas palestras ele assistiu em Viena. A preocupação de Brentano era desenvolver uma psicologia filosófica e Steiner, subseqüentemente, elogiou seu famoso conceito da "intencionalidade", como sendo o primeiro passo em direção ao tipo de "ciência espiritual" que ele próprio iria desenvolver.[47] A intencionalidade volta-se para uma idéia arraigada de "indicação" que já era compreendida na última fase do pensamento medieval – do tipo tão desprezado pela *Sociedade de Giordano Bruno* e sua classe. Foi comum Brentano caracterizar a qualidade do "direcionamento" em tais atividades como o planejamento, a significação, etc. Era uma qualidade, ele argumentava, que poderia apenas ser compreendida estando no seu interior: por exemplo,

---

45. W. Stark, "Introduction to Scheler", *The Nature of Sympathy* (London, 1979): percepção moral, pp.xiv-xv, mudando o passado, p. xxiii; evolução, pp.xxviv-xxv; psique e espírito, pp.xxvi-xxvii.
46. Veja Steiner-Barfield, *The Case for Anthroposophy* pp.69 e ss. E também Steiner, *The Inner Nature of Man* (Bristol, 1994) pp.60 e ss.
47. Veja em particular *Case for Anthroposophy* pp. 82-3: A descrição de Brentano da experiência física como representação, julgamento, amor e ódio confundiu, como visto, a consciência comum; Steiner argumenta, mas está chegando na visão de níveis espirituais de consciência que são levados em conta na antroposofia. "Não é apenas um conteúdo particular da alma que está sendo experimentado, mas também algo que demanda um reconhecimento crítico ou um repúdio", indicando que "há a adição para a representação de uma experiência da alma derivada do espírito". Foi apenas a ligação de Brentano às idéias tradicionais (aristotélicas, tomistas) que o impediam, na visão de Steiner, de progredir para a idéia da ciência espiritual. Para a ligação entre Steiner e Brentano, veja Florian Roder, "Franz Brentano in der Begegnung Rudolf Steiners," em *Die Drei* (1988) pp. 3, 197-219; veja também Bernardo Gut, "Die Klassifikation seelischer Phänomene und der Fortbestand der Individualität. Versuch an einem Topos der Philosophie Franz Brentanos", *Dei Drei* (1988) pp. 2, 188-135. Muito útil nas posições históricas de Brentano com relação ao surgimento de idéias importantes é B. Smith (ed.), *Structure and Gestalt: Philosophy and Literature in Austro-Hungary and her Successor States* (Amsterdã, 1981). Brentano passou a ser visto como alguém voltado para as idéias que o levaram à fenomenologia de Husserl e ao Existencialismo, etc., o mais próximo desse projeto para Steiner, como Owen Barfield diz, às vezes trouxe "quase a última moda".

quando uso um gesto para indicar a cor da capa de um livro, não é possível saber exteriormente se minha intenção era apontar a textura da capa ou o texto em sua superfície, em vez da cor. Ainda que esse tipo de entendimento pareça obviamente anterior às explicações lingüísticas que, na verdade, dependem dela visto que eu não poderia saber como usar a palavra "azul" se eu não tivesse a compreensão de como reconhecê-la ao ser apontada. Para Brentano, esse direcionamento pertence a todos os atos da significação e é "existencialmente psíquico", ou seja, não pode ser reduzido a configurações externas: não há uma diferença externa entre apontar uma cor ou apontar uma textura. É possível argumentar que a intencionalidade fornece a chave para muitas atividades, tais como a leitura de um texto, que as explicações mais comuns de causa e efeito atolam-se em complexidades bizarras ou parecem alterar-se em sua totalidade. É muito difícil explicar como o impacto das formas e letras "causam" o surgimento do significado na mente do leitor e a abordagem possível de ser argumentada falha totalmente ao descrever o fenômeno da leitura. (Por exemplo, nós não permitimos simplesmente que a seqüência de significados desenrolem-se quando lemos, mas fazemos correlações complexas e ativas, olhando para trás e para frente e acessando blocos de materiais ao mesmo tempo.) Um compromisso dirigido ativamente, que é trazido na página impressa, envolve expectativa, antecipação e outros processos "intencionais", parece ser uma abordagem muito mais frutífera. E uma boa quantidade da nossa experiência em entender o mundo, em imaginar o mundo, em lembrar-se dele, etc., faz muito mais sentido quando nós o compreendemos dessa forma. Uma "imagem mental" é drasticamente malrepresentada se supormos que ela é como uma projeção em uma tela "em algum lugar" dentro de nós; uma visão fenomenológica mais útil das imagens mentais pode mostrá-las como alvos de atividade direcionada, "vendo algo como", com base na intenção ou na referência, em vez de serem reproduções quase físicas do mundo que nos cerca, ou de entidades curiosas e evasivas que precisam ser inventadas para supostamente "causaram" nossos estados mentais. Quando representamos algo para nós mesmos, como é o caso, para Steiner, a questão relevante não é um "de onde?", o onde engana o nosso fazer, mas um "por que motivo?" nosso processo de raciocínio é direcionado. É isso que faz com que ele consiga distinguir a realidade psíquica envolvida em "amor e ódio", em contraste a alguns filósofos que têm o conhecimento confundido com nossa afirmação ou nossa rejeição de algo representado na mente, como se sua verdade dependesse da intensidade com a qual nós sentimos. Steiner tem certeza de que é algo diferente, algo intencional no sentido que está envolvido em Brentano: "As experiências de amor e ódio... não levantam a questão de como elas se convergem, mas apenas um 'de onde' elas surgem. No caso do raciocínio (crítico), a questão é 'por que motivo' e a resposta é em direção da representação".

Para nós, a representação do que é algo não significa que temos uma imagem desse algo dentro de nossa mente. Essa idéia, na verdade, falha ao explicar o que isso começa a nos mostrar. Dessa forma, voltamos a nossa atenção para a imagem mental, a questão de como percorrer o espaço entre a consciência do espectador e a imagem é simplesmente repetida em um nível mais interno: nós precisaríamos fazer uma imagem da imagem e repetir *ad infinitum* em uma tentativa desesperada de atingir uma correspondência interior. Ou, para colocarmos de uma outra forma, uma idéia como se fosse uma "câmera" filmando o que acontece no conhecimento de alguma coisa nunca pode nos levar à observação do eu que se supõe ser aquele que adquire o conhecimento, visto que esse conhecimento recua em um regresso infinito. Algo parece estar errado com toda a idéia. Apesar de ser estranho dizer, muitos prefeririam manter a teoria e concluir que segundo seu resultado, devemos, portanto, abandonar o eu observador. Eles concluem que não há essa coisa do eu/sujeito, que se transforma em um abismo insondável ou em uma sala de espelhos quando tentamos assimilá-lo. Aqui temos um outro exemplo de como a filosofia serve para nos lembrar de nossa própria cumplicidade na criação da situação. O método filosófico de Steiner chama a atenção para o "elemento não observado", o nosso próprio pensamento e, como veremos ele nos pede para repensar a regressão crescente que nos aliena de nós mesmos e do mundo.

Conhecer algo pela percepção para Steiner pode ser mais bem descrito como uma atividade de leitura, em vez de reproduzir uma cópia da imagem do mundo. A então negligenciada filosofia medieval tinha dado a Brentano seu conceito básico e está nas idéias avançadas pré-modernas (nesse caso, na "mística medieval" de Valentin Weigel), em que Steiner encontra a visão cuja simplicidade e direcionamento o atrai, cortando o caminho do lamaçal pós-kantiano. Para ele, Steiner explica, a percepção é como a leitura de um livro:

> "Se o livro não existe, é claro que não poderia lê-lo; mas ele poderia estar lá e, ainda assim, eu não seria capaz de ler nada nele se não conhecesse a arte da leitura. Dessa forma, o livro deve estar lá, mas por si só não poderá dar-me coisa alguma. Tudo que leio devo produzir além de mim mesmo. Isso também é a natureza da percepção natural (sensorial). A cor existe como o objeto intencionado, mas não quer dizer que ela possa dar algo ao olhar... A cor não está para o olho, como o conteúdo do livro não está para o seu leitor. No entanto, esse conteúdo não flui para fora do livro e sim para fora do leitor. O mesmo acontece com o objeto sensorial. O que esse objeto sensorial é externamente não flui para o homem vindo de fora, mas sim, vindo de dentro".

O fim do século XIX demonstrava estar em uma encruzilhada com sua teoria kantiana das imagens mentais, considerando o papel do homem em suas produções de uma forma unilateral para significar que nunca podemos conhecer algo além do nosso próprio mundo mental. "Com esse modo de pensamento simples e direto", comenta Steiner, "Valentin Weigel posiciona-se em um nível muito mais elevado que Kant":

> "Apesar de a percepção fluir do homem, ainda assim, ela é apenas o conteúdo do objeto intencionado que emerge dela por meio do homem. Como é o conteúdo do livro que eu descubro pela leitura, não o meu próprio, como é a cor do objeto intencionado que eu descubro por meio do olho, não a cor que está no olho ou em mim mesmo... O homem não pode permanecer passivo se ele quiser perceber as coisas dos sentidos e simplesmente permitir que elas atuem sobre ele; ele deve estar ativo e trazer essa percepção para fora dele mesmo".[48]

Portanto, Steiner estava seguindo alguns dos mesmos caminhos intelectuais e, em geral, respondia criativamente à obra de Brentano. Ele usou um artigo obituário sobre Brentano em seu livro *Riddles of the Soul* – Enigmas da Alma – (1917), para anunciar os princípios de sua tripla concepção do homem, que teve destaque em todo seu trabalho posterior e foi a base da psicologia espiritual da educação Waldorf.

No mesmo livro ele incluiu uma nota "Sobre a real natureza da relação intencional". Nela, ele reafirma que a vida da alma está aberta para algo que Steiner e alguns dos fenomenologistas diferenciavam do físico como o espírito, levando-nos aos domínios além de nossa própria subjetividade. As palestras anteriores tinham, até o momento, desenvolvido o próprio pensamento de Steiner sobre o direcionamento, as imagens mentais e a vida psíquica, e Brentano também foi duramente criticado por voltar ao ponto crucial das idéias aristotélicas antiquadas, em vez de avançar para a concepção do espírito em um caminho moderno.[49] Mas as técnicas de análise como aquelas da fenomenologia certamente ajudaram-no a articular sua visão da interação humana com o mundo em muitos níveis: físico, psíquico e espiritual, quando ele passou a escrever seus trabalhos sobre antroposofia. A passagem de seu livro fundamental *Teosofia* pode servir para indicar esse fato – ela também é uma lembrança de que o "profeta" Steiner não esqueceu sua filosofia quando ele passou a se render aos resultados de sua fascinante "pesquisa espiritual".

Steiner caracteriza a tripla relação que temos com o nosso mundo por meio do seguinte exemplo:

> "Eu cruzo uma campina coberta de flores. As flores deixam passar suas cores pelos meus olhos. Esse é o fato que eu aceito como real.

---

48. Steiner, *Eleven European Mystics* (New York, 1971) pp. 210-211.
49. Steiner, *Wisdom of Man*, pp. 143-153.

Eu me alegro com as cores das flores. Por meio disso, eu transformo o fato em uma matéria minha. Por meio dos meus sentimentos, eu conecto as flores à minha própria existência. Então, um ano depois, eu cruzo a mesma campina. Outras flores lá estão e um novo prazer surge em mim por meio delas. Minha alegria do ano anterior ainda está lá, como uma lembrança. Ela está dentro de mim, apesar de o objeto que a gerou em mim não existir mais. Mas as flores que eu vejo agora são do mesmo tipo que aquelas que eu vi no ano anterior; elas cresceram segundo as mesmas leis, assim como as outras. Se eu descobrir mais sobre essa espécie e as leis que a governam, eu redescobrirei nas flores deste ano, assim como eu as descobri naquelas do passado. E então, talvez, eu refletirei: as flores do ano passado morreram e meu prazer com referência a elas é apenas uma lembrança. Ele existe apenas na ligação com meu próprio ser. Mas o que eu reconheci nas flores do ano passado e novamente nas deste ano estará lá desde que as flores cresçam. Sobre isso, algo se revela para mim que não depende da minha existência, do modo que a minha alegria é. Meus sentimentos de alegria permanecem em mim; as leis ou as características essenciais nas flores permanecem fora de mim no mundo.
Então o homem liga-se continuamente por três modos às coisas do mundo. Por enquanto não vamos ler algo sobre isso, mas simplesmente considerá-lo como ele é proposto. O fato é que o homem tem três lados com a sua natureza. Isso – e nada além disso – será indicado aqui pelos três termos, "corpo", "alma" e "espírito". Qualquer pessoa que tenha idéias pré-concebidas ou mesmo suposições sobre esses três termos necessariamente interpretará mal as explicações que seguem. Por "corpo" entendem-se as coisas no ambiente do homem, como no exemplo das flores na campina, revelarão sua presença sobre ele. Por "alma" entende-se que ele liga as coisas ao seu próprio ser e pela forma que ele sente alegria ou desgosto, desejo e aversão, prazer e dor ao se ligar a elas. Por "espírito" entende-se o que se manifesta nele, nas palavras de Goethe, ele observa as coisas "como um ser divino".
Esse é o sentido que pelo qual o ser humano consiste em corpo, alma e espírito. Por meio de seu corpo, o homem é capaz de colocar-se, no presente, em ligação com as coisas. Por meio de sua alma, ele retém dentro de si as impressões que fazem dele. Por meio do espírito é revelado o que ele retém em sua própria natureza".[50]

A visão de Steiner tem uma considerável vanguarda filosófica. Em vez de voltar-se para o assunto obsessivo da objetividade, ele chama a

---

50. Steiner, *Theosophy* (London, 1965).

atenção para a singularidade das diversas dimensões da relação implícita na experiência humana. Em vez dos exemplos simplificados irreais, freqüentemente encontrados nos livros, seu exemplo envolve, de certa forma, sentimentos e comparações complexas, consciências do envolvimento de uma pessoa por meio da memória e do pesar. O elemento nas experiências que transcendem o eu também faz parte do todo complexo, não tratado como se pudesse ser uma entidade definida em um modo metafísico como a única característica "real". Na verdade, ele existe na dimensão especial da relação que Steiner chama de "espírito"; apesar de não podermos tomá-lo como algo absoluto, o significado individual não quer dizer que ele não seja verdade, nem que se reduz a algo meramente subjetivo.

Podemos fazer muitas observações proveitosas. Primeiro, Steiner não vê o espírito no homem como algo cuja existência tinha de ser provada ou deduzida por qualquer tipo de processo. Ele é uma dimensão da nossa experiência e devemos ter cuidado para não analisá-lo muito rudemente como uma redução da experiência em uma busca unilateral de nossos objetivos particulares, "científicos" ou qualquer outro. O "mundo espiritual" de que Steiner fala não é algo em que nós, simples mortais, não temos experiência, nem algo que ele nos pede para considerar como um postulado. Podemos nos tornar cientes disso pela virtude das nossas qualidades como seres humanos na forma como nos esforçamos para compreender o mundo, mesmo que seja na experiência de uma campina florida em uma tarde de primavera. Na verdade, Steiner realmente afirma que nossa consciência dessa dimensão pode ser infinitamente aprofundada: na realidade, cada um dos três lados da experiência, uma vez que eles são concebidos como relação, é capaz de enriquecimento infinito, ou eles são em si mesmos inesgotavelmente ricos no potencial significativo. Isso inclui, como veremos, a ligação por meio dos sentidos ou dos aspectos corpóreos do mundo.[51]

É necessário dizer que não há dúvidas de um "dualismo" de espírito e matéria com referência a esse modelo fenomenológico. A filosofia monística de Steiner é a mais concebível. Portanto, não há motivos para a preocupação sentida às vezes no termo "espírito", como se uma visão de mundo espiritual deva significar a negação de outros domínios da vida. Isso seria importar as falsas suposições que Steiner está tão ansioso para excluir em sua exposição. O significado do mundo pode apenas emergir em um nível mais elevado, espiritual – e há um sentido no qual isso introduz uma fissura no mundo –, mas, finalmente, somos capazes de revelar um significado que é do mundo e não nosso, porque somos, com certeza, parte do todo, surgimos dele e, depois da crise da fissura e da alienação, retornamos, conscientemente, para o conhecimento da nossa própria fonte criativa. A visão espiritual de Steiner sobre as coisas deve certamente ser chamada, então, precisamente

---

51. O primeiro estágio no projeto para uma ciência humana ou antroposofia é, na verdade, a extensão e o aprofundamento da nossa própria compreensão sobre a existência corpórea e dos sentidos: veja *Foundations of Human Experience* (New York, 1996) pp. 159 e ss.

no sentido de que ela envolve o reconhecimento das coisas em seu próprio direito, com valores intrínsecos, além do significado pessoal para nós, individuamente ou até mesmo para toda a humanidade. Steiner descobre esse fato ao aceitá-las não como se negássemos a nós mesmos, mas quando encontramos a nossa mais profunda realização. O materialismo, por outro lado, é precisamente a negação desse reconhecimento. No sentido mais profundo, é a negação da relação, vendo o mundo como algo a ser manipulado, controlado e compreendido apenas sob aspectos unilaterais que nos levam a dominá-lo, a usá-lo e depois a nos livrarmos dele. A ciência torna-se materialista não quando ela procura compreender as leis ou as ordens da natureza, mas quando ela passa a ver as coisas, os seres e as pessoas apenas como o produto das ordens, apenas reais para que possam ser manipuladas pelo controle de seus comportamentos previsíveis.

Mas dessa forma, na medida em que já encontramos as pistas, nós nos tornamos escravos. Seria uma ingenuidade não reconhecer o lado mais obscuro da realização da ciência, voltando a Bacon, que conhecimento é poder. Steiner não é oposto ao conhecimento, certamente não se opõe à ciência, mas apenas às tentações que assaltam a ciência. Contra o materialismo unilateral, a relação de escravo com o mundo, ele critica os tipos de suposições que negam a troca e a dependência mútua da qual todo conhecimento realmente depende. O espírito no mundo é seu chamado para o outro lado, para valorizar seus próprios termos, que seriam invardades para a nossa própria experiência do conhecimento, entre outras coisas, para ser ignoradas.

Esse outro lado, esse chamado aos valores, significa que o mundo que conhecemos está reclamando e se encontra até mesmo assustado. O significado do espírito para Goethe é um sentido de ver como Deus vê – mas isso também traz as responsabilidades que acompanham uma visão bem ampla. O materialismo pode supor que pensar dessa forma é misturar a emoção ao fato, mas uma das implicações mais importantes da ética de Steiner é que simplesmente não há conhecimento livre de valor. A relação sempre tem uma dimensão moral e um conhecimento, que uma vez livre de seus apelos metafísicos falsificados, sempre é o conhecimento de um certo ponto de vista e de um contexto, um propósito e uma finalidade específica. O medo do outro lado das coisas e dos seres é, na verdade, uma fonte óbvia da necessidade de controlar e o materialismo é um tipo de pensamento dominado pelo medo, por todas as suas declarações agressivamente racionalistas. É por isso que o racionalismo é, freqüentemente, assombrado pelo terror de ser excluído, de não ser reconhecido e com isso torna-se ainda mais assustador. Constante controle sobre nosso ambiente promete escapar do medo, mas na prática, leva a uma ansiedade inquietante que vemos impregnar a nossa cultura e reaparecer na forma de problemas sociais crônicos.

Ao mesmo tempo, o tipo de conhecimento imaginativo externo que concebemos do nosso mundo tem o efeito, como temos visto, de levar o eu para um abismo regressivo. Ele posterga a nossa identidade como um conhecedor sem fim. A antroposofia de Steiner devota-se acima de tudo a superar essa situação. Para fazer isso, ela deve reverter a orientação do conhecimento externo, no qual nós olhamos como se não fizéssemos parte do mundo. Essa é a primeira de várias reversões que, de certa forma, são todos aspectos do mesmo ato interior de transformação, que encontraremos no pensamento dele. Devemos restaurar a estabilidade cognitiva que nos engana quando tentamos estabelecer a verdade exterior como um padrão e encontrar o nosso eu nessa atividade concreta de interpretação, de procura e determinação e de introdução e amor ao mundo. Essa é uma outra forma de caracterizar o conhecimento "interior", introduzir ou penetrar nas coisas, como Steiner constantemente coloca. Portanto, com certeza, isso não é uma capitulação das atitudes não-filosóficas, mas é o ponto filosófico central na abordagem de Steiner, que procura o conhecimento em seu reconhecimento do outro lado, seguindo seu curso entre o medo e o amor. O elemento suprapessoal do conhecimento não está, de forma alguma, comprometido. O amor, afinal de contas, é o nosso nome para a aceitação do outro em seus próprios direitos e em seus próprios objetivos e a afirmação dele sobre o nosso eu. Nós nos colocamos totalmente no mundo, ativamente a serviço do mundo, por meio do conhecimento.

O amor também é a qualidade da nossa humanidade em seu tom mais elevado e é relevante para os nossos atos do conhecimento como são as nossas outras qualidades humanas. Tal é o ponto de partida da visão espiritual centrada no humano de Steiner, que ela está profundamente fundamentada em seu pensamento filosófico. "Com isso", ele conclui, "o homem passa a não se sentir um estranho no universo. O universo tem algo para dar a ele e toma algo de volta. Dessa forma, o reflexo antroposófico começa a se tornar amigo do mundo. Nós aprendemos a conhecer o mundo que, em princípio, nos repele, considerando uma observação externa. E esse conhecimento leva-nos a tornarmos mais humanos".[52] Muitos líderes do Movimento Fenomenológico teriam concordado com Steiner sobre as conseqüências da humanização no método que eles estavam tentando desenvolver. Mas poucos teriam ido tão longe vendo o método como uma reconciliação, reconhecida por Steiner em termos tão profundos, entre o homem e o mundo com o qual ele vive em uma troca constante. Nem mesmo Scheler, em seu belo livro *The Concept of Sympathy* – Conceito da Simpatia –, chegou tão longe. Talvez eles estivessem preocupados que, ao tornar o conhecimento demasiado "humano", correriam o risco do psicologismo – ou seja, de confundir as meras condições psicológicas humanas com as quais podemos co-

---

52. Steiner, *Anthroposophy. An Introduction* (London, 1983) p. 95.

nhecer algo com o nosso conhecimento real. A maioria das teorias do conhecimento deve, de alguma forma, ser capaz de ser definida independentemente da mente à qual ela está ligada, ou, no mínimo, em alguma forma correspondente à realidade exterior a ela. Entretanto, tais teorias tiveram problemas no decorrer do século XX, principalmente nas ciências físicas. E, como veremos, a alternativa arrojada de Steiner pode vir a estar mais em harmonia com as necessidades do pensamento contemporâneo. Ao reconhecer o *status* humano do conhecimento, Steiner, além de nos restaurar, coloca-nos como parte do mundo que estamos tentando compreender. Ao reconhecer e aceitar que temos acesso a uma verdade além do mundo que conhecemos, ou que está organizado pela correspondência de tal verdade pura, Steiner nos faz retornar para a terceira relação que temos com o fenômeno real, para as flores na campina e para a complexidade das nossas impressões. Nós nos transcendemos, não pela subordinação a um modelo mais elevado, uma lei, etc., mas pelo modo humano da autotranscendência, valorizando o outro e pelo nosso desejo de mudar e de aprender.

A Verdade e a Ciência

É um axioma fundamental da visão de conhecimento de Rudolf Steiner, como destaca Carl Unger, que "todo o conhecimento altera o conhecedor".[53] Esse é um dos aspectos mais importantes e originais de sua epistemologia e ele pode ser usado para ilustrar sua característica em relação a um momento decisivo na história da ciência moderna.

Podemos desejar resumir uma cena imaginária para nossos propósitos, como se em uma conversa fictícia, Rudolf Steiner fosse capaz de oferecer seus pensamentos em um momento filosófico quando idéias, como neste momento de nosso conhecimento de eventos físicos, eram ampliadas ou tinham de ser transformadas. Contudo, isso parece muito distante da campina florida de Steiner, o que me lembra uma contenda entre dois físicos, Einstein e Niels Bohr em 1927, sobre o *status* dos eventos, em um famoso experimento mecânico de *quantum*. A experiência foi projetada para resolver alguns pontos controversos na física atômica e na espectroscopia, que resolveu uma equação problemática na nova física quântica. A equação descrevia o fenômeno em termos de propagação de ondas, ainda que o impacto físico como mensurado em um prato sensível à luz fosse extremamente localizado. Portanto, o modo como registramos o evento parecia mudar a natureza deste e isso foi perturbador para os cientistas envolvidos. Os assuntos que temos discutido na filosofia eram de repente levantados de um modo mais imediatista na linha de frente da ciência. A questão do que realmente ocorreu fisicamente e o papel do observador tornaram-se, nesse

---

53. C. Unger, *Aus der Sprache der Bewusstseinsseele* (Basel, 1954) pp.16-17.

nível avançado da disputa científica, o ponto crucial. Isso é uma tentativa de isolar os trabalhos da realidade física nos quais o ponto epistemológico da nossa relação com o mundo é levantado no sentido ativo de Steiner: por hora, precisamos decidir o tipo de postura para interpretar as novas descobertas que romperam o modelo clássico mais antigo. A filosofia torna-se envolvida no processo do conhecimento – e de modo algum em um nível de reflexão *ex post facto* mais elevado sobre os resultados já verificados.

Do ponto de vista de Steiner, seria importante afirmar que a experiência já tinha uma história antes da disputa de Einstein e Bohr. A experiência chegou até nós como parte do desenvolvimento do pensamento, não como algo que simplesmente "aconteceu". As interpretações da experiência tinham o ponto central na forma de um raio de elétrons, considerados totalmente estendidos no espaço de acordo com uma função de onda matemática, cuja utilidade em resolver os problemas foi bem estabelecida; quando dirigida sobre um prato fotográfico deve ser interpretada, no momento do impacto, como uma série de eventos localizados e altamente centrados. A seqüência do fenômeno no qual a interpretação foi baseada levantou o problema do colapso instantâneo da carga propagada amplamente em um ponto no prato fotográfico, desafiando a possibilidade física. O que os cientistas estavam fazendo com essa confusão "instantânea" da física e da total transformação? No exato momento em que a experiência parecia caminhar para uma definição de algumas características fundamentais do comportamento físico, nosso conhecimento sobre "o que há ali" parece ser forçado para a forma de uma anomalia, um padrão que não poderia ser interpretado fisicamente.

Em 1926, Max Born já tinha caminhado para a definição de que o problema nos falava menos sobre a peculiaridade física e mais sobre a nossa relação com o que conhecemos. E ele sugeriu que uma mudança repentina e aparente entre o estado de difusão amplo e o estado localizado pontualmente tivesse mais relação com o que poderíamos saber em um determinado momento do que com as alterações fisicamente confusas. Ele propôs que na situação anterior, como vimos, a probabilidade de qualquer uma das partículas estarem centralizadas é pequena, pois a função da onda é difundida por uma área ampla, mas quando a localização de uma partícula é medida por seu encontro com o prato fotográfico, a probabilidade de ela estar espalhada cai para zero. "Não há nada 'lá fora' que muda", concluiu Born, "e sim o nosso conhecimento do sistema que muda repentinamente".[54] Nosso método de mensurar e compreender o que estava acontecendo acabou sendo essencial para a descrição do fato e o esforço para explicar o evento físico acabou sendo considerado uma visão de nossa relação de mudança com o objeto do nosso conhecimento.

---

54. Born citou em Barrow e Tipler, *The Anthropic Cosmological Principle* (Oxford, 1988) p. 459.

É quase como se Steiner estivesse lá sussurrando nos bastidores. Esses feitos construíram o aspecto fundamental de sua teoria do conhecimento, na qual a relação com o objeto é concebida como uma mudança cognitiva da produção, exatamente do mesmo modo que Born supôs, na qual o objeto é conhecido estritamente como parte de um processo, uma transformação de estado que envolve intrinsecamente o conhecedor. Nas bases da interpretação de Born, Niels Bohr formulou uma teoria adicional (chamada "interpretação de Copenhagen", que passou a ser amplamente aceita) da física quântica, enquanto Einstein, que se considerava um realista, tentou desesperadamente durante mais de uma década estabelecer que deveria ser possível definir as propriedades físicas envolvidas independentemente de um observador humano.

Apesar de seu brilhantismo em várias áreas, Einstein finalmente admitiu que foi incapaz de desenvolver uma forma que nos permitiria conhecer simultaneamente todas as características relevantes de um objeto, para que ele pudesse ser definido independentemente das circunstâncias das observações específicas. A afirmação de Bohr da inter-relação entre o observador e a "realidade" nos eventos físicos teve um grande peso nos avanços posteriores da ciência. Ele resumiu assim sua idéia em uma palestra em 1927:

> "Por um lado, a definição do estado de um sistema físico, como é compreendido, pede a eliminação de todos os distúrbios externos. Mas nesse caso, segundo o postulado *quantum*, qualquer observação seria impossível... Por outro lado, se, a fim de tornar a observação possível, permitirmos certas interações com as interferências apropriadas de medidas, não pertencendo ao sistema, uma definição não ambígua do estado do sistema naturalmente não será mais possível".

Assim, ele adicionou, em princípio, nunca é possível desembaraçar totalmente os fenômenos físicos ("coordenação tempo-espaço") e as suas interpretações feitas por um observador, como tem sido exigido na física clássica. Isso deve ser visto não como "complementar, mas como características exclusivas da descrição, simbolizando a idealização da observação e da definição respectivamente".[55]

A última frase, e na verdade toda a situação, novamente tem um toque muito característico de Steiner. E muito antes de a pesquisa científica em suas difíceis abordagens conceituais da física quântica forçar uma reavaliação das nossas suposições sobre o conhecimento, Steiner tinha previsto em seus princípios a crise epistemológica que o conhecimento moderno inevitavelmente nos faria enfrentar. Einstein, por outro lado, por todo o

---

55. Citado em Barrow e Tipler, loc. cit.

seu brilhantismo, parecia estar amarrado a um tipo antiquado de "objetivismo" na definição do conhecimento – apesar de ser um tipo que muitos ainda, geralmente menos críticos, consideram até hoje. Mesmo na interpretação de "Copenhagen", ainda há um senso de que o nosso conhecimento não suporta ser representado totalmente pela distinção da objetividade completa. Parece que nosso conhecimento está limitado apenas a casos como esse (a física quântica). Mas Steiner ainda pode parecer radical ao usar esses exemplos para representar, expondo a visão e como os conceitos básicos são forçados a revelar seus contornos, um paradigma para o conhecimento humano de forma geral.

Em vez disso, ele traçou, já nas bases epistemológicas gerais, a conclusão de que tem, na verdade, sido a base para muito do que é bom na nossa ciência: o envolvimento natural do conhecedor no que ele, ou ela, conhece. Voltando para seus livros filosóficos básicos, Steiner refletiu que foi exatamente uma alternativa para as interpretações primitivas da metafísica do conhecimento que ele buscou apontar em todo o seu trabalho. A idéia de que nosso conhecimento deve, de alguma forma, estar inadequado, caso ele não atinja a perfeição que a interpretação metafísica (neo-kantiana) queria fornecer, Steiner procurou suavizá-la, lembrando-nos que o conhecimento é um assunto humano. *As coisas* não exigem explicações:

> "Esses trabalhos começam a mostrar que, quando formamos os conceitos sobre o mundo e os elaboramos mentalmente, não estamos nos alienando da realidade... O mundo, como ele é apresentado pelos sentidos, é incompleto para nós. Mas esse estado incompleto não é devido ao mundo, mas sim a nós. E nós, por meio da nossa atividade mental, o restauramos para a realidade total".[56]

É devido à nossa própria natureza que o mundo aparece para nós de uma forma parcial e limitada – não é culpa do mundo (ser ontologicamente inferior, irreal, ou por ser desconhecido, mantendo-se obstinadamente confinado "em si mesmo"). É a nossa organização como seres que percebem e pensam, que determina o fato de que apenas vemos uma parte da natureza das coisas. Portanto, não há propósito, visto que a nossa perspectiva é que é limitada e não o mundo, em desejar torná-lo ilimitado e nem em tentar caracterizar nosso conhecimento em termos diferentes daqueles da nossa própria percepção e da nossa atividade de pensamento – onde, de fato, reside a verdade do nosso conhecimento. Nós vemos e ouvimos e, além disso, temos uma relação parcial com o mundo que nos cerca e o resto da imagem cognitiva é feito pela percepção no pensamento da nossa relação com o todo, a situação total da qual nossa limitação como seres que compreendem significa que isso seria apenas parcialmente conhecido. Para

---

56. Steiner,*The Karma of Materialism* (London e New York, 1985) pp. 104-105.

Steiner, o nosso conhecimento é o conhecimento verdadeiro. Mas a investigação filosófica das matérias envolvidas nele fala-nos sobre os nossos próprios processos e relações, nossa forma humana de dar significado à nossa experiência.

Podemos tomar um outro exemplo, talvez mais simples, no qual observamos a tentação de fazer do conhecimento algo externo ao envolvimento do conhecedor. A ciência tem formulado o conceito de "leis", tal é a conservação da matéria. Essa idéia básica fundamenta, de alguma forma, a coerência da ciência física como um todo, definindo-a como um sistema fechado que pode ser tratado apenas em seus próprios termos. Essa é uma idéia muito poderosa e difícil de ser atingida. Seu sucesso faz de sua tentativa de assumir que nessa formulação temos não apenas um padrão humano de experiência, mas também uma característica objetiva, uma característica ontológica como alguns podem dizer que pertence ao mundo como tal.

Vamos permitir que a tentação se desvele. Quando confrontada por uma "lei da natureza", como muitas pessoas, inclusive (talvez especialmente) muitos com treinamento científico, é difícil não supor que sua descoberta deve ter surgido quando os observadores perceberam, repetidas vezes, que os processos em seu ambiente sempre tinham a característica de conservar as relações quantitativas completas, como dadas no estágio inicial. Foi colocado um conteúdo no pensamento que era, por assim dizer, imposto pela natureza das coisas, registrando com isso uma qualidade do universo material, bem independente de suas próprias mentes pensantes e de seus pontos de vista. Isso se coloca, de fato, como uma verdade incontestável que somos obrigados a aceitar, porque nunca encontramos um exemplo contrário.

Entretanto, uma pequena reflexão servirá para mostrar que tal visão é conjunto sem lógica e até mesmo cheio de impossibilidades. O método de Steiner de lidar com o conhecimento em breve mostrará uma realidade muito diferente e somos incitados a pensar em um tipo específico porque esquecemos do nosso envolvimento, da nossa participação ao usar a estrutura de referência.

Um componente crucial na aplicação física da conservação é a conhecida impenetrabilidade da matéria. Esse estado, em princípio, em que a matéria é impenetrável, é o mesmo que dizer que o espaço ocupado por algo não pode ser ocupado ao mesmo tempo por nada mais. É óbvio que se duas substâncias pudessem ocupar o mesmo espaço, temporária ou permanentemente, o princípio da conservação da quantidade seria impraticável. Sem dúvida, todos nós nos lembramos de como nos ensinaram na escola o entendimento científico das coisas e a aparente ocupação do mesmo espaço por duas substâncias; quando dissolvemos o sal em um copo com água, na verdade, é um movimento de partículas da matéria no meio da outra e a "lei da conservação" garante porque as quantidades de cada substância acabam sendo a mesma em toda a parte. Entretanto, se as coisas pudessem desaparecer nas outras, nunca seríamos capazes de saber quanto temos de cada coisa. Mas em tudo isso, segundo Steiner, não há nada que esteja de alguma forma nos empurrando, nos forçando a aceitar os fatos inevitáveis (um "dogma" como ele coloca). O que temos feito está ligado ao estabelecimento de uma estrutura, essencialmente a construção de uma definição e para tomá-la "ontologicamente", uma vez que os livros de física estariam totalmente enganados:

> "Nos livros de física moderna, é possível encontrar uma afirmação que deveria apenas ser vista como uma definição – mas a lógica não tem sido levada em consideração. Considera-se que os corpos são impenetráveis. Entretanto, a definição de um corpo físico deveria ser que, no espaço em que ele está, nenhum outro corpo pode estar ao mesmo tempo. Isso contaria como uma definição. Em vez disso, criou-se um dogma e diz-se que 'os corpos físicos possuem a propriedade da impenetrabilidade'. A formulação mais apropriada seria que dois 'corpos' não podem ocupar simultaneamente o mesmo lugar no espaço.
> Entretanto, esse é um assunto que não pertence à filosofia..."[57]

Toda a idéia de que alguma característica ontológica do mundo tem sido descoberta, ou é, até mesmo, empurrada para nós pelos fatos da natureza, desaparece quando percebemos o quanto temos nos envolvido na definição dos termos de nossa pesquisa. Levantamos casos que se encaixam na definição que temos feito de um "corpo físico", mas acabamos sendo surpreendidos quando descobrimos que todos eles mostravam uma certa característica, ou seja, aquela que tinha sido o critério para agrupá-los em princípio! Isso é menos óbvio, mas essencialmente não é diferente de ser surpreendido, depois de uma extensa pesquisa em que todos os solteiros têm em comum o fato de que todos eles são homens não-casados. Não podemos, é claro, ter tido as características comuns dos "objetos físicos" empurradas para nós, sem primeiro conhecer o que queremos para designar o que são objetos físicos. O desejo estranho e auto-iludido de que temos de tomar a verdade externa, uma propriedade das coisas do lado externo, tem feito com que projetássemos novamente um princípio de nossa pesquisa e tem nos persuadido de que, com isso, a aceitamos de forma obrigatória.

A idéia da conservação (a impenetrabilidade da matéria), que às vezes é chamada de paradigma, orienta a interpretação e a investigação da natureza. Entretanto, como uma matéria, tanto do fato como da lógica, nenhuma quantidade de exposição recorrente para os exemplos de conservação pode, até mesmo, nos compelir a perceber o princípio em si. Um fato bem conhecido dos pesquisadores é que crianças pequenas, que passaram

---

57. Steiner, *The Gospel of St Matthew* (London, 1965) p. 136.

por casos de observação, carecem de um preconceito conceitual, apesar de supostamente terem, elas não entendem a conservação e dirão que há "mais" líquido quando o mesmo é colocado em uma jarra alta e "menos" quando ele for colocado em uma baixa – apesar de virem que todo o líquido saiu de uma para a outra. A falta de estruturas complexas envolvidas na compensação das mudanças de forma, etc. são os pré-requisitos na consistente definição adulta de um objeto físico. A situação é alterada pelo desenvolvimento mental das crianças – e até que atinjam a idade mental necessária, quando as complexas operações mentais envolvendo as idéias de reversibilidade, etc., estejam dominadas, nenhum volume de demonstração fornecerá a elas o significado conceitual da interpretação que elas vêem na forma adulta, ou seja, como o fenômeno da conservação da quantidade. Quando elas tiverem evoluído a estrutura conceitual, serão capazes de entender o mundo em termos dos objetos e sua conservação, mas não antes disso. Por fim, essas considerações levaram pensadores evolutivos, tais como Piaget, a chegar a conclusões similares às de Steiner, rejeitando como ele coloca, o "mito da origem sensorial do conhecimento científico". Em vez disso, eles também enfatizam que quando o conhecimento científico surge a partir da nossa atividade, ele não pode estar reduzido ao objeto ou aos objetos que conhecemos.[58]

Enquanto isso, para outras idéias populares, devemos aceitar o princípio como "científico", pois nunca teremos um exemplo contrário: isso também está claramente baseado na confusão sobre nossos próprios processos mentais. Na verdade, o caso é o inverso. Para isso, um conceito familiar em todas as avaliações críticas da "indução" científica de que a quantidade de exemplos comprobatórios pode sempre estabelecer, logicamente, um princípio de que algo é "sempre" assim. Entretanto, para muitos casos, sempre há a possibilidade de que o exemplo contrário seja encontrado, amanhã ou daqui a cem anos.

A idéia de que uma lei, tal como "a lei da conservação", é independente de nossos propósitos e interesses quando estudamos a natureza, acaba transformando-se em uma lei vazia. Abstraído do processo vivo do conhecimento, o princípio pára de nos dizer as coisas sobre o mundo real. Assim como os argumentos científicos *quantum* mostram que a tentativa de empurrar a definição do estado físico do fenômeno para uma claridade final, que terminaria excluindo o papel de todos os observadores, não pode mais nos dizer algo real. Isso se torna uma "idealização". Embora a indicação de Steiner não seja a de que o uso científico do conceito da conservação está errado e nem que os cientistas foram pegos em uma ilusão de suas

---

58. J. Piaget, "The Myth of the Sensory Origin of Scientific Knowledge" em *Psychology and Epistemology: Towards a Theory of Knowledge* (Harmondsworth, 1972) pp.45-62. É fato conhecido que Thomas Kuhn aplicou o tipo de questionamento de Piaget na história da ciência: *The Structure of Scientific Revolutions* (Chicago, 1970) p. vi e n2.

mentes, simplesmente confirmando seus próprios preconceitos. Enquanto ela for usada como uma moda concreta, interpretativa, será uma ferramenta muito valiosa para o pensamento. Ela não surgiu, de modo algum, simplesmente como um postulado da mente: é a finalização conceitual no conhecimento do nosso encontro com determinadas características do mundo e, como tal, nos dá uma verdade sobre elas. Na verdade, Steiner restaura a claridade lógica em vez do borrão de lógica e observação (indução) de Mill. O que é equivocado, segundo Steiner, não é o uso científico, mas as suposições malorientadas envolvidas na tentativa de transformar um elemento no processo cognitivo em uma característica autônoma e "absoluta" relacionada às coisas em si, independentemente do observador. Isso não é mais visto como uma boa ciência, mas de um lado ou de outro, como ele diz, "uma matéria que pertence à filosofia".

Aqui, mais uma vez, em um aparte filosófico de uma palestra rica e variada, encontramos Steiner humanizando a ciência e resistindo àqueles que a elevariam a um tipo de absolutismo da mente. A idealização de uma tendência no processo cognitivo (ou seja, separação, definição e finalização) atinge um ponto nulo aqui e perde o contado com a outra parte essencial do conhecimento (envolvimento, modificação de nossas suposições, novas experiências). Precisamos de desapego; nós precisamos restaurar o conteúdo do outro em seu próprio direito ao adicionar a totalidade conceitual às nossas experiências parciais e unilaterais por meio dos nossos sentidos, etc. Mas o conhecimento, como Niels Bohr concebeu e como Steiner argumentou filosoficamente algumas décadas antes, cessa necessariamente quando há também um desapego completo, assim como, contrariamente, quando não há desapego, como se pudesse haver uma "observação pura". (Com a abordagem de Steiner para o caso excepcional do conhecimento matemático, eu apresentarei um breve resumo no próximo capítulo.) O conhecimento pode apenas ser compreendido do seu interior, como a modificação de nossas pressuposições existentes no encontro com o mundo. Ela não pode ser congelada em uma abstração e, certamente, não pode ser reduzida a um espelho do que percebemos.

Entretanto, neste ponto é importante esclarecer o conteúdo real da "observação" no modelo de conhecimento de Steiner – e o modo no qual o papel desses sentidos poderia ser realmente definido.

O esclarecimento é necessário devido à preponderância do empirista tradicional na ciência moderna, dando uma ênfase muito diferente da kantiana, um racionalista que também foi muito influente na época de Steiner.[59] Segundo o estilo empirista de abordagem, temos de assumir que nossa experiência é uma mistura da informação direta sobre o mundo que nos cerca – geralmente suposta como que obtida por meio dos sentidos – e

---

59. Veja Anexo 2.

com a interpretação ou as idéias sobre esse mundo. Versões extremamente sofisticadas da teoria no século XX têm tentado mostrar que de certa forma estamos em posse de "dados do sentido" imediatos, com base no quais desenvolvemos níveis mais elevados de interpretações da experiência. Ao agruparmos esses dados, processamos os dados brutos de forma que, além de nossa mancha visual obscurecida de forma particular, há uma sensação de pegar algo sólido e um som referente; sendo assim, construímos o complexo recorrente à experiência conhecida de atendermos a um telefone que está tocando. Na forma clássica, o empirismo é freqüentemente apresentado como uma teoria de percepções específicas, sendo agrupadas sob idéias mais gerais e algo como a teoria do conhecimento aparenta combinar a visão da organização, o lado interpretativo da mente com uma garantia de que as estruturas resultantes estão, por fim, baseadas em algo anterior a qualquer interpretação, informação ou "dado". Ao recorrer a um exame do que realmente vemos e tocamos, devemos sempre ser capazes de dizer, por exemplo, se é um telefone de verdade ou um de brinquedo.

Em sua obsessão virtual com o isolamento do "que é dado" o empirismo denuncia uma clara ansiedade – uma necessidade de encontrar algo que transforme nossa experiência em verdade, em termos de elementos "realistas" que supostamente fazem parte de sua construção. Se pararmos de pensar sobre isso, há algo bem estranho em tentar *provar* que algo é amarelo, em vez de olhar para ver se é amarelo ou não.

A característica das teorias empiristas é a idéia-chave de que eu sempre devo ser capaz de conhecer os dados do sentido que estou tendo e que o conteúdo da interpretação parece surgir totalmente a partir dos materiais dados. As versões mais sutis da teoria, em tempos mais modernos, têm tentado combater o problema que parece dificultar, na verdade, a indicação de algo como a mancha da cor, que é realmente diferente da do telefone. Portanto, os especialistas têm reconstituído o fato como uma teoria de "duas linguagens", uma das sensações e uma dos objetos. Isso tem em comum com o empirismo tradicional a importante idéia de que uma das linguagens é mais "básica".[60] Isso dá acesso a um nível no qual podemos estar certos

---

60. As complexidades de certa forma tortuosas dessas versões modernas e sofisticadas do empirismo são rigorosamente investigadas por J. L. Austin, *Sense and Sensibilia* (Oxford, London e New York, 1962). Também há uma grande discussão em G. Warnock, *Berkeley* (Harmondsworth, 1969). Uma tentativa de romper com a antiga análise do sentido para uma visão mais integrada, como proposta por Steiner, não tem tido muito destaque: Jonathan Westphal chama a minha atenção para a nova abordagem de J. J. Gibson, *The Senses as Perceptual Systems* (Boston, 1966). A idéia de Steiner do pensamento e as sensações de cada ser essencialmente incompleto (um aspecto interessante de sua visão) podem lembrar as idéias de seu contemporâneo de Cambridge, o filósofo G. F. Stout, que "o sentido é, por natureza, fragmentado e incompleto; nós somos obrigados a tomá-lo como algo que pertence a um todo mais amplo": e Stout estava, da mesma forma, tirando do trabalho de Brentano, que o levou progressivamente a modificar a tradição idealista empirista da qual ele nunca

de que é o que estamos experimentando. Então, a interpretação sempre deve estar certa caso ela seja construída estritamente sobre os dados fornecidos. Dessa forma, o projeto do conhecimento parece relativamente simples. Segundo esse modelo, sempre deve ser possível distinguir o que realmente está lá, ou o que é "dado" para a nossa observação e nossa interpretação.

Steiner estava familiarizado com esse tipo de teoria epistemológica que atrai os cientistas de forma consistente desde a época de Locke – e conhecia seus vários conceitos errôneos. Particularmente, ele foi capaz de reavaliar fundamentalmente a idéia do "que é dado". Tomemos um exemplo da percepção, que poderia ser usado no caso do telefone tocando, que eu suponho ser reconhecido como um complexo recorrente de dados do sentido. A audição do toque do telefone deve ter um efeito sobre quem o percebe e, no meu entendimento, isso significa que seja o resultado de padrões anteriores do mesmo dado sensorial. "Atender ao telefone" é, então, um tipo de linguagem estenografada para um conjunto de impressões desse tipo:

> "Uma análise mais profunda mostra matérias que se mantêm bem diferentes da forma descrita acima. Quando eu ouço um ruído, primeiro procuro pelo conceito que cabe para essa observação. É esse conceito que primeiro me conduz para além do simples ruído. Se não pensar, a pessoa simplesmente ouve o ruído e o desconsidera. Mas minha reflexão torna claro para mim que tenho de considerar o ruído como um efeito.
> Portanto, antes de eu conectar o conceito do efeito com a percepção do ruído, sinto a necessidade de ir além da observação isolada e procurar pela causa. O conceito do efeito chama a causa e meu próximo passo é procurar o objeto que está sendo a causa... Mas esses conceitos, a causa e o efeito, eu nunca obterei pela simples observação, por mais vezes que a observação possa ocorrer. A observação evoca o pensamento e é o pensamento que me mostra como ligar uma experiência individual à outra".[61]

O ponto-chave é que Steiner mais uma vez chama a nossa atenção para esse "elemento não-observado": o nosso próprio processo de pensamento. É quando esquecemos o papel da nossa interpretação, da ligação e

---

quis se libertar: veja John Passmore, *A Hundred Years of Philosophy* (Harmondsworth, 1968) pp.194-197. Cf. Steiner, *Gothean Theory of Knowledge*: "Nós nos encontramos com uma percepção concreta. Ela nos confronta como um enigma. Dentro de nós o impulso se manifesta para investigar seu 'O quê?' – sua natureza verdadeira –, que a própria percepção não expressa" (p. 52).
61. Steiner, *Philosophy of Freedom* pp. 141-142.

da relação na construção do mundo significativo que vivenciamos que começamos a nos sujeitar aos erros do empirismo.

Na realidade, o meu reconhecimento de um telefone tocando, no exemplo dado, depende do meu uso de conceitos de nível elevado para organizar a minha experiência, para dirigir a minha atenção, para integrar meu ato de reconhecimento ainda mais além no meu comportamento, que é totalmente caracterizado pelo direcionamento, intenção, investigação e análise. A vida comum, e isso é fato, não nos encoraja a observar nossa atividade interpretativa. A aparente "transparência" do pensamento não é nada além da sua coincidência com os propósitos normais para os quais nós o empregamos.

Quando Steiner nos pede, freqüentemente, em alguns de seus escritos, para nos tornarmos cientes de nossos processos mentais, sua intenção não é, em princípio, enriquecer a nossa vida subjetiva (em um sentido psicológico, por exemplo). Sua intenção é que nós nos liberemos da ilusão da transparência e libertemos o nosso pensamento. O resultado também não pretende adicionar ao nosso conhecimento uma afirmação sobre o que está "realmente lá", como a causa da nossa experiência subjetiva – como Einstein estava tentando estabelecer quando argumentou que de alguma forma deve ser possível saber o que as partículas realmente são, independentemente da nossa própria relação com os eventos na experiência. Em Steiner, de qualquer modo, a perspectiva é bem diferente, pois a realização do nosso envolvimento ativo leva-nos, como Owen Barfield colocou, a "sentir a expansão da consciência" que muda a experiência. Conhecimentos não-familiares ou recém-descobertos exigem uma ampliação da nossa interpretação, questionando conscientemente nossa compreensão prévia do significado das coisas. Então, não podemos ficar satisfeitos com os nossos padrões prévios de pensamento. A experiência é transformada a partir disso. Nós veremos mais profundamente a situação e a nossa relação com ele.

Sobre a questão da pesquisa para as "bases" externas definitivas para o nosso conhecimento, Steiner deu uma resposta a Wittgenstein: as explicações sempre chegam a um fim. Ou, como Steiner colocou:

> "Uma pessoa não pode simplesmente continuar fazendo perguntas de uma forma arbitrária. Uma vez eu dei um exemplo: nós vemos trilhas na estrada. Podemos perguntar: Por que elas estão lá? Porque uma carruagem passou pela estrada. Por que uma carruagem passou? Porque seus ocupantes queriam chegar a um certo destino. Por que eles queriam chegar a um certo destino? Na realidade, o ato de perguntar deve parar em algum lugar".[62]

---

62. Steiner, *Foundations of Human Experience* pp. 37-38. Cf. Wittgenstein, *Philosophical Investigations* (Oxford, 1972) I, 1 e a exposição mais completa da má compreensão racionalista da própria natureza das explicações em I, 87: "Uma explicação ficará pendurada no ar a

Para uma visão metafísica da mente, isso parece deixar o conhecimento perigosamente à deriva, sem uma âncora. Para Steiner, a mente metafísica é aquela que por meio disso mostra que ela se contrai na abertura para o novo conhecimento, para o potencial criativo de novas perspectivas que se tornam cientes do nosso próprio processo de pensamento que torna disponível. Ela tenta consolidar a experiência do passado, estendendo-a de forma ilegítima para tentar limitar a franqueza do presente. Ele mesmo traça o oposto, a conclusão antimetafísica, que no conhecimento nós temos uma relação livre que é capaz de se aprofundar e de se expandir.

Ele conclui que nenhum outro elemento em uma experiência viva soterra todos os outros. Certamente é possível e é muito importante diferenciar o conteúdo de percepção de uma experiência dos conceitos que usamos para interpretá-la; na verdade, o que ele exige é o próprio processo de se tornar ciente do nosso pensamento.[63] O resultado é uma clarificação do conhecimento. Mas não devemos confundir o processo analítico com uma redução real, ainda que isso fosse possível para extrair percepções quase reais do complexo interpretado, dizer ou inferir em alguma coisa real que deve ficar por trás da experiência de alguma forma misteriosa e "fazer" com que isso aconteça. O fato é que podemos distinguir, mas não dividir. E muito menos inferir a partir de nossas percepções, qualquer coisa necessariamente real

---

menos que ela esteja baseada em uma outra. Uma explicação pode, na verdade, estar baseada em uma outra que tenha sido dada, mas uma não precisa da outra – a menos que desejemos evitar um mal entendido". Algumas das implicações filosóficas racionais dessa realização são trabalhadas em Williams, *Groundless Belief. An Essay on the Possibility of Epistemology* (Oxford, 1977). A introdução indispensável para Wittgenstein, enfatizando o "antropocentrismo sutil" que motiva sua última filosofia especificamente ainda é: David Pears, *Wittgenstein* (London, 1971).

63. É possível ser tentado a supor que alguns aspectos das coisas simplesmente têm de ser reconhecidos – formas básicas, propriedade das cores, etc. Mas um pouco de consideração histórica confirma o ponto de vista de Steiner. Pegue a forma da nuvem: certamente as pessoas devem ver que algumas nuvens são arredondadas, outras estratificadas, outras pequenas, etc. Ainda assim, ninguém viu as nuvens como pertencentes a esses tipos até o século XIX. O que fez os tipos de nuvens tão óbvios não foi a diferença de percepção delas sobre nós, mas o que Luke Howard trouxe como uma nova atitude analítica e científica. Assim como as árvores, as nuvens têm sido representadas por artistas há séculos, caracterizadas inúmeras vezes em pinturas de paisagens; os aspectos dos seus movimentos, texturas, cores, massa, etc. têm sido repetidamente submetidos à observação e à técnica. Ainda assim, na arte clássica, é praticamente impossível identificar os tipos. A atenção para as características de diferenciação apenas surge com uma abordagem analítica específica. Não havia nada sobre a diferença das árvores que fazia os artistas mostrarem as características que diferenciam uma espécie da outra, apesar de toda a atenção ao detalhe de sua aparência. As características de cores também podem ser descritas de várias formas e não há nada externo que faça alguém classificá-las. Steiner repetidamente chamou a atenção para o fato de que nas aulas de grego antigo (homérico) havia a linguagem da cor, a cor vermelho-escuro do vinho e o azul-profundo do mar.

por trás delas, porque elas são elas mesmas apenas em uma meia-realidade, em uma abstração analítica da totalidade interpretada do nosso conhecimento:

> "O que é então uma percepção? A questão, perguntada de forma geral, é absurda. Uma percepção sempre surge como algo perfeitamente definido, como um conteúdo concreto".[64]

É sempre algo reconhecido, relacionado a outros conteúdos e que tem um papel específico em nossa experiência. Nunca é algo insignificante, indeterminado, simplesmente apresentado como uma "marcha de cor", ou um "determinado sentido", do qual nosso conhecimento pode ser explicado. O castelo de cartas dos filósofos vai desmoronar:

> "Formar uma ligação entre algo subjetivo e algo objetivo é impossível, pois qualquer processo é "real" no sentido ingênuo – ou seja, aquele que pode ser percebido. Ele é apenas possível no pensamento".[65]

Owen Barfield destaca como Steiner desenvolve sua importante abordagem fenomenológica para o "determinado", mostrando como o nosso pensamento referente à nossa experiência "continua penetrando-nos como se estivesse dentro da própria textura do Determinado. Ao sair para passear, ouvimos de repente um barulho que significa que não o provocamos; um pouco depois um perdiz voa de uma cerca próxima... Na próxima vez que ouvirmos aquele barulho, ele já terá o seu significado".[66]

Dessa forma, Steiner já atingiu a base geral epistemológica em uma formulação impressionante na sua similaridade para o que depois Niels Bohr impõe como as necessidades do desenvolvimento da ciência física. Os aspectos da observação e da interpretação do conhecimento não podem ser separados; cada aspecto é uma idealização, uma projeção teórica dos aspectos da observação conceitual do conhecimento. Nenhum deles pode ser considerado, segundo Steiner,

> "como algo concluído e independente, mas apenas como um lado da realidade total... Apenas a percepção e o conceito em conjunto constituem o todo".[67]

Sua unidade é o conhecimento que nos dá uma visão lógica da nossa relação com o fenômeno sob um exame detalhado e, ao mesmo tempo,

---

64. Steiner, *Philosophy of Freedom* p. 76.
65. Steiner, id., pp. 76-77.
66. Barfield, "Rudolf Steiner's Concept of Mind", em seu *Romanticism Comes of Age* p. 249.
67. Steiner, *Philosophy of Freedom* p. 70.

mostra-nos a nossa relação com a situação. A tentativa de isolar um dos outros leva à dissolução do relacionamento e à falta de conteúdo, uma meia realidade. Em vez de elementos "reais" ou quase-reais combinados, compatibilizando-se de forma a fazer nossos pensamentos corresponderem a uma verdade física auto-suficiente, uma observação e uma definição, as verdades perceptivas e conceituais são projeções combinadas ou idealizações de aspectos do nosso envolvimento com o mundo. Nós mesmos fazemos essa separação, a fim de nos tornar cientes de nossa situação, na qual a verdade das coisas mostra-se clara para nós de um modo específico.

Em resumo: Steiner rejeitou o tipo de filosofia que nos vê como imagens mentais formadas de um mundo "lá fora". Mas de uma dependência mútua do observador e do observado ele não traça qualquer tipo de conclusão "idealista" de que o mundo está apenas em nossas mentes, etc. Esses materialismos, bem como os idealismos, são tentativas mal orientadas, apesar de derivarem dos processos necessários para cada ato do conhecimento, para pressionar um ou outro aspecto do conhecimento humano, além do que eles realmente são.

A busca pelo conhecimento não é, portanto, uma submissão a uma ordem suposta das coisas que somos compelidos a aceitar – nem existe ou pode existir a tal compulsão externa para pensar de modos específicos sobre o mundo. Também não é a abordagem gradual de alguma grande idéia, como no pensamento idealista hegeliano. Ela é a procura pela própria relação humana com o mundo que nos cerca, mudando-o e sendo mudada por ele. Essa relação não é dada a nós a partir do exterior, mas:

> "O fato de que o pensamento, em nós, atinge além da nossa existência individual e relaciona-se com a existência do mundo universal traz à tona em nós o desejo fundamental pelo conhecimento. Os seres sem o pensamento não têm esse desejo. Quando eles se deparam com as outras coisas, nenhuma pergunta surge para essas coisas... Mas nos seres pensantes, o conceito surge quando eles se confrontam com algo externo. É essa parte da coisa que recebemos não do exterior, mas do interior."[68]

E, com essa abertura interior da nossa própria atividade, Rudolf Steiner encontra uma origem considerável da certeza. A idéia de que o conhecimento possa ser determinado pelo nosso próprio desejo e pela busca da relação deu a ele a pista para um caminho que poderia nos levar para os perigos do relativismo que se abre aqui. Pois, se nós polarizarmos o mundo, se não formos estranhos ao mundo, mas fizermos parte dele, as origens das disposições da nossa realidade humana coincidirão com o encontro da nossa própria identidade – e não com a sustentação de algum modo impossível

---

68. Steiner, *Philosophy of Freedom* p. 14.

e paradoxal externa a ele. Esse é o sentido no qual ele tomou a frase de Goethe sobre a habilidade "como Deus" que temos para revelar a verdade, nessa categoria, a relação espiritual, sem fatos absolutos, mas com o direito de olhar sobre o nosso próprio mundo, afirmando-o e sabendo que "ele é muito bom". Isso é "fazer amizade com o mundo", é o começo de uma relação de desenvolvimento.

Uma Visão Moderna de Mundo: "Antroposofia" - com um Toque de Arte

Steiner, de forma notável, muda as metáforas que governavam o conhecimento e que tinham sido bem familiares, principalmente desde o século XIX. Uma dessas metáforas falava em "edificar" o conhecimento, que implicava que item após item seria adicionado, como se fosse tijolo por tijolo em uma estrutura permanente. Para esses pensadores envolvidos no grandioso projeto arquitetônico – bem como para os simples mortais fascinados pelas conquistas da ciência no último século –, os contribuintes individuais pareciam abelhas zunindo em uma estrutura mais claramente definida como uma colméia. Uma descoberta, uma vez feita, era considerada uma verdade inalterável e seria tratada como uma matéria de construção confiável, e aqueles que contribuíram com os tijolos individuais definhavam pela vastidão da construção projetada, que se sustentava independentemente do conhecedor.[69] A natureza imponente do último inspirou um tipo de medo religioso entre os leigos da virada do século, que freqüentemente pregavam a ciência promovendo reuniões dominicais e proclamando-a como uma redenção racionalista. (Se Steiner parece, às vezes, desnecessariamente duro com os cientistas contemporâneos e seus dogmas, é para lembrar as práticas sintomáticas e a retórica extremista que um dissidente como ele tinha de suportar.) Steiner não negou a enormidade da tarefa científica, nem sua grandeza, mas ele se recusava a ser intimidado pela imagem de um papel de "edifício" para a mente, meramente instrumental, imaginando desde o início que isso simplesmente não caracterizava o processo do conhecimento. Agora, essa informação tem proliferado com as formas de transmiti-la até um limite em que ninguém pode ter certeza do que foi desenvolvido e o que não foi (muitas descobertas "duplicadas" demorarão a ser identificadas); a questão do que constitui "o conhecimento" como oposição à mera informação tem ficado muito mais clara. A informação, na verdade, serve apenas para ser definida pelo modo como a processamos. Foi precisamente seu entendimento que levou à nova consciência da comunicação. Bernardo

---

69. Marjorie Greene menciona o exemplo dos cientistas que acreditam que apenas por publicarem os resultados, obtêm o *status* do conhecimento e isso está intrinsecamente valorizado.

Gut destacou vários caminhos importantes nos quais os pensamentos de Steiner são confirmados pela "teoria da informação" que surgiu nos dias de hoje para ajudar a lidar com ela.[70]

Entretanto, até esses desenvolvimentos, o objetivismo da ciência do século XIX pouco fez para localizar os assuntos da importância humana do conhecimento que tinha surgido desde o Iluminismo. Com a "descoberta da descoberta", esse conhecimento, essas descobertas, fatos, teorias e essas hipóteses intrometeram-se nas vidas pacatas das pessoas comuns, provocando freqüentemente resultados preocupantes. Por se concentrar quase exclusivamente no produto em vez do processo do conhecimento, a filosofia ajudou muito para prolongar a crise em vez de resolvê-la. A importância de Steiner pode ser vista, de forma bem simples, dizendo que ele é um dos poucos pensadores a confrontar essa questão do conhecimento em sua dimensão humana – um dos primeiros e ainda um dos mais contestados. Sua epistemologia, como vimos, desvia a atenção das supostas "bases" do conhecimento, da metáfora arquitetônica e volta-se para o nosso papel criativo. O muro do conhecimento abre caminho para as descrições de intercâmbio, de emersão e desenvolvimento, de penetração na rede de relações que nos cerca e da qual fazemos parte. Aqui, novamente, Steiner foi muito além do seu tempo. Ele já previa que a ciência teria de renunciar ao que até mesmo Einstein parecia recusar-se a abrir mão: o sentido tranqüilizador de uma realidade imaginável que poderia ser contemplada exteriormente, como aquele grande edifício em uma posição estratégica segura. Steiner previu que teríamos de aprender a entender até mesmo o que não podemos imaginar, como se isso pudesse existir além de nós, separado de nós.

Na "antroposofia" resultante, ou na ciência espiritual, ele certamente distanciou-se do conservadorismo da ciência mais uma vez, usando o tabu "oculto" do mundo para descrever aspectos dessa relação. Mas é importante compreender que uma grande parte da nossa ciência tem, em princípio, se tornado "oculta" – e, portanto, em caminhos importantes fundamentalmente diferentes da clássica idéia newtoniana sobre a forma como as coisas podem ser representadas enquanto existentes no espaço. Isso surgiu precisamente por meio da aceitação do envolvimento do observador, que Steiner já entendia. Atualmente, aceita-se que não podemos carregar as suposições costumeiras da separação relativa que governou o cosmo clássico sobre um mundo de partículas e forças que é contemplado na física moderna. Como resultado, elas simplesmente não podem ser imaginadas ou figuradas como se fossem visíveis no espaço clássico. Mas seria errado supor que esse fato tivesse relevância apenas para o mundo minimalista da física avançada. O astrônomo Norman Davidson destaca que esse fato também se aplica ao modelo do sistema solar apresentado nos livros:

---

70. Veja B. Gut, *Informationstheorie und Erkenntnislehre* (Stuttgart, n.d.), diversas páginas.

"O sistema moderno do movimento planetário é, na verdade, baseado em um observador hipotético sentado no espaço, longe o bastante dos planetas para que possa vê-los... ao redor do sol. O fato é que, se ele estivesse colocado a uma distância suficiente, ele não veria planeta algum. Ninguém já viu ou verá o sistema solar da forma como é desenhado nos livros".[71]

A idéia de que o sistema imaginado dos movimentos planetários possa realmente ser visto, "lá fora", é uma ilusão. Podemos continuar fingindo que isso não importa, ou podemos partir para a visibilidade tripla com o total reconhecimento do envolvimento do observador na qual a versão convencional varre para baixo do tapete.

As implicações para a ciência de uma renúncia dos modelos imagináveis foram corajosamente enfrentadas por Steiner, que estava muito interessado nas analogias matemáticas (entre outras) para o tipo de entendimento envolvido.[72] Se o termo "oculto" sugeriu, tão facilmente, analogias pré-modernas, ele acabou, no entanto, sendo tipicamente profético nos assuntos que viriam à tona no pensamento avançado do século XX. A interpretação de Steiner sobre a ciência exige que consideremos as complexidades levantadas no nível filosófico como parte integral do problema – e que penetremos além do termo "oculto", chegando a questões difíceis. De qualquer forma, optamos por rotulá-las, para que ele indicasse o caminho. A abordagem do "oculto" talvez esteja ligada a um aspecto mais distante do caso. Por hora, até mesmo na "interpretação de Copenhagen" sobre o envolvimento do observador, a idéia que concluímos ao descrever uma mudança em nosso conhecimento, diferente de eventos físicos "independentes", é tratada como um tipo de limitação. Nós nos consideramos incapazes de transcender nossa própria perspectiva; o nosso papel torna-se problemático e coloca um limite para o que podemos descobrir. Mas, na formulação de Steiner, a transformação experimentada pelo conhe-

---

71. N. Davidson, *Astronomy and the Imagination* (London, Boston e Melbourne, 1985) pp. 3-4.
72. Steiner, "Mathematics and the Occult", em *Anthroposophical Movement*, V (1928) pp. 28, 217-222. Nos processos comuns de medida e cálculos, nós permanecemos sem a imaginação e a percepção, mas com o desenvolvimento do cálculo infinitesimal de Newton e Leibniz, "nós colocamos um importante limite. Nós somos levados, matematicamente, para além do que é perceptível pelos sentidos e ainda assim, permanecemos muito distantes do real que calculamos o que não é perceptível". Isso ainda não nos leva a qualquer realidade espiritual, mas cruza o limite do não-representável que a ciência moderna necessitava ultrapassar para tornar possível o fato de que "a vida flui para dentro da ciência natural" (pp. 219-220). A ciência que atingiu tal ponto está metodologicamente aberta, ela seguiria, para a metodologia complementar da ciência espiritual e, por fim, exigiria como complemento de seu próprio desenvolvimento. Uma maior atenção com o que acontece "na consciência completa" durante a operação do cálculo (p. 221) é, como considero, o ponto no qual a metodologia antroposófica entraria.

cedor durante a pesquisa ou a experiência é vista de forma muito mais positiva: para Steiner, ela é a tentativa de se colocar "do lado de fora" do sistema que bloqueia o conhecimento mais profundo, enquanto nos coloca dentro da imagem que nos liberta para avançarmos em direção a um tipo de interpretação que tece o envolvimento humano no tecido do nosso conhecimento.

Segundo Steiner, a participação do conhecedor não é uma fronteira e um limite, mas uma chave para a natureza do que acontece e como obtemos o conhecimento a partir disso. As implicações da sua teoria do conhecimento vão além dos temas levantados na famosa experiência quântica. Elas acenam em direção a idéias ainda mais recentes, segundo as quais a resolução dos problemas da física quântica apenas será totalmente conquistada por meio de uma ciência antrópica – ou seja, aquela que é baseada em explicitar a ligação entre a nossa posição como observadores humanos e o mundo em que habitamos.

Ao nos tornarmos amigos do mundo, perceberemos, acima de tudo, que ele é um mundo adequado para produzir a vida humana, a consciência, etc. A nossa presença na equação, por assim dizer, não é um vazio, uma linha fronteiriça, nem simplesmente desconhecida. Portanto, a natureza do mundo lá fora não está em algo totalmente "determinado" além de nós mesmos, mas é uma cifra que pode, potencialmente, ser preenchida por uma compreensão da nossa estrutura em uma origem mais ampla dos eventos. Aqui, Steiner descobriu uma chave para a dimensão espiritual humana, na qual nós podemos encontrar a realização da nossa própria natureza no notável mundo, mas sem nos apresentar qualquer tipo de princípio especulativo como fizeram os grandes idealistas do século XIX. A abordagem "antrópica" está no exato oposto da lógica metafísica que tenta deduzir uma realidade além da que conhecemos. Já em seus primeiros esboços, *Antroposofia – Um Fragmento*, Steiner foi capaz de desenvolver tais idéias e com isso ultrapassar o impasse atingido pelo idealismo do século XIX.

Este último havia enfatizado a dependência do mundo que conhecemos – o mundo dos sinais, dos sons, dos cheiros, etc. –, da nossa própria organização perceptiva. Se não tivéssemos olhos, não poderia haver cor no mundo. E nem isso provou de forma alguma como podemos conhecer o que "realmente" estava lá quando temos uma experiência sobre, digamos, o vermelho: a vermelhidão parecia algo que acontecia em nós, não no mundo, e qualquer coisa além disso era um caso de especulação, de construção, de metafísica. Ou, se não acreditarmos nas deduções metafísicas, devemos estar satisfeitos com o desconhecido e com o incognoscível. Steiner foi duro na rejeição da metafísica, mas ele desafiou a idéia de que não conhecemos nada além da nossa própria organização sensorial. Sabemos que o mundo é como tal ao produzir a nossa organização sensorial. Como ele argumentou em *Antroposofia:*

"Antes de o mundo das representações sensoriais chegar até nós, os órgãos dos sentidos devem acordar. O mundo seria silencioso se não tivéssemos o sentido da audição, ele não teria calor se não tivéssemos um sentido para sentir o calor. E apesar de ser verdade, também é verdade que em um mundo onde não há o que se ouvir, o sentido da audição não acordaria; em um mundo sem calor, nunca surgiria um sentido para sentir esse calor..."

Com certeza, há mais coisas presentes em nossa experiência do que simples sentidos – ou seja, foi a nossa relação com o mundo que nos formou como seres vivos e observadores:

"Só é preciso formular esse fato com absoluta clareza para perceber que o mundo é que é determinado por nós por meio dos sentidos e as formas subseqüentes da base do nosso próprio mundo interior devem ser fundamentadas em um outro mundo. É o mundo que torna possível a experiência do sentido pela virtude do fato de que ela traz os sentidos para a existência. Além disso, este mundo não pode cair sob a observação dos sentidos, sendo em cada consideração a pressuposição de sua existência".[73]

O último passo no argumento é especialmente importante. Voltar ao esclarecimento antimetafísico dos limites dos sentidos e atribuir ao nosso mundo de idéias e sensações uma existência "real" seria como jogar o bebê junto com a água do banho. Seria naufragar nas conquistas críticas da ciência natural com as falsas implicações metafísicas que se basearam nelas. Steiner não quer adicionar algo metafísico à ciência nesses níveis. O que ele contempla é uma extensão da ciência, uma dimensão "antrópica", mas essa visão terá de reconhecer forças que não podem ser derivadas do mundo revelado aos sentidos. Essa é uma outra forma de dizer que o conhecimento não pode ser reduzido ao conteúdo sensorial, ao objeto. Ele sempre inclui a relação com o conhecedor. É uma forma na qual este "outro" é para ser visto como formador ativo da organização sensorial e cognitiva do conhecedor – que será a matéria que teremos de considerar quando tratamos do conhecimento como pertencente essencialmente aos organismos vivos e dinâmicos.

Metodologicamente falando, a antroposofia começa, na verdade, não em um modo espiritual unilateral completando a ciência natural, mas em uma forma de "encarnação", ao esclarecer a natureza dos nossos sentidos e o modo como habitamos o mundo corpóreo.[74] Steiner chega em seguida a

---

73. Anthroposophie. *Ein Fragment* pp. 42-43.
74. Veja mais em Steiner, *Anthroposophie, Psychosophie, Pneumatosophie* pp. 11-31; uma visão completa da teoria dos sentidos de Steiner em E.H. Lauer, *Die zwölf Sinne dês Menschen* (Schaffhausen, 1977). Perspectivas mais amplas sobre a experiência corpórea sensorial humana em Steiner, *Foundations of Human Experience* pp.134 e ss; e um esboço fenomenológico pouco conhecido, mas importante em *Man in the Light of Occultism*,

um entendimento do espírito, muito tipicamente em um caminho que não é antiquado, mas sim controversalmente moderno e "antroposófico". O espírito atinge seu resultado concreto ao examinar o que somos ou nos tornamos, apenas por estar em uma posição de conhecer o mundo que percebemos, em caminhos que estão abertos para a correlação científica. Aqui, novamente, temos um elemento escondido na forma do conhecedor emergindo na imagem do conhecimento, constituindo um domínio moderno do "oculto" no sentido exato de Steiner. Tais idéias, apesar da forte resistência, têm sido muito influentes na ciência recente.

A resistência de Steiner às importações metafísicas (aquelas conclusões supostamente necessárias) na teoria do conhecimento levou-o a visões que têm aberto novos pontos nas ciências, trazendo áreas antes especulativas para a competência do pensamento progressivo. Eu insisto que ele representa o tipo de mudança ampla nos termos filosóficos que esses desenvolvimentos exigem. Há também muitos sinais de que idéias como as dele têm produzido resultados interessantes em áreas filosóficas mais restritas. No entendimento das imagens e representações mentais, por exemplo, seu afastamento da idéia de que podemos efetuar uma redução final do pensamento ou da percepção, mas tratando cada uma como uma idealização em vez de elementos na experiência, tem ecoado por um movimento que se espalha entre os filósofos, até mesmo na tradição empírica anglo-saxônica, distante dos modelos convencionais e em direção a um reconhecimento da atividade dirigida em nossa interpretação do mundo, tanto no pensamento quanto na percepção. Dentre eles, Mary Warnockk, que chega à interessante conclusão de que os dois podem não ser distintos. Ela argumenta "que devemos pensar na percepção como contendo um elemento do pensamento e talvez que devamos pensar no pensamento como contendo um elemento de percepção".[75]

Steiner também tinha se interessado pela sugestão provocativa de Goethe de que o cientista não era um coletor de fatos, mas era dirigido em um mundo que ele definiu como "um poder perceptivo do pensamento" (*anschauende Urteilskraft*). Na verdade, Goethe tinha alcançado intuitivamente, pelo menos, o tipo de ciência que Steiner procurou justificar em sua filosofia. "Goethe considerou os órgãos do sentido do homem", diz Steiner,

---

Theosophy and Philosophy (London, 1964) pp. 92-118. Sobre o significado da "encarnação" da ciência antroposófica, veja nas pp.103-105.
75. M. Warnock, *Imagination* (London e Boston, 1976) p. 192 com base em uma longa exploração de Wittgenstein sobre "os aspectos levantados" levando ao famoso pato-coelho e, ainda mais amplamente, das idéias fenomenológicas voltando a Brentano p. 142, que mostra que no fim "não podemos separar os conceitos das percepções, nem um aspecto do outro em algo. Perceber isso é percebê-lo como um objeto e como uma queda de um conceito" (p. 147). Steiner tomou essas implicações.

"como sendo o aparato físico supremo. Para o mundo das cores, ele foi obrigado, portanto, a considerar o olho como o árbitro mais elevado para a observação das leis que governam sua relação. Por outro lado, Newton e os físicos investigaram o fenômeno de uma forma que Goethe lamentou dizendo ser 'o maior desastre na física moderna', consistindo no fato de que as experiências tinham sido separadas do homem... Newton e seus seguidores queriam observar o processo da luz e cor como se não existisse o olho humano. Mas... segundo a concepção de mundo de Goethe... os efeitos que o olho percebe, se considerados como um todo e mostrados sob a lei de suas ligações, são a própria essência do fenômeno da luz e cor e não um mundo separado dos processos externos a serem determinados por meio de instrumentos artificiais".[76]

Para Goethe, o papel do intérprete no conhecimento foi a pista para o que "realmente acontece" – nesse exemplo, a relação de quem vê a luz e a escuridão que se revela como cor. Recusando-se a admitir aquele que vê na equação, os newtonianos foram levados a idéias especulativas que tinham a intenção de explicar o fenômeno. O "poder perceptivo do pensamento" encontra o significado *no* próprio fenômeno. O reconhecimento de que somos realmente nós que polarizamos nossa experiência na percepção e no pensamento por meio da nossa relação com as coisas que Steiner desenvolveu aponta para uma descrição mais sensível, de forma que o olho científico informado pode "ver mais" em uma cor, ou em reconhecer uma rara borboleta, ou em uma reação química. Por outro lado, isso projeta uma luz no caminho que a obra "azul" de um artista pode ser um pensamento – ou até mesmo uma variedade de pensamentos que pode ser explorada durante anos, como com Picasso; ou o caminho de verdes claros e azuis de Cézanne que fazem parte do "significado" de sua pintura.[77] O papel da interpretação, então, une a ciência à arte, destacando a parte representada pela visão criativa em ambas. As duas não são confundidas; mas ambas estão relacionadas ao centro humano e nenhuma delas é tratada como se possuísse um monopólio da verdade para a nossa experiência com o mundo e conosco. A percepção nunca é um simples reconhecimento da sensação

---

76. Steiner, *Riddles of Philosophy* pp. 195-196.
77. Cf. os reflexos em Iris Murdoch, *The Sovereignty of Good* (London, 1970), p. 24 e ss. A visão fascinante de Goethe do significado "moral e sensual" das cores foi o caminho que muito influenciou o pensamento científico de Steiner: veja a descrição fenomenológica de Steiner em suas palestras sobre Colour (London, 1996). Outras tentativas têm sido feitas para explorar aspectos "significativos" da percepção, por exemplo, em termos da consciência "adverbial" que se estende além do sentido: veja a discussão em D. Emmet, *The Nature of Metaphysical Thinking* (London e New York, 1966) pp. 42 e ss; e para a relação ao sentimento estético, R. G. Collingwood, *Principles of Art* (London e New York, 1958) pp. 204 e ss.

bruta, mas pode ser aprofundada pelo artista ou pelo pensador em qualquer ponto, com uma prorrogação potencialmente infinita do significado.

A idéia de polarização de que nossa experiência esclarece-nos esses fatores que assimilamos para os padrões estabelecidos (definição, conceito) e para aqueles que levam a nossa resposta aos outros (observação, percepção), inserindo-nos como conhecedores na continuação do mundo, é especialmente valiosa aqui na área da arte e na sua relação com o conhecimento. Steiner entendeu o modo que realmente nos encontramos no processo, esclarecendo nosso lugar na continuação do mundo. Mas ele não estava sozinho ao perceber que essa polarização pode ir longe demais. Na verdade, é quando permitimos que isso aconteça que a redução da parte de percepção da experiência total é empobrecida para registrar "dados de sentido" mínimos e permitimos simplesmente abstrair as idéias para substituí-las por um envolvimento real com o nosso ambiente. Um exemplo da vida diária ilustrará como nós nos tornamos "cegos com a visão dos olhos" (uma outra frase sugestiva de Goethe). Quando entramos em uma sala, é óbvio que não nos comportamos de forma alguma como os antigos filósofos empiristas imaginariam: não coletamos impressões de sentido e construímos com base nelas uma visão dos objetos na sala. Na verdade, geralmente tomamos apenas categorias em linhas gerais (havia "um relógio", "um sofá" e "um retrato" na parede) e seria difícil dar qualquer detalhe perceptivo posterior a menos que tivéssemos feito um esforço especial de atenção. Principalmente no mundo moderno, nós nos tornamos muito eficientes em classificar nossa experiência nessas linhas gerais, em um caminho eficiente. Portanto, corremos alguns perigos. Para a tendência de conceitualizar nosso conhecimento, como o fenomenologista Scheler também apreciava, pode-se ir facilmente para além da interação construtiva que dá a ele seu valor e, por fim, tornaria solipsista fechando-nos em nosso próprio conjunto de expectativas (uma vez que identificamos que isso era um relógio, não prestamos mais atenção, presumimos que ele tenha todas as características comuns). O envolvimento com a estrutura rica do ambiente vivenciado é abreviado; observamos apenas o suficiente de sua densidade qualitativa para nos orientarmos (o sofá era vermelho, mas não percebemos a franja dourada desbotada, ou a entalhe na madeira dos seus pés).

Essa consciência altamente polarizada é essencialmente semelhante àquela dos cientistas que buscavam reduzir tudo a "leis" gerais, isto é, a características que se adaptam à expectativa. Ele está muito interessado apenas nos aspectos particulares do fenômeno individual, reduzindo seu envolvimento concreto com as coisas para obter não só orientação, mas um controle crescente. A teoria do conhecimento de Steiner deixa claro que o que temos aqui não é, como é normalmente suposto, o ponto de partida do conhecimento que nos ajudará a dar sentido ao caos da experiência sensorial em estado natural, mas a sua análise final. Ela é o produto final de uma separação dos componentes da experiência para um ponto em que o nosso lado humano encontra-se com o mundo ao nosso redor por meio da atividade e da percepção e o pensamento tem sido dissecado e "amortecido": isso fica para nós como uma abstração pura. Nós o assimilamos totalmente. Mas, desse modo, renunciamos à resposta totalmente humana, com todas as suas capacidades de mudança, por meio do engajamento com o desconhecido e com o novo. Buscar a clareza do conhecimento leva-nos a um *ne plus ultra*, à beira da desumanização ou a esse "nada" que Nietzsche atribuía, erroneamente, à natureza do mundo. Voltando a nossa atenção para o que pode ser controlado, descobrimos que nos voltamos para nós mesmos apenas para sermos controladores, trancafiados no mecanismo vazio do controle.

Contudo, Steiner destaca que a riqueza e a profundidade de nossa resposta básica agora reaparecem em um outro nível. Reaparecem como a estética – como a beleza. O mais importante é perceber que a arte do pensamento de Steiner nasce da resposta humana para o mundo por meio do conhecimento, como parte da mesma evolução complexa da mente. A arte não pode ser colocada em oposição ao conhecimento, mas ela é, basicamente falando, o complemento, a resposta ao movimento que nos resgata da redução ao nada, ao vazio, para o qual a definição necessariamente acaba por levar:

> "A busca pela verdade nos dá ainda mais submissão. Todavia, se o homem simplesmente continuasse por seu caminho, tornando-se mais e mais submisso, ele, no final, chegaria à sua própria dissolução... A peculiaridade da vida estética é essa. Ela inclui a verdade, que é egoísta, mas é, ao mesmo tempo, a afirmação da auto-supremacia da vida da alma, fazendo com que nos voltemos para nós mesmos como um dom espontâneo".[78]

Então, na arte, as tendências que acabaram chegando a um beco sem saída com relação ao conhecimento estão livres mais uma vez para se tornarem parte de um "todo" novo. A tendência de abstrair, de formar padrões, torna-se um agente do controle em um novo plano na criação artística e está integrada, mais uma vez, à nossa percepção, agora intensificada por meio do elemento de escolha e seleção que o artista introduz. O artista, segundo a concepção de Steiner, não ignora a verdade. Na realidade, ele está fora dos próprios elementos da verdade como eles aparecem na experiência humana; ele molda uma resposta humana adequada, mostrando-

---

78. Steiner, *Anthroposophie, Psychosophie, Pneumatosophie* p. 127. As idéias estéticas de Steiner foram novamente amplamente baseadas em Goethe, veja seu *Goethe als Vater einer neuen Ästhetik* (Dornach, 1963). Por outro lado, podemos admitir que Steiner foi muito hábil ao voltar-se para a Aesthetic Letters de Schiller em muitas de suas palestras; mas então, as impressionantes idéias de Schiller foram relativamente pouco apreciadas.

nos como viver a verdade que, em outra situação, morreria na abstração. E, assim, mostrando-nos como responder, o artista nos restaura para nós mesmos.

A convicção profunda de Steiner na unidade por trás da ciência, da arte e desse sentido de totalidade que é a nossa intuição do espiritual, não era uma suposição programática e menos ainda dogmática. Ela foi uma compreensão detalhada das necessidades humanas envolvidas na busca moderna pelo conhecimento, pelo poder e pelos recursos de renovação que precisamos preencher para viver a vida que se abre para nós. A beleza da arte não é, como tem sido considerada, um protesto ou um consolo para o vazio da situação humana, mas é o outro lado para a nossa condução do entendimento do mundo e para transformá-lo. O reverso que nos leva a parar de categorizar, controlar e abstrair, levando a arte para a totalidade da experiência de colocar o conhecimento em seu contexto humano, é uma outra versão do reverso que já vimos como "ficarmos amigos do mundo". Por fim, todos esses reversos aparecerão para nós no pensamento de Steiner como versões de um mesmo ato interior, que é a descoberta e a afirmação de nossa liberdade.

Os recursos que o artista usa são, portanto, os mesmos que os cientistas desenvolveram – mas com uma "direção" diferente, ou uma meta intencional. A educação Waldorf tenta encorajar o efeito recíproco entre a arte e o entendimento por meio do currículo, e seu sucesso mostra que ambos podem ser enriquecidos por uma consciência mais profunda sobre seus papéis. Encontrar a ponte do conhecimento para a arte pode ter sido, na verdade, o aspecto mais significativo dessas idéias para o subseqüente pensamento de Steiner. Com certeza, isso é importante para as artes hoje, quando freqüentemente correm o risco de perder o aspecto da verdade partilhada para se tornarem indulgentes unilateralmente na pessoa, no exibicionismo ou no ato de chocar. Entretanto, talvez um ponto até mais importante para nossa atual compreensão, eles resgataram de Steiner a alternativa desesperada, sustentada explicitamente por vários de seus contemporâneos e ainda assim vivenciada por muitos até hoje. Os pensadores, como o evolucionista Henri Bérgson e até mesmo nesse caso Max Scheler, chegaram à conclusão de que o pensamento inevitavelmente leva-nos à abstração e à alienação; portanto, devemos rejeitá-lo como sendo inadequado para a nossa intuição total e devemos nos voltar para a emoção, para a fé ou para um *élan* (energia), uma força misteriosa, a fim de formarmos uma imagem vívida do mundo que habitamos. Isso também é possível, pois vários artistas supondo que a consciência cognitiva deva levar a formulações "áridas" da teoria científica, a idéia de que a arte deva trabalhar apenas no irracional, no inconsciente e no ilegível. Todas essas respostas foram baseadas em suposições sobre a natureza do pensamento (de qualquer forma, observe novamente a tendência de culpar a natureza das coisas em vez de nós mesmos e a forma que pensamos sobre as coisas!). Por outro lado, para Steiner, o pensamento apenas teria essa característica se alguém o separasse do envolvimento humano com o mundo que servia para articular e esclarecer. Na busca da "verdade" externa, o pensamento poderia esquecer sua própria natureza e suas origens. Steiner chamou a atenção constantemente para a realidade humana. Ele concluiu que uma pessoa não poderia separar o pensamento do ser que experimenta e pensa, e que isso era uma parte integral das mesmas aspirações que motivavam a religião (espiritualidade) e a arte. Portanto, ele não perdeu a fé no pensamento claro, cedendo ao intuicionismo, à filosofia do desejo, ao vitalismo e a coisas afins. Ele se agarrou à convicção de que o pensamento é adequado aos problemas que causamos – exatamente porque são os nossos problemas e não os problemas do mundo. O pensamento nos liga a uma realidade maior ao preencher a nossa necessidade de clareza e ao mesmo tempo por pertencer à forma de relação humana mais profunda que chamamos de amor. Não precisamos buscá-lo por meio de compensações artificiais; nós o encontramos em nosso pensamento, na arte ou na devoção religiosa, e ele é expresso de forma única, fazendo com que esse aspecto faça parte de nossa relação com o mundo.

Em vez de concentrar-se na idéia unilateral do pensamento como o desapego, Steiner apresenta nossa atividade cognitiva através dele, como algo profundamente penetrante, quente e luminoso nos fenômenos do mundo. Essa penetração é produzida pela força que flui na própria atividade do pensamento – a força do amor em sua forma espiritual. Ele mostrou o potencial de sua abordagem para alterar esse mapa intelectual distorcido. O conhecimento humano era para ser compreendido como um caminho que, mesmo sendo encontrado, desenvolvido e ampliado por meio do processo de aprendizagem, iria nos inserir na ordem do mundo de uma forma unicamente humana por meio de uma atividade que supera a apreensão parcial e limitada que a nossa organização inicial nos dá. É o nosso modo de restaurar a totalidade, de nos tornar amigos do mundo. Em vista disso, muitas das charadas metafísicas sobre o conhecimento desaparecem e muitos dos medos que estão por trás da pergunta das garantias metafísicas são expostos como algo sem fundamento. São medos que pertencem, não à nossa perigosa situação existencial, mas à liberdade que claramente enfrentamos e tomamos para nós. O conhecimento, como relação, parecia precário por tanto tempo, pois o conhecedor pensava sobre ele como algo exterior, como algo observado: entretanto, ele tinha uma nova validade "antrópica", ou uma perspectiva antroposófica na qual o conhecimento é a atualização, pelo menos em parte, da nossa profunda ligação da origem com o mundo.

Entretanto, surgem muitas perguntas novas, e Steiner tinha de demonstrar que sua idéia sobre a "atividade" espiritual e o desenvolvimento próprio daria ao conhecimento algo como uma habilidade para mostrar ao homem o seu lugar no universo, como um ser ético e espiritual que estava tradicionalmente, talvez de forma errada, à procura de uma metafísica. O materialismo, na visão de Steiner, era prematuro em sua suposição de que essas questões poderiam simplesmente ser destruídas, era ainda confundido como quase metafísico com referência ao que pertence a nós e ao que pertence ao mundo. Sua atenção estava cada vez mais dirigida, nas primeiras décadas do século XX, para o interior dinâmico do conhecimento e para o lugar em que ele surgia: o eu em desenvolvimento.

Capítulo 3

O Eu em Desenvolvimento

Somos igualmente incapazes de permanecer em nós mesmos e nas coisas, e somos lançados de volta delas para nós mesmos e de nós mesmos para elas.

Montaigne

O Eu e o Outro: Formando o Mundo?

Outros filósofos da época de Steiner estavam, com certeza, dando passos em direção a uma visão do conhecimento que reconhecia o papel do intérprete, uma das originalidades do pensamento de Steiner que não deve ser superestimada, ainda que, na verdade, um exame dos outros desenvolvimentos serviria, acho eu, em muitos casos, para destacar a natureza radical do progresso que Rudolf Steiner realizou, em comparação a outras tentativas de muitos filósofos para fundamentar algumas das "certezas" do passado. O entendimento crucial do eu é um caso a ser destacado, e o legado dos passos incertos que foram tomados ao repensar a nossa própria relação com o mundo que era indicado por uma nova imagem do conhecimento está até agora causando alguns dos nossos problemas modernos mais profundos. Devido ao fracasso dos filósofos de mudar radicalmente, a fim de resolver os assuntos que foram levantados, os problemas dos quais Steiner cuidava vinham à superfície repetidamente no pensamento do século XX. Aqui, como sempre, Steiner oferece-nos idéias que ainda podem nos ajudar a progredir.

Isso foi além de todos os fenomenologistas que tinham assumido o desafio de descrever o mundo sem as pressuposições metafísicas, permitindo revelar suas estruturas essenciais e seus modos de aparência. Como resultado, eles freqüentemente confrontavam assuntos fundamentais. A fenomenologia rejeitava qualquer retorno à discussão não proveitosa de que as coisas existiam em si mesmas, separadas do nosso conhecimento delas. Mas quando buscavam alguma visão do processo cognitivo, os problemas básicos eram, novamente, levantados e ainda eram uma tentativa de resolver o assunto de alguma forma idealista. Mais uma vez, apesar de ser de uma maneira diferente, projetando a relação dinâmica da mente e do mundo, em suas diversas formas de aparência, em um absoluto metafísico conveniente. Pois, de outra forma, o "psicologismo" ou a relativização do conhecimento que é transmitido por herança, pareceria muito importante para ameaçar os próprios conceitos de verdade e certeza – e ainda mais, os conceitos tais como a identidade e os valores morais humanos. As posturas titânicas do "super-homem" nietzschiano tinham feito pouco para dar segurança a eles.

Muitos pensadores estavam bem incomodados com o fato de que o novo clima do "psicologismo" ameaçava engolir até mesmo as prestigiosas ciências matemáticas, que eram vistas como a garantia absoluta da certeza no conhecimento científico.[79] Os matemáticos, em particular, viam os números como idéias puras, não precisando de nada para validá-los, exceto suas próprias definições. Mas as teorias recentes sobre a possibilidade de números "transfinitos" tinham abalado essa certeza, como fizeram algumas abordagens filosóficas que buscavam a "origem" do conceito do número seguindo as linhas da abordagem descritiva psicológica de Brentano. O trabalho do pioneiro fenomenologista Edmund Husserl acirrou essa disputa e, na verdade, atingiu seu momento decisivo quando ele verificou as tendências psicológicas em seu próprio trabalho inicial e buscou esclarecer os assuntos geralmente envolvidos nas relações e nos atos mentais.

É fácil ter a impressão tanto da empolgação potencial como das reações defensivas que surgiram nos lados opostos. De um lado, lógicos como Frege insistiam contra o psicologismo de que os números apenas estavam lá, "como parte dos móveis do mundo"; Husserl, do outro lado, teve de construir defesas elaboradas para provar que ele não tinha transformado a matemática em algo subjetivo, confundindo a forma como aprendemos os números por meio dos próprios números. Todavia, em suas idéias, talvez cheguemos mais perto da "atividade espiritual" central do pensamento de Steiner. As estacas estavam altas. Talvez seja compreensível que vários líderes fenomenologistas, até mesmo aqueles que tinham ajudado a criar o novo clima, posteriormente desejavam manter, por exemplo, algumas garantias que pareciam ser ofe-

---

79. Edo Pivèeviæ, *Husserl and Phenomenology* (London, 1970) pp. 23-44.

recidas pelos elementos de uma tendência idealista mais antiga vinda da filosofia. Husserl seguiu por esse caminho para sua famosa idéia da "construção da subjetividade" (*leistende Subjektivität*). O lugar do conhecedor recebeu um *status* especial, como superação e dominação do mundo, constituído como o significado de um ato soberano, acima da agitação das perspectivas limitadas e das descobertas fragmentadas abaixo.

Se a filosofia precisasse rejeitar a idéia de que o mundo poderia nos dizer como pensar sobre ele, ainda existiria a idéia de que ela poderia demonstrar um tipo de necessidade além daquela dos nossos próprios pensamentos, que nos fazem refletir sobre o mundo de um modo definitivo. Em outras palavras, essas devem ser idéias que não pensamos, mas que temos de assumir de forma a tornar o mundo concebível e que, portanto, nos mostram suas características essenciais: fundamentadas, como uma análise fenomenológica se responsabilizaria em mostrar, na própria natureza do nosso conhecimento. Se o empirismo falhou em provar uma "determinação" ("uma etiqueta do mundo", como Husserl colocou) que explicaria o conteúdo do conhecimento, foi argumentado que devemos, em vez disso, ter acesso à realidade conceitual de que "a transcendentalidade" determina o mundo significante.

Husserl argumentou que primeiro a filosofia deveria suspender, colocar entre "parênteses", o conhecimento operativo que nós temos do mundo, funcionando como ele normalmente funciona em princípios imprudentes, certamente não formulados e, então, esclarecer como esse conhecimento é constituído em princípio. Só então a sua natureza pode ser compreendida. Diferentemente do empirismo que procura uma característica determinante do conhecimento surgido do exterior, a nova análise fenomenológica enfatizou a determinação do conhecimento de seu interior. O papel da "objetividade constituída do objeto" voltava-se explicitamente para o *cogito ergo sum* ("O Cogito": penso, logo existo) de Descartes para justificar a idéia de uma consciência auto-sustentada capaz, portanto, de definir o mundo.[80]

A "prontidão" do pensamento, sua "intencionalidade", forneceu uma abordagem moderna distinta e uma ligação direta com a psicologia como um fundamento científico. Quando submetida à análise "transcendental" parecia oferecer a chave para o entendimento de como criamos o significado do nosso mundo interior: dispensando com isso o recurso da eterna problemática das entidades metafísicas "reais" "em si mesmas" como objetos do pensamento que tinham enfraquecido os pensamento mais antigos. Quando nos referimos a algo no pensamento é como se tentássemos alcançar algo, ou é como apontar para uma atividade a ser descoberta a partir de seu

---

80. Husserl, *Cartesian Meditations* (The Hague, 1960).

interior. Não é que estejamos reproduzindo um algo "realmente existente lá fora", um gesto significativo de apontar não precisa ter implicações na verdade ou a realidade do que estamos apontando.[81] Não precisamos acreditar, usando a exigência clássica proposta por Meinong, que quando dizemos: "A montanha dourada não existe" deve haver, em algum tipo de lógica da metafísica ou de outra qualquer, uma entidade sobre a qual possamos falar explicando que isso não existe. E apesar de o empirismo ter sido rejeitado e nosso pensamento ir além dele, somos capazes de experimentar diretamente por meio dos sentidos, precisamos acreditar que realmente devem existir entidades sombrias de experiência transcendente para a qual o nosso pensamento deva referir-se. Os antigos pensadores tinham, erroneamente, projetado o processo de constituir o mundo além da experiência humana na metafísica e, por meio disso, confundindo uma psicologia subdesenvolvida com a filosofia. O parêntese fenomenológico de Husserl foi designado para erradicar essa confusão. Assim, a fenomenologia "purificada" responsabilizava-se por estabelecer essências e conhecimentos significativos sem recorrer à metafísica que significou a perda do contato com a ciência empírica e, portanto, levou a filosofia a uma abertura progressiva para o avanço científico metódico.

Ao afirmar nossa habilidade de constituir o mundo que conhecemos, a fenomenologia surgiu para engrandecer ainda mais nosso sentido de poder da mente, garantindo que podemos extrair a essência "transcendental" dos fenômenos e, ao mesmo tempo, definir o nosso eu em relação ao mundo. Mas as brilhantes idealizações filosóficas de Husserl e de seus seguidores não podiam mais ocultar as poderosas tensões e as tendências contraditórias que se escondiam sob a superfície da análise fenomenológica, com sua reivindicação de que podemos dominar completamente nossa experiência e nos ligar a um tipo de garantia de sua validade. A constante convicção de que a experiência humana é o mesmo que olhar para baixo estando em uma janela alta, do lado de fora, definindo sua própria perspectiva e sendo capaz de passar por uma paisagem desimpedida, não permaneceria incontestável por muito tempo.

---

81. Essa é a chamada "inexistência intencional" do objeto, muito falada por Brentano: "Cada fenômeno mental é caracterizado pela... inexistência intencional do objeto... o que poderíamos chamar de relação com o conteúdo, ou uma direção sobre um objeto, que não está aqui para ser visto como algo real" (*Psychology from the Empirical Standpoint*). Eu posso indicar (reconhecer, dizer a alguém, etc.) o meu amigo John do outro lado da praça, e o que quero dizer é que John permanece na situação mesmo que o pensamento mostre que eu estava enganado e que John não estava na praça. Apesar disso, a fenomenologia iria reter a abordagem "transcendental" (i.e. argumentando que devemos pensar se temos o sentido das coisas), todo o lado metafísico do kantinismo, com sua pseudo-explicação "as coisas nelas mesmas" é essencialmente banido tão logo percebamos que o conhecimento significativo pode ser explicado a partir do seu interior e não exige a justificativa de entidades metafísicas.

Pois a fenomenologia tinha surgido fundamentalmente como uma tentativa de liberar a mente das suposições autocentradas da filosofia do século XIX, de abrir as questões do *status* do conhecedor de modo que fosse desafiado pelo sentido de uma realidade maior. Foi o sentido de um mundo que nos desafiou e nos transformou que o jovem Rudolf Steiner, instigado pela ciência de Goethe, tinha descoberto. Foi algo semelhante à fenomenologia que tinha sugerido ao jovem Jean-Paul Sartre, por exemplo, que conhecer não é dominar, é arriscar a identidade de alguém ainda que seja para achar alguém no mundo, é "destruir" as coisas:

> "desviando-se lá fora para além de alguém, lá fora, perto das árvores e indo além disso, pois as árvores fogem de mim e me rejeitam e eu não posso mais me perder nas árvores, pois isso pode se dissolver em mim".[82]

Isso parecia sugerir a outro filósofo um caminho além da construção convencional da descrição lingüística em um nível de uma resposta primária e mais emotiva: em uma análise fenomenológica "então, seria observado que as palavras, as vogais e os fonemas são as várias formas de cantar o mundo".[83] Husserl, em toda a sua promessa, parecia alguém que tinha se voltado para a direção primária da fenomenologia, a fim de abrir o mundo para nos libertar das pressuposições, para que questionássemos o nosso envolvimento e a natureza do nosso eu. Em vez disso, ele tinha nos trancado, mais uma vez dentro de nós mesmos, nas certezas "transcendentais" que apontavam para longe da riqueza e da devastação do mundo que queremos descobrir. A fim de preservar a certeza do conhecimento da mácula do psicologismo e para preservar o conhecedor como um eu soberano, ele tinha erguido, mais uma vez, barreiras poderosas contra o mundo que ele procurava esclarecer. Ele havia reduzido o mundo a um nada, esperando ser constituído como algo significativo por meio do nosso próprio ato cognitivo.

Mas para outros, e em algumas vezes para o próprio Husserl, todo impulso da fenomenologia era voltado para se aprofundar além do conjunto de suposições nas quais operamos em nossas vidas comuns, em vez de nos elevar à simplicidade do observador da visão daquela janela alta que nos faria capaz de:

---

82. Jean-Paul Sartre, "Intentionality: A fundamental Idea of Husserl's Phenomenology", citado em Schmidt, *Maurice Merleau-Ponty* p. 18.
83. "Então, seria notado que as palavras, as vogais e os fonemas são muitas das formas de 'cantar' o mundo, e que sua função é representar as coisas não como uma teoria onomatopéica ingênua tinha feito, devido a uma semelhança objetiva, mas porque elas extraíam, e expressavam literalmente sua essência emocional". M. Merleau-Ponty, *Phenomenology of Perception* (London e Henley, 1962) p. 187.

"revelar um mundo que, longe de ser um estado vazio aguardando a concessão de significação, já tinha uma fisionomia especial".[84]

Dessa forma, há muitos aspectos interessantes e até mesmo paradoxais na situação da filosofia do início do século XX, no despertar do progresso indubitável representado pela fenomenologia. O pensamento de Rudolf Steiner apoderou-se de muitos deles, mas o caminho que ele seguiu foi bem diferente do "transcendental". Temos visto que ele também construiu sobre o projeto de Brentano e que queria extrair uma reflexão filosófica das "observações introspectivas segundo o método da ciência natural"[85], e extraiu do potencial que ele viu na direção estabelecida pela psicologia "intencional" o ímpeto para uma "ciência espiritual" metodologicamente purificada. Mas sua preocupação em tudo isso certamente foi não costurar os assuntos de modo que removesse qualquer ameaça à autonomia da mente racional e consciente. Na verdade, o recurso de sua perspectiva para a invocação do Cogito poderia ser melhor exemplificado, neste nível, como um enigma filosófico segundo a abordagem comum de Steiner. Muitas das respostas de Steiner foram explicações criativas desses emaranhados defensivos e fornece-nos uma pista para a construção de idéias mais abertas, menos reduzidas e de estratégias intelectuais. A antiga noção de um eu que é definido por sua racionalidade abriu caminho para idéias mais modernas e menos estáveis, que Steiner foi capaz de resolver no fim por meio de abordagens evolucionárias que deram sentido para a identidade humana e para o processo de aprendizado em caminhos novos e excitantes.

A visão de Husserl do "eu constituído de significado" resgatou o eu de incertezas irritantes, não apenas sobre o mundo, mas acima de tudo, sobre ele mesmo. Em vigor, o eu é removido da esfera das questões, é transcendentalizado. Mas o custo é considerável. Para começar, precisamos apenas notar, no momento crucial da inclusão, ou "a suspensão da atitude natural", uma substituição relativamente repentina e não examinada de uma abstração, uma reconstituição em termos de "o que devemos pensar", em um mundo concreto e multilateral que a fenomenologia desejava mostrar como uma apresentação desafiadora e forte. Precisamos seguir o conselho de Steiner – tornar-nos cientes de nossa própria atividade mental, do pensar por trás dos resultados de nosso pensamento. Então, fica claro que estamos lidando com o mundo até aqui como se ele definisse nosso modo de pensar: o restante está reduzido transcendentalmente a um vazio. De certa forma, todas as evoluções posteriores da fenomenologia de Husserl poderiam ser resumidas em termos de uma batalha contínua (nem sempre

---

84. Op. cit. p. 141.
85. O subtítulo de Filosofia da Liberdade de Steiner. Em princípio, é claro, o subtítulo é um eco de E. Von Hartmann – mas depois, ele também foi inspirado por Brentano para dar à filosofia uma base na "ciência" e especialmente na psicologia.

muito convincente) para demonstrar que apesar de sua poderosa análise reduzida, ela continua enraizada na "vida/mundo".

Outras críticas do método fenomenológico têm, da mesma forma, sido dependentes desse momento crucial do movimento para uma "atitude mais elevada". Pois, no fim ela continua sendo, apesar de tudo, um movimento feito pelo pensador "natural" que segue o método de Steiner de que devemos sempre manter na imagem – e em seu papel para distinguir atentamente a ciência da essência de uma mera contingência de fatos que permanecem perigosamente obscuro, suscetível a dissolver sobre análise em uma multiplicação do natural, ou uma propriedade do eu natural. E o eu evidenciado, chamado *a priori* de personalidade de seu pensar corre o risco de não conseguir mostrar o caminho que buscamos para a coerência e a verdade, mostrando-nos essas inter-relações que o nosso pensamento pode usar, em retrospectiva, como um fato interno e necessário ao mundo que habitamos. Esse fato não pode realmente ser concebido como algo que nos antecipa qualquer verdade "real" *a priori*. É notável que, quando Rudolf Steiner aponta para descomplicar esses e outros aspectos relacionados ao pensamento em seu livro *On the Riddles of the Soul* – Sobre os Enigmas da Alma –, muito dedicado à herança de Brentano, ele falou não de uma "mudança" para uma atitude mais elevada, de um rompimento ou de uma inclusão da atitude natural, mas de uma *convergência* metodológica. Sua versão de uma ciência espiritual validada criticamente, na verdade, conquistaria seu total significado na ligação com os resultados da ciência natural. A ciência espiritual começa com essa presença irredutível do intérprete, como a chave para o processo criativo que não pode estar no interior do domínio do sentido.[86] Mas, em vez de construir um mundo mais elevado, quase metafísico de essências fixadas, Steiner abriu a ciência espiritual, por exemplo, às idéias do desenvolvimento e da evolução. Pode ser verdade que o mundo somente é conhecido quando entendido por um intérprete-conhecedor, mas o eu que conhece também só revela sua realidade em resposta ao mundo que gera e modifica o seu conhecimento.

Dessa forma, Steiner reconstruiu o tipo de processo de purificação fenomenológica concebida por Husserl, principalmente em termos das abordagens do lado natural (antropologia, no sentido mais amplo possível) e do espiritual (antroposofia). Ele concordou que os dois pareciam começar por pólos opostos, um baseado na elaboração científica da experiência do sentido e o outro descrevendo a apreensão "puramente psíquica":

> "*Prima facie* os dois tipos de apreensão são divididos entre si por um abismo intransponível. Todavia, esse não foi o caso. Há uma base comum na qual as duas metodologias podem oportunamente se encontrar".

---

86. Cf. 79-81.

Pois os conceitos que nós entendemos internamente não são exauridos ao serem aplicados ao domínio sensorial; entretanto, em vez de congelá-los, fixando-os nesse estado de investigação abstrata, a antroposofia destaca:

"o fato de que esses conceitos são capazes (independentemente da circunstância a que se relacionam com as impressões do sentido) de iniciar uma vida própria no interior da psique. Além disso, pela revelação dessa energia, eles efetuam uma evolução na própria psique".[87]

A ciência espiritual, ou antroposofia investiga esse fato em seus próprios termos. Mas esse desenvolvimento "existencialmente psíquico" tem de ser pressuposto pela antropologia, visto que sem isso, as impressões do sentido permanecem desorganizadas, insignificantes; por outro lado, a antroposofia vai em direção da compreensão de como a vida interior da alma é consumada, individualizada no corpo. No lugar de um movimento convencional que transcende e dá frutos, quando olhamos para ela, não há nada além de uma abstração do envolvimento do espírito com o mundo. Steiner apresentou um tipo de convergência, ou, pode-se dizer, um movimento "encarnacional", um reconhecimento, uma continuidade em um nível mais profundo com a atitude natural que abre a possibilidade de um encontro durante o caminho, não com abstração, mas com a realidade do espírito humano, agindo concretamente para interpretar e transformar. Entretanto, "perseguindo, com razão, as duas abordagens, antroposófica e antropológica, convergem-se e encontram-se em um ponto... Nessa coincidência, é possível uma compreensão proveitosa entre a antropologia e a antroposofia. Não é possível fracassar se ambas as disciplinas chegarem à filosofia e à humanidade".[88]

O eu aqui desce de seu pedestal artificial. E, ao mesmo tempo, não é reduzido ao mundo que ele conhece, mas é capaz de revelar o significado que há nele. Por outro lado, o esforço do eu no século XX tem oscilado muito entre esses dois extremos de um eu racional cartesiano imprimindo um significado em um mundo vazio e indeterminado e de um eu contingente, um tipo *ad hoc* de eu que é simplesmente o produto de um número indefinido de experiências. Entretanto, de forma significativa, uma visão mais tardia tem sido mostrada, principalmente após Freud, para uma dimensão que representa de alguma forma o componente "oculto", ou não-imaginável na experiência humana, que é reconhecido na forma do "inconsciente".

Nós já tínhamos sugerido que pode ser útil imaginar Steiner como se ele estivesse apresentando, em certos pontos, um debate filosófico posterior. É interessante considerar onde ele teria suportado – e aqui, novamente,

---
87. *Case for Anthroposophy* pp. 26-27.
88. Ibid. p. 44.

tentarei mostrar que nos assuntos que foram levantados pela análise fenomenológica, ele poderia ter estado, de forma consistente, do lado moderno, apesar de ter se recusado a considerar muitas das conclusões modernas comuns..

A crítica da visão fenomenológica da forma como nós "constituímos" o mundo atingiu seu clímax com o ataque da psicologia liderado por Jacques Lacan.[89] Isso se tornou, podemos dizer, um outro momento de definição no entendimento do papel da filosofia no mundo moderno. A psicologia, ele insistiu, não poderia aprovar a imagem de um eu que dominou sua experiência completamente e existiu de forma autônoma. O conceito da inconsciência, sobretudo dos elementos em nossa identidade, não sob um exame minucioso e racional, ou sob controle, tinha se submetido a uma imagem insustentável. A psicologia no século XX reconheceu o eu como mais vulnerável – como algo sujeito às pressões externas e ainda mais importante, às pressões internas ocultas em suas profundezas. Em particular, argumentou Lacan, a forma como respondemos e realmente dependemos das outras pessoas, começando por nossos pais, pelos papéis que representamos e pela forma como nos vemos, era uma variação com uma filosofia "constitutiva" do eu que transformou até nosso reconhecimento da existência dos outros em um tipo de especulação ou de construção teórica! Obviamente, aqui estava um exemplo crucial que poderia ser usado para clamar toda questão básica das idéias tradicionais referentes ao nosso conhecimento do mundo. Pois se há algo a dizer é que tudo que realmente conhecemos do mundo é a forma como ele modifica a nossa própria organização cognitiva sensorial, mas também sugere que as outras pessoas apenas existem para nós, para a extensão do que nós os "constituímos" a partir da nossa informação sensorial incerta e parar de inferir sobre a nossa própria imagem. E quando vemos a nossa própria imagem no espelho?

Esse, na verdade, foi o tema do trabalho de Lacan. Ele usou o caso de uma criança vendo sua própria imagem em um espelho e fez uma brilhante análise filosófica e psicológica desse momento de autoconsciência – uma análise em desacordo com a visão "constitutiva", que nos dá tal poder para obter o sentido das coisas e até para validar as outras pessoas em nossos próprios termos. Pois, segundo Lacan, a consciência dos outros, e mais criticamente de nós mesmos entre os outros, à medida que olhamos em um espelho, atua como um desestabilizador da nossa natureza autocentrada e não-considerada. Isso, de forma traumática, rompe a "relação vivida" da

---

89. Lacan, "O Estádio do Espelho como formador da função do eu", em seus *Écrits: A selection* (New York, 1977), pp.1-7; discussão em Schmidt, *Maurice Merleau-Ponty* pp. 74 e ss: "Qualquer filosofia saída direta do cogito", i.e. do pensamento do eu, é questionada, argumenta Lacan, pela conclusão da psicologia que o ego levanta como uma função de "um mau reconhecimento", retirando o sujeito da inconsciência autocentrada apenas por meio do ilusório "desejo do outro" (p. 6).

experiência infantil, fazendo-nos perceber que os outros nos vêem, assim como nós nos vemos no espelho, com um distanciamento e uma consciência crítica, em vez de nos identificarmos com a nossa experiência sobre as coisas. Em vez de sermos capazes de usar nossa própria autocerteza para centrar o mundo como os filósofos nos diriam, Lacan argumenta que tal autoconsciência, na verdade, nos destrói. Ela nos torna alienados de nosso egocentrismo espontâneo, forçando-nos a nos identificar com a visão que as outras pessoas têm de nós. Não sabemos mais quem somos. Ele usou a compreensão psicológica da autoconsciência, exemplificada em uma criança vendo-se no espelho, em um sentido totalmente oposto: levantando o problema do eu e não o usou como Descartes a fim de demonstrar a realidade do mundo.

Agora, Rudolf Steiner faz um comentário muito interessante sobre os assuntos envolvidos no que pode ser descrito como a revelação de planos do século XX entre filosofias rivais. Pois temos visto que ele desconfia da tendência que transcende, do mecanismo de defesa que mantém o eu no controle do seu mundo. Ele compreendeu muito bem que tal eu estático está suscetível demais a ataques que, desde sua época, têm corroído o próprio conceito do eu, ou banido-o completamente. Mas Steiner tinha, na verdade, enfrentado bem antes os assuntos filosóficos de um modo consciencioso. Um dos aspectos mais interessantes de seu pensamento é que enquanto buscava estabelecer o papel do eu como intérprete, ele também foi capaz de confrontar a real vulnerabilidade da nossa experiência do eu frente ao outro. Entretanto, ao mesmo tempo, ele não aceitou a suposição básica de Lacan, ou seja, que nosso autêntico método de identidade é um tipo de poço de egoísmo infantil (inconsciente). Pois ambas as abordagens falharam ao não levarem a sério a habilidade que temos de crescer, de aprender com o outro e de incorporar a consciência dos outros em nosso próprio ser. Para atingir isso, precisamos de nossa vulnerabilidade – mas também de uma resposta construtiva e ativa para extrair disso o que é possível fazer por nós mesmos.

No final de *A Filosofia da Liberdade*, Steiner acrescentou uma visão fascinante do modo como conhecemos os outros. Havia filósofos que prefeririam procurar uma base transcendental, ele argumentou,

> "visto que eles acreditavam que, de qualquer forma, eram forçados a concluir que todo o mundo exterior que eu acredito que esteja à minha frente não passa de um mundo da minha consciência, ainda mais – solipsista – absurdo que as outras pessoas, que também só existem no interior da minha consciência".[90]

Entretanto, sua solução volta-se para a direção oposta: para libertar toda discussão da concepção metafísica do eu que eles ainda tentam man-

---

90. Steiner, *Philosophy of Freedom* p. 224.

ter e para abrir o assunto para o que ele mais tarde chamaria de antroposofia – "para o ponto de vista da observação orientada espiritualmente adotada neste livro".

Por isso não é verdade, ele declara, que, quando tentamos conhecer uma outra pessoa, ficamos "simplesmente olhando" para ela, enquanto a percepção do outro percebe, que ele ou ela à nossa frente, a partir do que devemos tentar inferir a existência de um ser consciente que de alguma forma é como nós mesmos. A situação é realmente bem diferente. A percepção de alguém não paira nesse tipo de limbo filosófico, mas também compromete meu pensamento interpretativo "por meio do qual a percepção dessa pessoa torna-se, pode-se dizer, algo transparente para a mente". Na verdade, esse fato revela, de uma forma notável, uma disparidade em nossa experiência, não tão perceptível em momentos comuns da percepção do sentido, apesar de também conter o elemento oculto, como vimos, esse aspecto que não está contido no conteúdo do sentido. Neste caso:

> "No que é uma aparência direta para os sentidos, algo mais é indiretamente revelado. A simples aparência-sentido extingue-se ao mesmo tempo em que ela me confronta. Mas o que ela revela por meio dessa extinção me obriga, como um ser pensante, a extinguir o meu próprio pensamento, na medida em que estou sob sua influência, e a colocar o pensamento dos outros no lugar do meu. Então, eu compreendo o seu pensamento dentro do meu como se fosse uma experiência minha. Eu realmente percebo o pensamento da outra pessoa. A percepção imediata extinguindo-se como uma aparência-sentido é entendida pelo meu pensamento, e esse é um processo que ocorre totalmente no interior da minha consciência e se consiste assim que o pensamento da outra pessoa tome o lugar do meu".[91]

Embora paradoxalmente Steiner restabeleça a necessidade que temos da experiência dos outros e dê a isso um significado livre do medo oculto de que a autoconsciência, como Lacan acreditava, deveria levar a uma crise destrutiva da identidade do outro. Em vez disso, ele insistiu na consciência pela sua própria natureza como interpreta e penetra na natureza das aparências, e como ela está aberta para o outro:

> "Por meio da auto-extinção da aparência-sentido, a separação entre as duas esferas da consciência está, na verdade, superada. Isso se expressa na minha consciência por meio do fato de que, enquanto vivencio o conteúdo da consciência de uma outra pessoa, vivencio a minha própria consciência bem menos do que eu a vivencio em

---

91. Steiner, *Philosophy of Freedom* p. 225.

um sono sem sonhos. Assim como em um sono sem sonhos a minha consciência despertada é eliminada, o mesmo ocorre na minha percepção do conteúdo da consciência de uma outra pessoa, o meu próprio conteúdo é eliminado. A ilusão de que isso não é apenas algo que surge na percepção da outra pessoa... A extinção do conteúdo da consciência de alguém dá lugar não para a inconsciência, como no sono, mas para o conteúdo da consciência da outra pessoa".[92]

Aqui, a consciência não é um círculo encantado da consciência solipsista, uma construção transcendental, mas uma presença real que pode até mesmo estar ameaçada pela extinção – pela perda da consciência – frente ao outro. Esse é o preço de dar à real consciência do intérprete e não a uma existência "transcendental" protegida, aquela que não é substituída por uma abstração. Esse é o preço, acima de tudo, da realidade compartilhada, permitindo que Steiner dê uma visão na qual o conhecimento possa ser considerado pré-existente, não no indivíduo ou no objeto, mas apenas em uma coordenação envolvendo uma transformação do eu para incluir a perspectiva do outro. Ao outro deve ser permitido não apenas nos tocar exteriormente, mas entrar no coração do eu para nos mudar interiormente.

"Todo esse problema será esclarecido", ele continua em observações que podem ser dirigidas à psicologia pós-freudiana, "não por meio de estruturas conceituais artificiais com inferências da consciência das coisas que nunca podem se tornar conscientes" – ele argumenta que os pensadores precisam "buscar o caminho da mente aberta, da observação orientada espiritualmente em vez de se inserir em uma estrutura conceitual artificial entre eles mesmos e a realidade".[93] Em vez de insistir que a tentativa de construir um mundo objetivo deve violar a estrutura inconsciente da identidade, podemos ver como construímos e enriquecemos nossa própria identidade, ao mesmo tempo em que aprendemos a interpretar o mundo. A relação de mudança entre o consciente e o inconsciente também pode surgir em uma nova luz.

A direção do pensamento de Steiner, tão paradoxal em termos filosóficos convencionais, tem sido justificada em um maior entendimento dos aspectos evolutivos do conhecimento nas décadas que vieram após seus escritos.[94] Um exemplo clássico, que mostra como a reorientação filosófica

---

92. Loc. cit.
93. Steiner, *Philosophy of Freedom* pp. 225-226. Com isso, Steiner claramente quer dizer que ele rejeita a mudança para o eu "transcendental", cf. p.77: "Além disso, não significa uma modificação de algum 'ego-em-si-mesmo' que se mantém por trás da percepção do indivíduo...".
94. Husserl também estava voltando a fenomenologia em direção a evolução de sua vida, pelo menos nos últimos anos, mostrando talvez que, enquanto isso, o antigo artigo com psicologismo

mais radical de Steiner, resolvendo o problema do conhecimento e da identidade por meio de um eu que pode absorver e aceitar o outro, pode ser visto na crescente compreensão da perspectiva que surgiu do pensamento evolutivo, i.e., o conhecimento que temos dos tamanhos e formas relativas das coisas em várias distâncias no espaço.

É significativo que a perspectiva comece a ser entendida pelas crianças apenas por volta dos nove anos. Mas devemos ter cuidado: o assunto aqui é epistemológico, com respeito à base de entendimento – e, obviamente, isso não pode ser respondido simplesmente pela determinação de quando ou como acontece no desenvolvimento de uma criança. Todavia, a prova do desenvolvimento psicológico revela uma anomalia impressionante que tem conseqüências decisivas para a teoria do conhecimento. Na verdade, ela inevitavelmente questiona qualquer idéia de conhecimento que se baseie tanto diretamente na percepção (empirismo), como em um eu cartesiano que ordena sua experiência de forma autônoma, como se conhecêssemos o mundo do ponto de vista de nossa própria impressão do universo controlado interiormente pelos princípios do pensamento "transcendental".[95] Pois, se a ordem das coisas em perspectiva fosse apenas um caso de classificar como julgar os elementos em nosso campo de percepção, uma pessoa esperaria, na verdade, que as crianças dominassem isso muito antes. As experiências mostram que, de fato, as crianças com menos de nove anos, ainda não entenderam a perspectiva, apesar de já terem um bom julgamento com relação ao tamanho aparente das coisas; na verdade, em muitos casos, bem melhor que os adultos ou que as crianças mais velhas! Ainda assim, a perspectiva é compreendida apenas mais tarde, de forma que ela claramente não deriva diretamente da percepção – da comparação direta dos tamanhos aparentes. Mas a teoria constitutiva também não se adapta ao caso: a noção idealista da combinação da experiência empírica contra uma ordem construída internamente deveria ser igualmente percebida de uma forma mais fácil pela criança mais nova, antes que os outros desenvolvimentos complicassem as realizações de percepção da criança, que estão, como temos visto, em seus níveis mais elevados em crianças mais novas.

Portanto, a pesquisa psicológica sugere que o conhecimento espacial não pode aparecer no modo empírico, nem na fenomenologia constitutiva, como acreditávamos. Mas por que, então, a compreensão da perspectiva surge tão tarde? A investigação mostra que ela surge apenas quando a

---

não tinha sido resolvido, e não tinha desaparecido. O livro de Schmidt sobre Merleau-Ponty é essencialmente preocupado com os problemas que continuam a indicar a direção da fenomenologia crucialmente experimentada pelos seguidores de Husserl. Pode-se argumentar que Steiner previu muitas das soluções em termos de conceitos estruturais e evolutivos que têm, na verdade, levado a filosofia a frente.

95. Cf. o exemplo em *Philosophy of Freedom* pp. 41-42.

criança leva em consideração não só a hierarquia dos tamanhos e das formas aparentes que ela vê, ou sua própria construção das relações entre elas, mas também como elas aparecem para uma outra pessoa. "Na verdade", Piaget escreve, "o conceito do espaço de projeção... exige uma coordenação de pontos de vista e conseqüentemente um mecanismo operacional de transformação muito mais complexo que as percepções correspondentes a cada um desses pontos de vista considerados isoladamente."[96] Por exemplo, não aprendemos a julgar o tamanho e a forma de um trem aproximando-nos da plataforma da estação da forma que todas as antigas teorias do conhecimento afirmavam, ao coordenar experiências dentro do nosso fechado mundo interior e deduzindo que deve haver uma realidade consistente, uma forma fixa, isto é, o trem que continua do mesmo tamanho por trás de toda a mudança da aparência de seu tamanho à medida que o vemos se mover. O conhecimento nasce em nós pela percepção de que o trem já parece grande para alguém que estiver mais abaixo da linha de trem do que para nós, enquanto ele estava na plataforma. Psicologicamente, como mostra Piaget, isso explica por que acontece tão tarde.

Mas os dados evolutivos também são capazes de esclarecer a estrutura essencial do próprio conhecimento e fazem isso à medida que acompanhamos o caminho filosófico aberto por Rudolf Steiner.

Isso significa que a abordagem para o conhecimento "da janela alta" e sua idéia de que dominamos e construímos nossa própria experiência, depois inferimos conclusões e a aplicamos exteriormente aos outros, é defeituosa desde seu início. Entender a característica espacial do mundo em relação a nós mesmos somente é possível quando incluímos na imagem, desde o início somando ao nosso próprio ponto de vista, a consciência de que ela se parece diferente para outra pessoa. Apenas então, ela se transforma em conhecimento que é algo intrinsecamente compartilhado com os outros. A prova psicológica mostra que a compreensão espacial, o espaço compartilhado, torna-se possível apenas por colocar a consciência de outro no coração da nossa própria experiência. E, com isso, o conhecedor é mudado em oposição à visão convencional da consciência trancada em um mundo de aparências e de idéias "elementares" abstratas – o conhecedor toma parte de uma estrutura cognitiva na qual a sua essência inclui os outros e exige uma modificação interior do nosso próprio ponto de vista de percepção para acomodar a essência dos outros.

Steiner freqüentemente cita uma analogia religiosa ao espírito na qual sua teoria chama a atenção para a mutualidade do conhecimento. Ele a chama de teoria "Paulina", assim como Paulo se referia a sua mensagem para alguém que era "não eu, mas o Cristo em mim".[97] Portanto, o conhecimento

---

96. Piaget, em *Psychology and Epistemology* (Harmondsworth, 1972) pp. 53 e ss.
97. Steiner, *The Karma of Materialism*. p. 105.

para Steiner não podia ter essa natureza estática, autodefinida ou elementar que tantos filósofos buscavam desde Descartes. É preciso dizer que muitos filósofos atualmente ainda resistem violentamente em admitir a ampla relevância das pesquisas evolutivas como essa utilizada acima. (Steiner, acima de tudo, ainda está muito à frente do nosso tempo). O conhecimento não pode ser entendido como algo impresso em nós pelo mundo e nem simplesmente como algo adequado ao indivíduo, para alguém que conhece e constrói o significado. O conhecimento e o eu em seu desenvolvimento, como esse exemplo ilustra, estão intimamente entrelaçados.

Lacan, em seu ataque à fenomenologia, queria simplesmente derrubar essas suposições e substituí-las pelas suas próprias: ele supunha que a realidade fosse necessariamente uma negação do eu e sua ilusão de identidade. Ver alguém como um indivíduo distinto com um ponto de vista particular pode, para ele, ser apenas uma alienação do "eu vivido". Refletindo sobre a criança que contempla sua imagem no espelho, ele sente "eu estou fora de mim"; e ainda mais grave, do seu ponto de vista, ele se sente ameaçado ao perceber que deve, de agora em diante, identificar-se com a tal imagem exterior, que é aquela que todos possuem dele.

Agora, se o trouxermos, de forma imaginativa, como um interlocutor adicional na disputa, Steiner pode aceitar muito da crítica antifenomenológica de Lacan. Na verdade, ele também fez precisas observações psicológicas de forma científica com referência a crises particulares no sentido do eu que chega aos nove anos, ao mesmo tempo que esse tipo de consciência espacial e sua consciência de uma certa alienação se instalam. Mas, por ele ter se dirigido a assuntos epistemológicos sustentados de forma mais fundamental, a sua visão da consciência pode, na verdade, ir mais além. Ela sugere que olhemos novamente para a suposição dogmática dos psicólogos de que tudo que conhecemos sobre os outros é uma "imagem exterior", para a qual o espelho fatalmente chama a nossa atenção. Ele ainda compartilha dessa mesma suposição inquestionável, ou assume o controle da tradicional visão das coisas. Ele não acredita mais no nosso poder de organizar nossa experiência e fazer com que signifique o que definimos – mas ele ainda compartilha da suposição de que isso nos deixa com a parte externa da concha das aparências, um mundo que é como a "imagem alienada" que reconhecemos como um choque ao sermos nós mesmos no espelho. Nossa identidade vivida com o mundo é destruída. Entretanto, a relação da crise de Steiner com o ganho de conhecimento sugere suposições totalmente diferentes. É verdade que pode não haver espaço aqui para um eu olhar com desprezo para definir o mundo que ele vê, mas há um espaço para um eu que depois da crise obtém conhecimento ao admitir o outro. Em vez de nos capturar em uma armadilha de um mundo de aparências de imagens, o mundo que se abre para nós em termos de um conhecimento espacial força-nos a uma mudança no eu. A ameaça do outro deve, com certeza, ser reconhecida; mas a ligação direta do conhecimento nos lembra que o eu, apesar da ameaça que ele sente pelo outro, também pode formar uma relação bem diferente: ele pode permitir o outro dentro do eu em um gesto de amor e aceitação. Portanto, ele pode aceitar um mundo compartilhado. A verdade é que a crise que para Lacan nega a possibilidade de um conhecimento autêntico é, na realidade, o início de uma relação com o mundo que está além da impressão superficial das coisas, que as suas suposições epistemológicas, ainda inquestionáveis, tornaram impossível que ele compreendesse.

O entrelaçamento de uma crise psicológica é uma atitude alterada para com o mundo que precisa superar um sentimento de alienação e o surgimento de um nível de conhecimento mais completo enquanto sua resolução possa servir como um exemplo de como, para Steiner, a realidade humana do conhecimento nunca poderá ser abstraída das atitudes, dos sentimento e das ações que envolvem a totalidade. Na verdade, "o sentimento é o meio pelo qual, em um primeiro momento, os conceitos ganham uma vida concreta".[98] Isso não quer dizer que Steiner está fazendo um apelo ao sentimento (ou a qualquer outra coisa) para fazer o que o pensamento não pode fazer. Outros filósofos, como Schopenhauer ou Bergson, por exemplo, também tentaram se agarrar à urgência do envolvimento humano com o ambiente que o pensamento parecia precisar.[99] Mas Steiner não está fazendo nada parecido. Seu ponto de vista é que o pensamento não demonstra o mundo para nós, independentemente de nossa própria atividade: ele expressa, em vez disso, a nossa habilidade para crescer e superar o nosso eu-centrado. O conhecimento do mundo é conhecimento porque está escondido nele o fato de que é um mundo compartilhado com outros seres humanos, que têm o mesmo reconhecimento que nós temos. A idéia de que o amor é "simplesmente subjetivo" faz parte da falsa dicotomia que tem de ser superada caso o conhecimento queira se tornar o portador de valor, como Steiner insiste que ele deve.

> "Por esse motivo, quando se fala de conhecimento hoje em dia, o amor nunca é mencionado seriamente... O aspecto essencial do amor, a doação de alguém ao mundo e seus fenômenos, não é visto como algo que tenha relevância para o conhecimento. No entanto, na vida real, o amor é o maior poder de conhecimento. E, sem esse amor, certamente é impossível alcançar a compreensão da natureza humana que poderia formar a base de uma arte de educação".[100]

Para Steiner, todo conhecimento deve brotar do amor, no sentido de que, sozinho, a ameaça do outro no coração de todo o conhecimento não é apenas totalmente aceita, mas é também declarada.

---

98. *Philosophy of Freedom* p. 88.
99. Veja a passagem citada em *Philosophy of Freedom* pp. 71-72.
100. Steiner, *Human Values in Education* (London, 1971) pp. 17-18.

O Eu e o Outro: uma Realidade Social

A inter-relação do eu no desenvolvimento, no conhecimento, com o reconhecimento intrínseco da validade do outro apenas pode ser totalmente vista quando a colocamos nessa estrutura humana e especificamente social. O surgimento das ciências sociais é, por si só, um sintoma da situação complexa do indivíduo na sociedade moderna, e a luta freqüentemente necessária para compreender os outros seres humanos. Além disso, é significativo que as formas pelas quais a ciência social a partir do século XX tem tentado explorar o significado do indivíduo e da sociedade surgiram, em grande parte, das poderosas iniciativas metodológicas dos contemporâneos de Steiner. Nietzsche, a fenomenologia (mais uma vez Scheler) e o fermento da revolução radical, as idéias dialéticas com as quais Steiner teve contato durante seu período em Viena têm um profundo impacto na forma como a ciência social tem evoluído.[101] Muitos dos assuntos filosóficos não resolvidos foram importados com eles. Discutindo as contradições e impasses sem resultados concretos para os quais essas disciplinas nos conduziram tão freqüentemente pode tornar-se compreensível em termos das questões filosóficas fundamentais nas quais eles têm se afundado cada vez mais.

É possível colocar de uma outra forma e reverter a perspectiva: uma visão completa dessas questões filosóficas não-resolvidas com relação ao conhecimento, o indivíduo e a sociedade pode estar tragicamente dramatizada, pode-se dizer, no destino histórico subseqüente de todas as sociedades nas grandes polarizações ideológicas de nosso próprio tempo.

Foi Durkheim que deu muito do impulso para as ciências sociais e especialmente para a sociologia do conhecimento. Insatisfeito com o estresse abstrato sobre a subjetividade, o eu cartesiano que concede significado, muito do seu pensamento social pioneiro buscava reparar o equilíbrio e reivindicar a objetividade social das estruturas do pensamento. Portanto, ele negava radicalmente o papel do eu em favor de uma realidade social e autônoma das estruturas em si. Florescendo no movimento (ou talvez no conjunto de movimentos) subseqüentemente chamado de Estruturalismo, esse tipo de pensamento sociológico tem dirigido a atenção de seus protagonistas para longe os "eus", para as atividades culturais e simbólicas das sociedades, e tem revelado a coerência interna de suas idéias e valores. Pareceu evidente aos pensadores dessa linha que as formas de linguagem e cultura não são feitas pelos indivíduos, por um "eu" constituído, à medida que eles são expressões de forças maiores, formadas freqüentemente de

---

101. É possível notar, em particular, que Marx estabeleceu sua perspectiva social em *The German Ideology* por meio de uma crítica ao individualismo ético de Max Stirner, que tinha se mostrado tão empolgado com Rudolf Steiner. Steiner queria unir as visões de Nietzsche com a clareza da abordagem de Steiner: veja Steiner, *Friedrich Nietzsche* pp. 123-126.

maneira inconsciente. Na verdade, eles decidiram que o eu pode ser prescindido ou negado totalmente.

O interessante é que Steiner tenha mais em comum com essa corrente estruturalista do pensamento do fim do século XX. Tenho discutido em toda parte, por exemplo, a forma como a sua compreensão sobre as forças modeladoras inconscientes no mito utiliza-se essencialmente de abordagens que têm sido desenvolvidas na antropologia "estrutural" e na sociologia.[102] Mas é claro que isso não significa que ele aceitou a negação do eu que tem freqüentemente resultado em um desenvolvimento unilateral dessas idéias. Por mais ousada que possa parecer, tal negação é, em sua essência, mais um tipo de súplica do que uma tentativa real de voltar aos assuntos fundamentados por trás das versões idealistas e objetivistas. Em vez de desviar a ênfase para longe do eu e atribuir a elaboração do pensamento socialmente objetivo às impenetráveis entidades teóricas, Steiner levou a situação para ser aquela na qual a natureza e o desenvolvimento do eu poderiam ser observados. E é pela observação do eu nesse contexto maior que nós realmente nos aproximamos da compreensão de como a realidade é "constituída" para nós. Rejeitando a versão nietzschiana do humano que se faz sozinho como um gesto titânico-niilista, Steiner, no entanto, não oscilou sobre a observação do eu apenas como um produto da sociedade, ou uma ilusão "ideológica". O mundo social e o papel do "outro significante" são para ele, na verdade, parte do caminho que o eu desenvolve em um ambiente social. Essa é uma situação unicamente humana, e o surgimento do conhecimento durante o caminho é uma parte intrínseca desse desenvolvimento social único.[103] A vida social, para Steiner, não existe apenas como um fenômeno natural, mas realmente mostra que está acontecendo uma evolução da consciência. A sociedade existe para nós à medida que tomamos parte dela, e nossa participação produz o que somos. Para Steiner, continua sendo crucialmente importante o fato de que a sociedade

---

102. Welburn (ed.), *The Mysteries. Rudolf Steiner's Writings on Spiritual Initiation* (Edinburgh, 1997) p. 157.
103. Corretamente destacado por P. L. Berger e T. Luckmann, *The Social Construction of Reality* (Harmondsworth, 1971) pp. 65 e ss. Entretanto, não fica claro para mim por que esses autores voltam para essa visão quando discutem a metodologia preliminar de sua abordagem. Sem dúvida é verdade que "incluir questões epistemológicas com relação à validade do conhecimento sociológico na sociologia do conhecimento é algo como tentar acelerar o ônibus de alguém" (p. 25). É porque aqui o conhecimento é uma parte ativa do ser na sociedade que um método "científico-espiritual" é indispensável: ao dar a eles o conhecimento sociológico que não podemos evitar ativamente mudando as pessoas e a sociedade que elas conhecem. O ônibus é acelerado, e não podemos fingir que não estamos fazendo isso! Então, alguns elementos do "programa" mais velho com suas ênfases supostamente teóricas em "Weltanschauungen" talvez precisem ser retidos. A abordagem histórica e evolucionária cultura em *Enigmas da Filosofia* de Steiner pode, por fim, ser um modelo para o caminho nessa esfera, para o qual é possível adicionar *Saving the Appearances de Owen Barfield* (New York n.d.).

produz uma avaliação ativa e pensamentos individuais críticos com a autoconsciência.

Portanto, ele reagiu com uma veemência inesperada quando um dos seus seguidores, o economista sueco Rudolf Kjellén, produziu um tratado sobre *The State as Organism* – O Estado como Organismo:

> "É difícil imaginar uma analogia mais equivocada ou ilusória. Se seguirmos tal analogia, nunca chegaremos a um entendimento claro sobre o homem. Por que isso? Em um organismo humano, as células existem lado a lado, e essa justaposição tem um significado especial. Toda a estrutura do organismo humano depende dela... Entretanto, na totalidade do Estado, a personalidade humana é algo totalmente diferente das células de um organismo... Para chegar a uma concepção proveitosa, nosso pensamento deve ser fundamentado espiritual e cientificamente. Isso será o suficiente para nos convencer de que a individualidade humana, ou todo o ser do homem, transcende e muito o Estado, pertencendo a uma ordem espiritual da realidade que o Estado não consegue atingir. Entretanto, se compararmos o Estado com um organismo, e o membro individual com as células, então, se formos realistas, chegaremos à idéia de um organismo em que as células individuais em toda a parte se estendem além da pele! Teríamos um organismo cujas células estão além da pele, desenvolvendo-se independentemente do organismo e de cada eu que a contivesse. Teríamos uma imagem do organismo com 'espinhas dorsais vivas' por todo lado projetando-se para além dele!"[104]

Qualquer tentativa de tornar o eu uma simples parte do Estado, como se a sociedade pudesse existir de alguma forma acima e além do indivíduo que emerge e cresce dentro dela, deve falhar – assim como a experiência social totalitária falhou. O eu surge como uma parte inconsciente da vida coletiva. Mas o conceito de Steiner da evolução da consciência habilita-o a descrever, no entanto, como é o eu que, inconsciente, está trabalhando em sociedade em um estágio anterior ao seu desenvolvimento. A "ética individual" é o próprio significado da sociedade – entretanto, não como sua pressuposição, mas como seu estágio evolutivo mais elevado. Podemos nos lembrar de que Steiner resumiu sua filosofia moral como sendo a resposta necessária para o edifício brilhante do pensamento que os cientistas da evolução "têm tentado construir com a ciência natural. Ela é a teoria espiritualizada da evolução levada para a vida moral".[105]

---

104. Steiner, *Building of Stones for an Understanding of the Mystery Golgotha* (London, 1972) pp. 198, 200.
105. Steiner, *Philosophy of Freedom* p. 169.

Então, é totalmente errado, do ponto de vista de Steiner, escolher entre uma ênfase no eu do conhecimento e uma estrutura social objetiva. Ambas estão em lados opostos de uma mesma moeda. Muitos dos problemas filosóficos, em vez de serem endereçados pelo reverso da perspectiva que tem configurado o pensamento sociológico moderno, ainda são deixados de lado. O resultado tem empobrecido ambos os lados da discussão. Há um exemplo recentemente discutido por James Schmidt, em sua lúcida visão sobre os conceitos que têm servido de base para o pensamento social e científico moderno. Ele comenta com tristeza o fracasso dos filósofos sociais contemporâneos em romper com essas suposições, que no fim não estão tão distantes apesar, de serem xingadas pelos lados opostos. "Não seria surpresa se, bisbilhotando a casa de Durkheim na calada da noite, eles se deparassem com uma figura familiar saindo sorrateiramente da casa de Descartes. Encontrar nessa terra de ninguém onde, por um lado ou de outro, as ciências humanas parecem condenadas a acampar em um futuro capaz de ser previsto, eles podem muito bem se cumprimentar com um sorriso de reconhecimento."[106]

Ele imagina se as versões como constituídas atualmente podem ajudar a esclarecer a forma que na realidade social "as estruturas não só limitam os agentes, elas também permitem que os agentes atuem em caminhos que freqüentemente levam à transformação das estruturas em si". Fica claro que isso precisaria de uma mudança sísmica nas fundamentadas atitudes epistemológicas das ciências humanas; mas precisamente o que eles poderiam encontrar, se estivessem dispostos a procurar, no pensamento de Steiner. Ele tinha quebrado o molde que ainda restringia muitas versões alternativas do pensamento moderno, ao explorar, precisamente, o caminho da autodefinição que está associado ao conhecimento. Nós nos tornamos cientes dos objetos abertos no espaço tridimensional por meio do mesmo ato pelo qual nos tornamos cientes da nossa própria perspectiva especial, e ao mesmo tempo da nossa perspectiva como alguém único entre outros – outros eus. O conhecimento consciente e o eu que conhece não precisam ser assumidos como a pressuposição da sociedade, mesmo se a sociedade surgir por meio de um tipo de acordo de indivíduos totalmente conscientes e for constituída pelo encontro deles. Mas o eu conhecedor não precisa ser negado, em princípio, para permitir uma análise "objetiva". O eu vem para a consciência em uma trajetória que tanto gera o conhecimento objetivo como reconhece a realidade social. Portanto, apesar de seu "individualismo ético", é importante perceber que o individualismo de Steiner foi visto desde o início em uma perspectiva evolutiva social, que é relevante aqui mesmo antes que cheguemos a considerar as implicações éticas mais amplas.

---

106. Schmidt, op. cit. pp. 166-167.

Em *A Filosofia da Liberdade*, a visão de que o indivíduo existe apenas para realizar alguma realidade ética-objetiva já constituída é comparada às idéias de uma biologia obsoleta que vê as coisas vivas como designadas a realizar um "objetivo". "Felizmente, os cientistas", diz Steiner, "jogaram fora o conceito do objetivo como sendo uma teoria morta". Uma vez foi suposto que um touro tem chifres "a fim de chifrar", como a moralidade antiquada supõe que o indivíduo exista a fim de pertencer à sociedade ou ao estado. Steiner rejeita essa abordagem; entretanto, ao rejeitá-la, ele não se afasta da analogia evolucionária. O Estado e a sociedade são formados por indivíduos que a compõem e que são a fonte de seus valores. Apesar disso:

"... esse Estado e essa sociedade deveriam, por sua vez, perceber que a vida individual não é mais difícil de ser compreendida que a chifrada, que é o resultado da presença dos chifres reagindo sobre o desenvolvimento que vai além dos chifres do touro, que seriam reduzidos após a falta de uso prolongado. De forma parecida, o indivíduo seria reduzido caso ele fosse levado a uma existência solitária fora da sociedade humana. Na verdade, é por isso que surge uma ordem social, para que ela possa, por sua vez, reagir favoravelmente ao indivíduo".

Não pode haver um indivíduo auto-existente sem uma sociedade auto-existente. Os assuntos morais aqui necessitam, antes de mais nada, do tipo certo de compreensão das pessoas – do conceito correto do conhecimento.

É o contexto expandido no qual o eu surge e toma ciência de um objetivo, de uma realidade social que nos preocupa aqui. Não podemos nos aprofundar no pensamento social de Steiner. Será suficiente apenas apontar algumas das conseqüências. Uma é que para ser socializado na abordagem de Steiner não temos de internalizar uma "imagem" da sociedade, como se fôssemos os seres alienígenas que muitas teorias supõem; nós somos sociais em nosso ser mais profundo e as estruturas da sociedade são aquelas do nosso eu desenvolvido. Sobre a epistemologia de Steiner, a experiência pessoal pode ser substituída na mesma estrutura como uma consciência social, e o surgimento do indivíduo é, ao mesmo tempo, fundamentado na participação real. Na verdade, a nossa vida complexa interior é vista por Steiner como o resultado da história cultural; a "alma sensível", a "alma intelectual" e a "alma consciente" de que ele fala são as elaborações da natureza da alma que nós compartilhamos, na origem, com os animais no curso da evolução cultural.[107]

---

107. Veja alguns dos estudos exemplares desse processo em *Barfield, Omanticism Comes of Age* pp. 84 e ss (alma consciente); pp. 126 e ss; perspectivas gerais da evolução cultural de Steiner em R. McDermott (ed.), *The Essential Steiner* (New York, 1984) pp. 212 e ss.

Quando Steiner chegou para expandir suas idéias sociais no contexto prático da reconstrução da Europa após a I Guerra Mundial, ele pôde basear seu projeto em um conceito de conhecimento nas ciências humanas capazes de entender o complexo papel do indivíduo criativo entre os convencionais pólos opostos. Qualquer sociedade precisa estabelecer valores, "direitos" que são atribuídos igualmente a todas as pessoas. Entretanto, o indivíduo na esfera "espiritual" criativa do conhecimento consciente é uma verdade de validade idêntica, oferecendo constantemente novos entendimentos de experiência. Ambos não estão para ser jogados um contra o outro como ideologias rivais. A visão de Steiner na natureza do conhecimento nos ajuda a entender em particular os aspectos mais profundos da esfera que liga e que está entre eles, a cooperação e a troca. Isso nos impede a abertura para conceber os outros simplesmente como ameaças ou rivais para o eu. O eu é compreendido como já envolvendo outros, visto que desde as fases iniciais do auto-entendimento (a consciência da própria perspectiva de alguém sobre as coisas) surge ao longo da consciência da perspectiva dos outros. E não poderia ser fixada, nem imutável. Entretanto, as ciências humanas não precisam ser estabelecidas em tarefas improdutivas de reduzir um ao outro. Essa terceira esfera – da transformação, interação, socialização, "câmbio" ou da economia no sentido mais amplo – está implicada pela própria natureza social do conhecimento como Steiner apresenta, rompendo a dicotomia idealista-materialista na qual o "eu" está trancado em uma confrontação isolada com "o mundo". Steiner não permitiu que essa esfera fosse entregue a forças deterministas externamente manipulativas (como concebida, por exemplo, pelo Marxismo); isso se transformou em seu pensamento em vez de uma área de interação cognitiva e liberdade de consciência para iniciar a mudança.[108]

No lugar do sutil equilíbrio das esferas que Steiner contemplava, hoje nos deslumbramos com feitos intelectuais de unilateralidade nas esferas dos estudos culturais e históricos em particular. Podemos tomar um exemplo dos estudos literários. Enquanto o pêndulo balançava da idéia de um autor como um Deus que cria um mundo ficcional com uma autodeterminação sem esforço, temos visto o surgimento de uma crítica literária que procura, em vez de encantar tudo com um "discurso literário" da obra e do seu tempo, esquiva-se de citar um autor e freqüentemente até nega o direito de que o discurso possa ser criado sob o controle individual. O discurso torna-se um conjunto de diferenças, nas quais por definição nunca podemos chegar a

---

108. A sociologia mais recentemente chegou a formulações similares. J. Huber observa que "no início da década de 70... Claus Offe e Jürgen Habermas introduziram a diferenciação entre o 'sistema sociocultural, o sistema político-administrativo e o sistema econômico'... [e] tornaram-se categorias analíticas fundamentais da sociologia alemã mais recente de S.-Ch. Kolm desenvolveu seu conceito de uma 'économie de réciprocité', ligada 'a membros mais amplos da sociedade segundo os valores básicos de 'liberté, égalité, fraternité'": 'Astral Max', no diário *New Economy 8* (Verão de 1983), pp. 3-6.

uma "identidade" estável. Ou: a história social tem enfatizado unilateralmente a economia ou outras "forças" sociais inconscientes que são realmente vistas como eventos de formação, reduzindo as idéias e as experiências daqueles que tomaram parte a uma "ideologia" ou até mesmo a uma irrelevância, a um "epifenômeno". Então, um renascimento religioso é analisado como "de fato" um protesto social, etc. e a forma como as pessoas envolvidas nos eventos compreenderam suas ações é vista como irrelevante.

Apenas nas fases mais recentes, a roda começou a fazer um círculo completo, e nós, mais uma vez, reconhecemos, por exemplo, que as aspirações literárias conscientes da Inglaterra elisabetana não eram apenas uma reflexão ideológica das mudanças que afetavam sua ordem social, para serem explicadas em uma posição superior completamente diferente da teoria moderna. Alguns críticos têm ousado sugerir que as representações literárias do período foram um fator que outorgou poder ajudando realmente a criar a ascendência nacional e política da Inglaterra. A esfera espiritual, mais uma vez, é garantida na tentativa da realidade histórica. Entretanto, no todo, as forças inconscientes e "objetivas" ainda são substituídas pelos cientistas sociais pelo que é considerado que seria necessariamente uma barreira e um subjetivismo solipsístico.

Agora, Steiner estava totalmente ciente dos fatores inconscientes na história – e não menos na história do pensamento filosófico! Mas ele também foi capaz de incorporar em sua abordagem fundamental para o conhecimento do papel da consciência do indivíduo em produzir uma mudança criativa, e interagindo com a sociedade na mudança da qual ele fazia parte em um caminho que não pode ser reduzido a qualquer um dos outros fatores. Ele mostrou a necessidade de incluir, pensando em um exemplo recente (e então traz Steiner mais uma vez na imaginação para dentro do nosso último domínio), não só a falência econômica e a corrupção do comunismo, mas também um Mikhail Gorbachev.

Tudo isso ocorre bem rápido. Mas é apenas porque o conhecimento é um componente ativo em nossa experiência da sociedade e do mundo que é importante o conceito da epistemologia de Steiner. E é quando olhamos para o que está envolvido nessa perspectiva transformacional e social, acima de tudo, que precisamos de uma concepção mais adequada do conhecimento humano que Steiner lidera. Há sinais de que outros estão olhando para a direção que Steiner tem cruzado. Berger e Luckmann, por exemplo, tentaram quebrar o impasse metodológico entre as afirmações de base que mencionamos desde Durkheim e Descartes.[109] Um deles pelo menos saiu para explorar algumas implicações espirituais e religiosas, investigando em

---

109. Berger e Luckmann, op. cit. p. 30: "Essas duas afirmações não são contraditórias. A sociedade realmente possui uma fatualidade objetiva. E a sociedade realmente é construída pela atividade que expressa o significado subjetivo". Todavia, devo confessar várias dificuldades com o suposto esclarecimento das bases do conhecimento diário, pp. 33 e ss.

em outro livro o que ele chamou de "rumor dos anjos" que investe na sociedade humana. Ao ler sua justificativa para um retorno ao "centro do humano", sua perspectiva transformacional que pode "relativizar os relativistas", e em muitos outros pontos, pode-se sentir uma compulsão em comparar sua abordagem com a de Steiner.[110] Este teria entendido seu ponto de partida e os problemas surgidos para o entendimento social do conhecimento. Imagino que ele não fora surpreendido, que nas ciências humanas o impulso para um ponto de vista objetivo, para uma verdade exterior, teria fracassado em nos fornecer o conhecimento necessário para superar o freqüente sentido de alienação e a polarização não-resolvida de nossos conceitos básicos. Para ele, a forma como nós somos exigidos desde o início para reconhecer a realidade dos outros está vinculada desde o começo com o modo com que nos relacionamos com o mundo compartilhado do outro lado.

Revertendo a freqüente perspectiva moderna pela qual o surgimento da autoconsciência e a consciência dos outros representam um perigoso salão de espelhos, e uma experiência individual irrelevante para as forças reais no trabalho em sociedade, a epistemologia de Rudolf Steiner sugere que podemos recuperar a sociedade dos institucionalistas como parte do nosso eu, dando um modelo de consciência no qual o mundo se revela a nós mais completamente enquanto evoluímos: na evolução de uma realidade social e mesmo em níveis profundos da verdade.

A Existência e o Nada

A filosofia de Rudolf Steiner está, mais uma vez, engajada para evitar a polarização prejudicial; é fácil ver que o vôo a extremos tem cobrado um alto preço do pensamento moderno. Com sua sugestão de que a "objetividade" pode apenas ser vencida pela autoconsciência marginalizada, tais tendências têm resultado em uma psicologia que vê o homem como um escravo das forças inconscientes, ou em uma sociologia que nega a validade da própria experiência do indivíduo. Por outro lado, para Steiner, nunca estamos do lado de fora do mundo que conhecemos e compartilhamos pela própria natureza do conhecimento com os outros; nosso conhecimento não é apenas um reflexo, mas uma parte ativa da sociedade que nos engaja, sem mencionar essa sociedade maior, o nosso meio ambiente.

Mas apesar de ser relativamente fácil, em princípio, apreciar como a validade do conhecimento social – a forma como conhecemos as coisas que nos rodeiam entendendo como elas se parecem para o outro – poderia ser explicada em termos de uma transformação de estruturas ou adaptação

---

110. P. L. Berger, *A Rumour of Angels* (Harmondsworth, 1971): uma teologia "começando com o homem", pp. 66 e ss; "relativizando os relativistas", p. 43 e ss.

do eu para acomodar a posição de superioridade dos outros, em outras áreas podemos sentir o retorno das preocupações como aquelas sobre o psicologismo que mencionamos no início deste capítulo. É hora de retornarmos ao caso mais difícil com o qual nos posicionamos para acompanhar o surgimento das idéias de Steiner. Pois como o eu em desenvolvimento pode ser incitado para explicar as verdades das matemáticas?

Elas não são apenas verdades, independentes das relações humanas? Mesmo no século XX, os matemáticos começaram a adotar uma posição platônica com referência às proposições que parecem ser independentes de toda a experiência – sejam elas encaradas como entidades intelectuais diretamente compreendidas pela mente, ou seja, como Whitehead, Bertrand Russell e outros têm sustentado, uma construção pura, reduzível na análise final para a lógica. A matemática também constitui um assunto crucial em toda a questão de como a mente está relacionada ao mundo. A certeza científica sobre nossa interpretação desse mundo está intimamente associada a ela.

À primeira vista, a verdade matemática parece ser independente da realidade do contingente que percebemos. Figuras geométricas puras, por exemplo, nunca podem ser encontradas no mundo que realmente vivenciamos. Certamente, Steiner não está inclinado a minimizar, como ele deixa claro no início, a característica aparentemente miraculosa de nossa habilidade de geometrizar:

> "Se alguém refletir verdadeiramente sobre esse assunto, que o homem pode formar a concepção de um triângulo – isso parecerá algo maravilhoso: esse homem forma um triângulo, um triângulo abstrato, que não será encontrado de forma alguma na vida real, será simplesmente umas representações matemáticas, geométricas!"[111]

A "verdade eterna" das proposições geométricas ou matemáticas parece, à primeira vista, indicá-las como entidades de um mundo mais elevado, puramente intelectual. Entretanto, a fascinação que elas têm exercido nos filósofos não tem sido a pureza intelectual que deleita os matemáticos, como a sugestão de que elas poderiam ser uma única fonte de certeza em um mundo possível. Esse sonho de dominar nossa experiência, de sermos capazes de estimá-la de um ponto de partida de total maestria, tem conseguido freqüentemente uma alternativa matemática. Nessas proposições verdadeiras eternas, Steiner concordaria que elas "contêm algo que pertence especificamente à alma – algo que em sua verdade é bem independente do processo transitório da percepção". Entretanto, ele foi claro ao

---

111. Steiner, *Foundations of Human Experience* p. 74.

afirmar que o argumento da atividade psíquica que transcende nossa experiência transitória de percepção, para a verdadeira existência de tais entidades, segue um caminho errado:

> "A questão não é que a verdade, assim revelada, seja algo não perecível em sua própria natureza. A questão é simplesmente se sua manifestação para a alma ocorre em determinado caminho em que a estrutura básica corpórea e perecível da alma não tem função, ou é apenas essa parte de nós independente da natureza perecível. Esse é o aspecto eterno da *alma* que vem antes da nossa visão, tão logo nos tornamos cientes das experiências que não são limitadas a algo transitório".[112]

O que é importante para Steiner é a característica do "psíquico existencialmente", da atividade envolvida. Ele não está inclinado a procurar uma solução "realista" ou "platônica" para o problema da matemática.

Por outro lado, a matemática concentra-se em ter uma relação com a experiência atual – apesar de isso ser disfarçado pela aparente natureza lógica, auto-suficiente das proposições matemáticas. Então, a tentação em supor que eles possam ser um degrau que nós podemos tomar para alcançar a experiência no geral. Mas a realidade, para Steiner, está em fontes mais profundas de nossa própria atividade psíquica. E Steiner continua a investigar os movimentos que fazemos no espaço que ocupamos – apesar de não estarmos normalmente cientes deles. Na verdade, eles não precisam ser perceptíveis no todo, mas simplesmente ser movimentos intencionais, supersensíveis, que definem nossa relação com o mundo que nos cerca. Esses movimentos são possíveis devido à nossa atitude humana, à nossa orientação no mundo; nós estabelecemos um plano:

> "Você representa, inconscientemente, no espaço uma linha que, na verdade, descreve um movimento triangular. Tais movimentos estão realmente lá, só que você não os nota. Mas, visto que sua coluna vertebral está em uma posição vertical, você está no plano onde ocorrem esses movimentos. Um animal não está neste plano; sua coluna está de outra forma, isto é, horizontalmente; portanto esses movimentos não acontecem. Como a coluna do homem está na vertical, ele está no plano em que esse movimento é produzido. Ele não traz isso para o consciente dizendo: 'Eu sempre estou dançando em um triângulo!' Mas o que ele faz é desenhar um triângulo e dizer: 'Isto é um triângulo'.
> Na verdade, este é um movimento realizado inconscientemente que ele executa no cosmo".[113]

---

112. Steiner, *Theosophy* p. 45.
113. Steiner, *Foundations* pp. 74 e ss.

Além disso, nossos movimentos individuais voluntários, ou desejados, são apenas uma parte do modo como, em geral, somos inseridos na dinâmica do espaço que nos rodeia. Finalmente, nós crescemos fora do mundo que estamos começando a conhecer, de forma que nossa estrutura biológica, nossos ossos e membros fazem parte do processo. E a própria terra está em movimento:

> "Esses movimentos, para os quais você dá formas específicas na geometria quando desenha figuras geométricas, você desempenha em conjunção com a terra... Movimentos complicados, tais como aqueles que pertencem às linhas dos sólidos geométricos: cubo, octaedro, dodecaedro, icosaedro, etc. Esses corpos não são inventados, eles são realidade, mas uma realidade inconsciente. Nesses e em outros sólidos geométricos há uma harmonia incrível com o conhecimento subconsciente que o homem possui. Isso ocorre devido ao fato de que nossa estrutura óssea possui um conhecimento essencial, mas sua consciência não chega até o sistema ósseo. A consciência desse fato morre, e é apenas refletida em imagens geométricas que o homem projeta nas figuras.
> O homem é uma parte intrínseca do universo. Na geometria em evolução, ele está copiando algo que ele mesmo faz no cosmo".[114]

Assim, até o conhecimento matemático é interpretado por Steiner de forma que coloca o homem como "uma parte intrínseca do universo", não em termos de objetos ideais organizando a experiência acima. Apenas é que as raízes da matemática estão em uma atividade inconsciente. Steiner permaneceu fiel ao projeto goethiano que ele tinha formulado originalmente, o qual não tomaria nem o objeto, nem o conceito como dado, mas procuraria traçar "o surgimento do conceito da escuridão da nossa consciência".[115] E, dessa forma, podemos ver um caminho por meio do entendimento de como as figuras matemáticas e geométricas têm uma relação com o mundo que nos cerca, apesar de sua característica aparentemente abstrata.

A abordagem de Steiner para a matemática pode ser sustentada amplamente pelos desenvolvimentos dentro da própria matemática desde a sua época, e também pelo entendimento crescente e sofisticado das relações entre a psicologia e a matemática como ciências empíricas. Dentro da matemática, será entendido que a aparente auto-suficiência do sistema conceitual abstrato é ilusória, pelo menos no sentido de que nenhum sistema pode ser autodemonstrável, um círculo fechado de lógica. Kurt Goedel mostrou que um sistema lógico como esse seria preciso para estabelecer que a matemática não pode ser totalmente formalizada, mas deve perma-

---

114. Steiner, *Foundations* p. 75.
115. Steiner, *Goethean Theory of Knowledge* p.52.

necer "essencialmente incompleta".¹¹⁶ Isso apenas pode ser estabelecido ao apelar-se para um sistema de nível mais elevado – e então, para demonstrar esse sistema, precisaremos apelar para um ainda mais elevado, etc. Esse estabelecimento de limites de formalização, enquanto for inimigo do programa formalista na filosofia da matemática, também parece fatal à idéia dos objetos matemáticos auto-existentes. Tendências similares têm surgido no estudo evolutivo dos conceitos matemáticos à medida que eles são estudados pela psicologia. A referência volta à atividade do indivíduo, começando na mais precoce infância e, dessa forma, certamente com os processos em parte inconscientes, tem sido amplamente documentada por Piaget e por outros nessa área.

Lembramos que as pesquisas de Piaget convenceram-no do "mito da origem sensorial do conhecimento científico": isso tem suas origens verdadeiras na intervenção ativa do conhecedor. Voltando à infância mais precoce, desenvolvemos a compreensão geométrica da forma e da figura ao movimentá-la e girá-la, finalmente estendendo as bases dos conceitos matemáticos subseqüentes, nós aplicamos ao mundo na ciência.¹¹⁷ No modelo de conhecimento de Steiner, como vimos, faria sentido que a realidade dos sistemas matemáticos fosse encontrada para ser baseada na atividade dessa forma. Ao rejeitar o ponto de partida da consciência, e chamar a atenção ao processo inconsciente que o fundamenta, a psicologia ajuda a apontar para a teoria do conhecimento que nos arraigaria mais uma vez no mundo. Em suas palestras sobre "o pensamento humano e o cósmico", uma forma pela qual Steiner atacou a filosofia que supõe que estamos trancados em nossa própria subjetividade, tentando interpretar um mundo exterior estranho foi, precisamente, restaurando os conceitos para o movimento. Portanto, ele procurou restaurar a conexão dinâmica envolvida em sua natureza essencial entre o conhecedor e o universo no qual ele surge. O indivíduo seria, então, liberado da armadilha do único ponto de vista subjetivo para experimentar o círculo das ciências, ou a seqüência de atitudes possíveis para a objetividade – a suprapessoal ou o pensamento cósmico que nos põe de volta ao mundo.¹¹⁸

O momento "idealista" no processo do conhecimento, no qual parece que a mente confronta o mundo e impõe sobre ele o significado, a regra e a inteligibilidade, é, portanto, reinterpretado fundamentalmente. Ele surge como parte de uma dinâmica do conhecimento, enraizada na atividade incons-

---

116. Uma visão útil em termos não-técnicos é a de E. Nagel e J. R. Newman, *Goedel's Proof* (New York, 1960). Também discutido em J. Piaget, *Structuralism* (London, 1971) pp. 32 e ss.
117. Jean Piaget, "The Myth of the Sensory Origin of Scientific Knowledge", em seu *Psychology and Epistemology, Towards a Theory of Knowledge* (Harmondsworth, 1972) pp. 45-62.
118. Steiner, *Human and Cosmic Thought* (Londres, n.d.) p. 12 e ss.

ciente da alma. O que nós realmente testemunhamos nesse momento não é a "mente" confrontando o mundo, mas se desembaraçando dele. Nós somos definidos pela nossa posição contra o mundo, para experimentar o nosso próprio ser. O conhecimento é o surgimento para a consciência de alguma porção da nossa atividade como parte do universo que habitamos; mas a fim de trazê-lo para o controle consciente, temos de conter ou "estupidificar", na verdade, levar a morte, esse envolvimento ativo com o mundo no qual todo o conhecimento é fundamentado.

O conceito de conhecimento de Steiner parece paradoxal, mas na verdade, o que soa estranho sobre ele é apenas o elemento de movimento interior, tão diferente de qualquer teoria do conhecimento que faria dele um tipo de instantâneo, ou nesse caso, uma rede imposta pelo mundo. Ele apenas pode ser entendido como processo. Começa com a atividade da alma, que é a habilidade do conhecedor em mudar, em se adaptar e em crescer. Mas, a fim de nos tornarmos cientes disso, temos de trazer essa atividade para uma base, para adequá-la de forma clara à "objetividade". Que isso não é algo que vem do interior, uma realidade que apenas precisamos reconhecer, está claro em todos os exemplos do conhecimento matemático, visto que nunca poderemos encontrar formas geométricas ou matemáticas puras na natureza. As forças que impulsionam que estão por trás disso são o nosso próprio desejo em nos definir contra o mundo que conhecemos.[119]

Assim, estabelecendo-nos como uma presença consciente no mundo, realmente produzimos essa polarização que o materialismo, bem como o idealismo tem erroneamente suposto que seja primária e fundamental, um fato do mundo. Podemos resgatar esse conhecimento, na visão antimetafísica de Steiner, que é a relação que *nós* temos com o mundo, dividindo a realidade em conhecedor e conhecido. "As *coisas* não exigem explicações." A epistemologia e a ciência do conhecimento têm, portanto, como sua meta, a reversão do que aparece necessariamente como o *fait accompli* pelo qual nós nos encontramos conscientemente presentes no mundo, observando e conhecendo. O conhecimento faz com que confrontemos as coisas, como intérpretes; isso é, para a epistemologia lembrar-nos da unidade oculta que nos liga ao mundo, dissimulada pelo nosso próprio ato de tornar ciente. E, de forma significativa, isso nos mostra, ao analisar a situação, que é devido à nossa necessidade de nos separar que suprimimos também a identidade de nossos conceitos (matemático ou outro qualquer) com a nossa própria atividade, com o nosso processo de autodesenvolvimento – no

---

119. Apesar de a análise de Steiner abrir o caminho para uma abordagem psicológica evolutiva, isso de forma alguma confunde o significado cognitivo do fato com a sua revelação subjetiva. Steiner deixa claro que "psicologicamente, isso vem antes no ponto do fato que é derivado" e que no processo de entendimento de algo, "sabemos que o conceito que temos usado é a verdadeira natureza da percepção pela qual temos buscado": *Goethean Theory of Knowledge* p. 52.

caso da matemática, por exemplo, o nosso crescimento e movimento no mundo do espaço. Portanto, as idéias podem aparecer para o nosso eu, quando ele atinge a consciência, para existir quase independentemente, em alguma forma absoluta, e a sua relação com a realidade externa pode, da mesma forma, parecer misteriosa e inexplicável. Quando quero mover meu braço, a idéia de fazer isso é traduzida de modo que minha observação consciente não pode seguir o movimento real pela minha vontade; ou, quando reconheço algo que já vi, pode parecer problemático como posso aplicar a um objeto real, uma idéia que parece existir apenas "dentro da minha cabeça".

Então, a leitura de Steiner da autoconsciência é profunda e sutilmente divergente da de Lacan, mencionada anteriormente – e é muito mais coerente. Enquanto Lacan supõe que a consciência da imagem do espelho leva a um choque, jogando-nos para fora do "imediatismo vivido" na experiência irrefletida, para Steiner somos nós que simultaneamente queremos revelar nossa atividade no movimento e no crescimento espontâneo, e também nos tornamos cientes de nós mesmos, interrompendo o fluxo da experiência, introduzindo a morte. Em Steiner o conhecimento também envolve um tipo de violação. Atingimos essa determinação "objetiva" do conteúdo da consciência ao entregar as forças do nosso próprio processo de vida para o outro, o que significa, do nosso ponto de vista, a morte. Mas também somos impulsionados pela profunda necessidade de atingir a nossa separação; de modo que esse impulso não será colocado junto do desejo do auto-envolvimento e crescimento, mas apesar de sua dor e terror, como a única forma para sua realização. Em resumo, o conhecimento é a nossa única forma de nos relacionar com o mundo em liberdade.

Para compreender como isso ocorre, devemos nos lembrar o quanto o pensamento de Steiner é desprovido de qualquer noção de conceitos ou de idéias como entidades quase reais, organizando um caos de experiências básicas. Em vez de nos colocar em contato com alguma verdade platônica, ao nos colocarmos contra o mundo, temos, na verdade, reduzido o nosso envolvimento com ele a praticamente nada. Nas idéias, o nosso envolvimento com as coisas é virtualmente reduzido, a "imaginar o ser", como uma simples representação que se manifesta sem pressões reais sobre nós. Na verdade, na visão antimetafísica de Steiner, visto que não há uma área conceitual que realmente exista fora da experiência, essa separação, o nosso desapego do mundo leva-nos a lugar algum e não pode, logicamente, ser algo além do nada.

"Um famoso filósofo dos tempos modernos, Descartes, é o criador do conhecido ditado *cogito ergo sum*, 'penso logo existo'. Mas... quando simplesmente pensamos algo ou vivenciamos algo no pensamento, ele não se torna real, ou eu existo simplesmente porque estou pensando. Para nós, esses pensamentos são, no máximo, imagens; elas podem ser a nossa maior certeza, mas não entendemos os seres por meio do nosso pensamento".[120]

Aqui, a visão de Steiner das imagens mentais e das idéias também se afasta totalmente da velha noção empirista de que carregamos as "marcas" ou as leves reminiscências das experiências. Mesmo que pudéssemos provar que esses "traços" realmente nos marcaram, continua totalmente obscuro o fato de como eles poderiam servir como idéias, isto é, como eles poderiam agora referir-se a experiências, a lembranças, etc. Isso porque falhamos ao encontrar a nossa existência no efetivo envolvimento reprimido com o mundo, o nosso próprio vir-a-ser do nosso envolvimento, que buscamos desesperadamente para nos reconectar por meio dessas teorias:

"Paramos totalmente para encontrar o ser verdadeiro dentro de nós... Não há como encontrarmos qualquer coisa dentro de nós, exceto por meio dos métodos que a ciência aplica à natureza – e então, procuraremos o nosso ser verdadeiro nela. Em conseqüência, o homem de hoje acredita apenas nessa parte dele que é a parte da natureza. Portanto, a natureza e a forma existencial associada a ela, tornam-se um tipo de ídolo que rouba do homem moderno qualquer sentimento de sua própria existência".[121]

Ele está alinhado em seu entendimento das representações mentais como algo virtual, como um nada, principalmente com o subseqüente desenvolvimento no Existencialismo e mais tarde, na fenomenologia. Mesmo os filósofos mais na linha analítica anglo-americana têm admitido que, em comparação à idéia empirista das impressões verdadeiras como se fossem impressas em nós, essa análise mais nova da imagem mental é muito mais bem-sucedida e coerente.[122] A desconstrução de Steiner do Cogito agora está completa:

---

120. Steiner, *Man in the Past, Present and Future. The Evolution of Consciousness* (London, 1966) p. 15. Steiner tinha usado o *cogito* com muito cuidado em seu principal trabalho, recusando-se sutilmente a permitir uma extrapolação de qualquer tipo de princípio da "existência", que derivaria de uma alavanca, por assim dizer, da certeza da parte "eu penso". "Cada objeto deve primeiro ser estudado em sua relação aos outros, antes que possamos determinar em que sentido pode ser dito que existe": *Philosophy of Freedom* p. 30. Nisso, ele segue mais uma vez Brentano, que se opôs veementemente a esse tipo de extrapolação da "existência": *Pivčević, Husserl and Phenomenology* pp. 106-108. Steiner teria presumivelmente se oposto ao desenvolvimento contrário de Heidegger da fenomenologia como um estudo de supostas manifestações do "Ser" ampliado.
121. Steiner, *Man in the Past, Present and Future* p. 16.
122. Mary Warnock, *Imagination* pp. 176 e ss, no qual a imagem mental é encontrada em um lugar na visão pós-fenomenológica, sob a "proposição de que as imagens estão no nosso modo de pensamento da ausência ou nas coisas não-existentes". Foi Sartre que desenvolveu uma análise particularmente interessante das imagens mentais como "aspectos do nada" (citado, p. 177). Sartre está especialmente perto da visão do pensamento de Steiner completando a abrangência, a percepção pelo estabelecimento em sua relação com nós mesmos,

"Pois o que temos na matemática são imagens mentais – o refinamento além das imagens mentais que ainda mantém uma ligação com a realidade externa... Se alguém aprende a conhecer o que isso pode revelar, aprende a conhecer algo que tem muito da realidade como uma imagem que vemos de nós mesmos em um espelho, mas a qual, no entanto, nos diz algo – e em certas circunstâncias nos diz muita coisa. Mas para ter certeza, seria uma tolice usar a imagem do espelho como a realidade final...: não estamos procurando a realidade no lugar certo.[123]

O mundo das imagens mentais, das relações da geometria ou da matemática, é como o mundo "por trás" de um espelho. Em contraste à tradição de Descartes que procura a totalidade e a certeza no pensamento, é a sua incompletude essencial que impressiona Steiner, e o que está faltando é a referência para a atividade que a produziu. Portanto, como ele enfatizou em *A Filosofia da Liberdade*:

Minha observação refere-se à natureza do pensamento autônoma e autodeterminada que não pode, portanto, simplesmente ser transferida a conceitos.[124]

E é a referência a essa atividade direcional, tal como nossos movimentos absorvidos de forma inconsciente ou a manipulação dos objetos no espaço, que também precisamos, a fim de explicar como uma "imagem mental" pode ser ao mesmo tempo uma idéia explicativa que se "aplica" ao mundo real – como as figuras matemáticas que surgem na consciência são ao mesmo tempo um envolvimento real em um nível mais profundo.

Uma análise da existência e do nada podem atingir alguns leitores como algo essencialmente pertencente ao tipo de cultura de estufa de certas correntes filosóficas do século XX: as obscuridades tumescentes de Heidegger ou o intelectualismo cerebral do Left Bank. Vale a pena destacar, portanto, que o pensamento de Steiner aqui pode ter sido útil em um domínio técnico bem diferente e mais saudável. Ele pode ter ajudado na

---

como o exemplo das formas do carpete – que são parcialmente ocultadas sob os móveis. Não é que nós preenchemos as formas como um complemento real. É possível que nos imaginemos no exemplo completo se desejarmos, mas esse não é o ponto principal. Saber o que está lá antes de nós nesse caso não é uma complementação, mas consiste precisamente que "devo pensar nelas especificamente não como parte do dado perceptivo que eu tenho. Eu as considero um nada": Sartre, *Psychology of Imagination* (citado em Warnock, op. cit. p. 178).
123. Steiner, *Ancient Myths* (Toronto, 1971) p. 115.
124. *Philosophy of Freedom* p. 40.

confusão sobre o nível (caso exista) no qual a mente humana atua como um computador.

Em face do que parece ser a difusão do desejo popular de acreditar que os seres humanos e os computadores são muito semelhantes – ou, por outro lado, que as máquinas "lembram" e "pensam", ou em breve poderão fazer isso – Roger Penrose argumentou recentemente que a pesquisa da "inteligência artificial" tinha desapontado um pouco, principalmente em termos conceituais. Pode ser verdade que os computadores são capazes de fazer coisas que nos lembrem os processos mentais humanos, mas Penrose efetivamente destaca que eles não conseguem resolver um problema matemático, se o compararmos com a obra de um pensador. Seria pouco inteligente tentar contrariar a habilidade de explicação do Professor Penrose, que é o que os cientistas fazem quando eles lidam com tais problemas. Apesar de ser possível sugerir uma analogia. Concordando com Penrose que os seres humanos não são "computadores feitos de carne", refletiríamos sobre uma explicação mais provável: os computadores fazem coisas como os humanos – porque eles foram feitos por pessoas, por seres humanos. Eles não são capazes de nos dizer como nós funcionamos. As bicicletas também são máquinas que foram projetadas para desenvolver atividades humanas referentes ao equilíbrio, ao movimento, à mudança de direção, etc. O princípio de movimento delas deriva-se diretamente de ações humanas (os movimentos das pernas similares ao ato de caminhar, à verticalidade, ao equilíbrio, etc.), apesar de elas poderem ser motorizadas e se movimentarem sozinhas, elas são claramente baseadas na atividade humana do caminhar, que se transformou por meio de duas rodas em um meio de movimentação muito mais produtivo. A extensão e a especialização da atividade humana em tais modos é um fenômeno básico da tecnologia. Ainda assim, movimentar-se sobre rodas não é a base do movimento humano, e seríamos tolos se concluíssemos que porque as máquinas movimentam-se de forma semelhante ao movimento humano, os homens sejam um desenvolvimento evolucionário da bicicleta – apesar de ser exatamente o tipo de raciocínio desejado pelos entusiastas da "inteligência artificial"!

Da mesma forma, os computadores não fazem, realmente, as atividades humanas; não é para isso que precisamos deles. Parece que os teóricos que nos transformariam em computadores não estão considerando a forma como nós os utilizamos. Por se concentrar no armazenamento e nos padrões da "informação", argumenta Penrose, tais teorias falham ao entender o papel no conhecimento humano de nosso empenho e nossa atividade. "Um se empenha nos algoritmos, enquanto outro, na matemática, mas o empenho não parece ser um procedimento algorítmico."[125] As filosofias

---

125. Penrose, *The Emperor's New Mind: Concerning Computers, Minds and the Laws of Physics* (Oxford, 1999) p. 534: o pensamento matemático, ele nota pelo exemplo, pelo

que ignoram isso podem nos dizer pouco sobre os processos humanos do conhecimento, ou fornecer modelos conceituais para nossa própria vida mental. Pensamentos ou idéias não são simplesmente um vasto invólucro de informação. Desenvolver uma linguagem ou um modo de pensamento realmente exige que nos esqueçamos da informação processada no seu aprendizado. Esse caminho no qual a "informação" é obtida e transformada em novas facilidades é algo que Steiner via como essencial ao conhecimento e para o eu em desenvolvimento.[126] Isso é parte de seu reconhecimento consistente de que o conhecimento é um fenômeno do crescimento humano e da maturação social, de forma alguma comparado a um evento quase físico como gravar uma imagem ou um material deixado de lado como um traço de uma experiência que tivemos.

É possível dizer que é aqui que as idéias de Steiner oferecem avanços mais positivos nos quais o pensamento moderno inclui o esforço para compreender a inteligência nos termos do computador tem se deparado com vários becos sem saída.[127] Por outro lado, é frustrante, por exemplo, que, quando Penrose procura uma saída para a teoria quântica que evite o beco sem saída idealista-subjetiva de definir os eventos no universo dependentes da consciência, percebe-se que ele tem de optar por uma noção platônica das "entidades" matemáticas reais, e acaba caindo novamente na sugestão paralela de que nós "apenas conhecemos", ou "apenas vemos" alguns aspectos importantes do ser existencial. Mais uma vez, os pensamentos são instruídos a serem quase fisicamente "reais", ou apenas são apresentados a nós como algo sem escapatória. Penrose chega perto do limite da "atividade espiritual" de Steiner, só que acaba caindo frente à última dificuldade.

Por outro lado, a filosofia de Steiner é clara com referência a esses e a outros conceitos, dizendo que o lugar deles está apenas na consciência, ou, como podem dizer, no nada. E sua questão é que não precisamos atribuir a eles uma realidade quase física:

> "O fato é que devemos entender que a esfera do pensamento está apenas na consciência humana. Então, devemos mostrar que o mundo-pensamento não se sacrifica por meio disso, e muito menos a sua validade objetiva".[128]

---

esforço por algoritmo – mas as visões comuns do assunto ignoram precisamente essa abordagem, tentando o aspecto do processo. "Uma vez que o algoritmo apropriado é encontrado, o problema está, por assim dizer, resolvido." O modelo de computador que vê o pensamento como algo que corre sobre trilhas, como se fosse, então, descansar sobre um fracasso de observação – um fracasso ao observar o "elemento oculto" do pensamento por trás do pensamento resultante.
126. Steiner, *Outline of Esoteric Science*.
127. Steiner argumenta corretamente que, em vez de o cérebro produzir pensamentos, é o pensamento que cria o cérebro.
128. Steiner, p. 38.

Entretanto, ele aprovaria outra sugestão de Penrose, sobre a importância do fato de que nossos cérebros fazem parte de organismos vivos, em vez de pertencerem a um tipo de computador. Pois, de uma forma que pode antecipar alguns aspectos do pensamento antrópico moderno, ele observou a ligação evolutiva entre o organismo humano e o universo, no qual aparecemos como o verdadeiro ponto-chave para a unidade entre nossas operações mentais e o mundo que nos cerca. O nada, no qual as idéias conscientes e as imagens são projetadas não é, obviamente, um tipo de vácuo metafísico. Nem é a concepção empirista, que também concorda de certa forma que no conhecimento, nós somos "nada", interpretando-o de uma forma unilateral como uma passividade absoluta. É um aspecto da nossa mudança ou do nosso crescimento – ou seja, o aspecto do nosso deixar de ser o que éramos. O conhecimento muda o conhecedor; ou, por outro lado, como veremos mais detalhadamente depois, é possível pensar sobre isso como uma forma de encontrar forças para essa habilidade adaptável que é uma característica bem significativa dos seres humanos, indo muito além da realização da maturidade física onde ela termina biologicamente. Essa é uma outra forma de identificar o conhecimento com liberdade: nossa habilidade interior para nos transformar interiormente, em vez de estarmos fixos em nicho evolutivo qualquer, ou de sermos determinado por forças externas. Aqui, Steiner continua esboçando as características cruciais do desenvolvimento humano que possibilitam essa relação especial: a relativa completude do crescimento da cabeça na primeira infância, comparada com o crescimento dos membros e a sua posição de relativa passividade nas relações com o mundo que faz parte da posição ereta do homem. Isso permite o surgimento de ritmos de crescimento que não são diretamente dependentes do mundo externo, mas que podem ser idealizados em um nada por meio da transformação que chamamos de conhecimento. A cabeça ainda se relaciona com o mundo ao redor, mas seu envolvimento real é reduzido virtualmente a zero. Liberada das pressões da atualidade, ela pode projetar essa completude de nossa limitada experiência que conhecemos como pensamento. Entretanto, a epistemologia tem sua tarefa de resistir à idealização do processo (como se realmente pudéssemos nos libertar da realidade) e nos lembra de suas bases no nosso desenvolvimento. Aqui, temos contato com o salto da filosofia (a teoria epistemológica) para uma antropologia fenomenológica ou até mesmo para uma metodologia "antrópica" que formou parte do programa de "encarnação" para as ciências, derivando e revertendo a tendência ainda maior de idealização que surgiu em outras versões da fenomenologia. A falta de realidade em nossas idéias liberta-nos para visualizar a realidade livre de limitações da nossa posição de superioridade, é contrabalançada por uma consciência de nossa relação em um nível mais profundo sobre as inter-relações complexas com o ambiente que compõem a evolução da nossa forma humana. Portanto, é possível referir-se a ela, como fez Steiner em suas palestras posteriores, como sendo uma "concepção fisiológica da liberdade".[129]

Mas aqui devemos permanecer no domínio da filosofia. E na visão que Rudolf Steiner dá sobre o pensamento como um nada, podemos notar, entre outras coisas, como a perspectiva não só tem mudado de uma relação materialista da existência de idéias da realidade externa reproduzida e armazenada em nosso interior, mas observe também como a repercussão nietzschiana dessa visão, ou o niilismo em relação ao mundo no qual tentamos em vão impor o significado humano tem, por sua vez, sido totalmente transformada. Não é o mundo que nos confronta como o nada, mas nós mesmos que introduzimos o nada ao mundo, isto é, a liberdade para o desapego, para a compreensão.

A crise que nós criamos no processo do mundo é verdadeira, visto que é exatamente a nossa liberdade que altera o curso dos eventos, e é o fator determinante nas coisas que têm sido importantes até aqui ao nos produzir (inconscientemente). O mundo que foi entendido nunca mais será o mesmo mundo do qual fazíamos parte sem pensar. Ainda assim, em vez de nos levar à beira do abismo nietzchiano, levando-nos à alienação infinita, ou ao "salão de espelhos" da autoconsciência de Lacan, o conceito de Steiner oferece-nos uma perspectiva na qual o momento do nada, do niilismo, é apenas um prelúdio para nos envolvermos novamente. É um lado ilusório da experiência, apesar de tudo, pensar que realmente nos desapegamos do mundo real e agora não podemos simplesmente fazer o que gostamos. Nossas idéias à medida que são objetos da consciência podem ser um "nada", mas a realidade do pensamento é encontrada nas relações que dão suporte à idealização da consciência. Em sua crítica da metafísica, Steiner deixou claro que uma pessoa nunca encontraria essa realidade em uma experiência exterior, ou além do pensamento, mas apenas voltando sua atenção para o próprio processo do conhecimento. O momento de liberdade, de desapego, é nada – o que significa, nada além de uma relação alterada com o mundo, ou uma transformação do eu. Então, deixamos o mundo para trás quando conquistamos nossa liberdade. Steiner é importante, acima de tudo, por sua concretização de que a diversidade aparente que marca nossa liberdade apenas oculta as origens fixas da nossa profunda implicação no processo do mundo. Nossa liberdade não é uma mera projeção de nós mesmos em um espaço vazio, com conseqüências apenas para nós mesmos;

---

129. Steiner, *Man, Hieroglyphy of the Universe* (London, 1972) pp. 136-141. Cf. Piaget, "O indivíduo não compreende a si mesmo exceto por meio da adaptação de si ao objeto. Então, o homem não pode entender o universo exceto por meio da lógica e da matemática, o produto de sua própria mente, mas ele pode apenas entender como construiu a matemática e a lógica estudando a si mesmo psicológica e biologicamente, ou em outras palavras, como uma função de todo o universo": *Psychology and Epistemology* pp. 82-83; isso leva à idéia do círculo das ciências como pontos de vista complementares (p. 83).

ainda estamos no mundo no qual crescemos, apesar de termos crescido além dele, e termos mudado esse mundo. Falhar em entender isso é entrar no salão de espelhos onde o pensamento moderno se perdeu, e entregar-se mais uma vez a fatores inconscientes na natureza humana, enquanto se envolve em uma questão amaldiçoada, talvez distorcida e não mais reconhecida, pois a própria existência está onde ela nunca será encontrada. A perda do eu humano como agente, como a verdadeira origem da "atividade espiritual" no objetivo final da filosofia moderna, leva para esses desertos sombrios do pós-modernismo e do pós-estruturalismo. Steiner tem o potencial para nos levar através da imensidão e nos fazer voltar às bases da vida, mostrando como essas mesmas forças podem ser invocadas para um equilíbrio necessário, instável, mas não necessariamente destrutivo, que nos dará o conhecimento, a liberdade e a harmonia que é o nosso eu. Steiner não se encolhe frente à afirmação da consciência, do nada, temendo perder-se:

> "Pois por meio disso vem a possibilidade do pensamento puro. As dúvidas podem ser manifestadas sobre a própria existência, mas ela é apenas a base possível para o impulso da liberdade. Se a humanidade nunca conquistou esse pensamento puro, que é realmente um pensamento puro e não uma garantia da realidade atual, ela nunca alcançará a consciência da liberdade.[130]

Ao caminhar no momento do nada, da liberdade, em vez de olhar para ter o nosso conhecimento determinado pelo exterior, nós estaremos, finalmente, na posição de entender a nossa própria "atividade espiritual". Essas forças são, ao mesmo tempo, a base para o nosso conhecimento, que é a nossa relação com o processo do mundo, a nova visão especial sobre o mundo em nosso ponto de vista na evolução da consciência – e a forma como podemos vigiar aqueles que sustentam o nosso crescimento e surgimento reais, tornando-nos o que somos ao nos dar a chance de mudar.

As Forças Contrárias

Steiner ficou longe da idéia, predominante em sua época nos círculos científicos e ainda pressuposta em muitos locais, de que a fim de conhecer algo objetivamente, temos de criar uma réplica precisa, uma "imagem mental" que combine com o "mundo real", purificando-a de toda a nossa experiência "subjetiva" pessoal. Uma pequena reflexão nos mostrará que freqüentemente conhecemos perfeitamente bem uma coisa sem termos de fazer uma reconstrução real, como uma natureza morta holandesa, do que

---

130. Steiner, *Man in the Past, Present and Future* p. 38.

parece em nossas mentes. Certamente é essencial que cheguemos ao conhecimento já tendo um modelo sobre o qual basear nosso próprio julgamento: por fim esses "esquemas" (ou *Vorstellungen*) voltam, como Steiner destacou, para as experiências inconscientes do movimento no espaço, relatando ativamente as coisas ao nosso redor, em ações repetidas que se transformaram em habilidades, etc.

Mas a imagem mental que podemos criar em nossa consciência a partir disso lida com o mundo que não é totalmente explícito – ou, de forma geral, é feito apenas tão precisamente onde ele tem de ser modificado para acomodar alguma nova experiência. Atingimos a objetividade quando equilibramos o efeito dos impulsos cognitivos opostos: um em direção a adequar tudo em padrões que já conhecemos e outro em direção da quebra das suposições existentes para o reconhecimento do novo. Ficar em contato com a realidade significa ter vontade de mudar nossas suposições, enquanto voltamos para o passado a fim de mensurar o novo e torná-lo compreensível. E é por Steiner conceber o fato dessa forma que ele pode aceitar os aspectos do nada na idealização da consciência sem pular para a falsa conclusão de que a existência humana é, como certos existencialistas pensaram, a ausência: o desvio da existência para outro lugar. A existência humana engana-os, exatamente porque ela está lá, no processo de mudança, na diversidade.

Nenhum impulso solitário pode nos dar o conhecimento. Mas enquanto nós o mantivermos em equilíbrio, estaremos em contato com a realidade que faz sentido e cujo significado pode ser absorvido por nós (e, por sua vez, é afetado por nós) apesar de também sermos livres para ver os novos aspectos, as novas relações.

Muitas das características do conhecimento que levaram Steiner a desafiar os modelos convencionais caem quando nós as vemos na tensão dinâmica entre esses impulsos que os evolucionistas modernos têm distinguido sob a rubrica de "assimilação" e "acomodação".[131] Se não nos esforçarmos para adequar nossa experiência aos padrões que já temos estabelecidos, assimilando-a para o que já conhecemos, nunca entenderemos absolutamente nada. A assimilação é um processo que constrói o conhecimento em termos de regularidades, possibilitando-nos categorizar as coisas e preservá-las como exemplos em um sistema crescente bem estabelecido. Entretanto, também torna claro, a partir dos nossos estudos, que se tentarmos fechar totalmente um sistema, ele pára de nos contar sobre o mundo real, arruinando a simples definição (todos os solteiros não são casados, a matéria que está sujeita à preservação) ou por outro lado, mostrando sua incompletude (os sistemas geométricos não podem conter suas próprias provas, etc.).

---

131. Um útil resumo das pesquisas de Piaget sob esses aspectos da evolução cognitiva, veja *Play, Dreams and Imitation in Childhood* (London, 1962) pp. 269 e ss.

A acomodação de nossas estruturas existentes sobre idéias também é necessária, pois a vida nunca é uma repetição de algo que já sabemos, para que seja catalogado e registrado no lugar adequado. Conhecer não é apenas adequar as coisas aos lugares, em um esquema determinado anteriormente (por exemplo, pela nossa natureza como seres racionais, como Kant supôs). O conhecimento muda o conhecedor, tornando-o livre de qualquer estrutura previamente fixada e modifica-o. Mas se fosse para nos tornarmos totalmente adaptáveis, totalmente abertos às mudanças, nunca poderíamos aprender algo, ou poderíamos construir uma compreensão sistemática do que já descobrimos.

A abordagem empirista unilateral não pode nos dar o conteúdo humano da experiência, como Steiner tinha entendido anteriormente:

> Se, então, compreendermos o que entendemos, que a percepção deve ter sido determinada dentro de nós previamente como um conceito absoluto. Qualquer objeto em que isso não fosse verdade deveria ser simplesmente ignorado sem que sua existência seja compreensível para nós.
> Esse caso é mais bem demonstrado no fato de que as pessoas que viveram uma vida mental rica também penetram profundamente no mundo da experiência daqueles em que isso não é verdade. Muito do que acontece aos outros sem deixar vestígios, deixa uma impressão profunda sobre eles... Mas, podemos perguntar, é possível encontrarmos em nossas vidas inúmeras coisas sobre as quais não tínhamos a menor idéia anteriormente? É possível formarmos conceitos sobre elas? Sem dúvida. Mas a soma de todos os conceitos potenciais idênticos com a soma daqueles que já tínhamos identificado anteriormente é o que faz parte da nossa vida? O meu sistema conceitual não é capaz de evoluir?[132]

Essa tem sido a contribuição da nova disciplina da epistemologia evolutiva, suas idéias reconhecidas relutantemente em círculos filosóficos mais amplos, relatam esses processos gêmeos de "assimilação" e "adaptação" para o desenvolvimento do conhecedor, bem como para o conhecido.[133] É dessa forma que nosso conhecimento cresce: mas nós também desenvolvemos novas perspectivas, atitudes e sentimentos. Por meio da interação dos dois impulsos, estamos construindo nossa identidade como conhecedores. As estruturas de idéias que usamos tornam-se mais complexas, em vez de simplesmente dar passagem para o próximo e evoluir por meio de

---

132. Steiner, *Philosophy of Freedom*. Veja pp. 36 e ss.
133. Alguns comentários sobre a resistência dos filósofos sobre as abordagens evolutivas em Wolfe Mays, "Introduction" para Piaget, *The Principles of Genetic Epistemology* (London, 1972) pp. 5-6

estágios claros de forma que possamos entender nossa contínua identidade em relação à experiência de mudança. Steiner estava muito à frente da psicologia de sua época na percepção de que o conhecimento estava intimamente relacionado ao eu em desenvolvimento – na verdade, em uma série completa de estágios evolutivos especiais.[134] Ele estava ciente também dos perigos potenciais para a saúde da consciência humana. O predomínio de um poder pode, em breve, fazer-nos perder um fato objetivo, e a mente pode construir-se em um mundo interior irreal. Um conselho diferente pode nos deixar indefesos frente a uma ameaça, a uma visão desumana.

Acho que Steiner ainda é único na sagacidade em seu entendimento sobre a relação entre liberdade e conhecimento. Steiner fala sobre isso relacionando-a a assuntos mais amplos apesar de um modo "mitológico" com tendências "luciferianas" e "arimãs". Muitos filósofos depois de Platão têm recorrido aos *mitos* para salientar as implicações de uma idéia. Mas ainda vale enfatizar que a dinâmica do conhecimento que Steiner caracteriza nessa maneira já estava descrita como a essência do processo cognitivo, em seus primeiros escritos filosóficos.[135]

Steiner foi capaz de reconhecer em figuras imaginativas do mito dos aspectos tentadores de uma compreensão do conhecimento que o pensamento filosófico mais formal freqüentemente não obteve sucesso em entender. A ligação do conhecimento com o desenvolvimento do eu e a incompletude interior do conhecimento quando o perseguimos unilateralmente, tentando assimilar a realidade ao modelo do que já somos – eram as características importantes do processo que ele tentou capturar em seu pensamento. Mas, em vez de seguir a Igreja, que moralizava o problema, Steiner preferiu confrontar a imensa expansão do conhecimento da Renascença e no início dos tempos modernos, à medida que a ciência começou a rivalizar com a religião tradicional na interpretação do mundo. Esse é um dos muitos pontos nos quais Steiner repreende implicitamente os guardiões da espiritualidade tradicional por estarem em desvantagem, quando poderiam ter confiado nos recursos que tinham sido dados para analisar a situação como um todo. Para Steiner, até nossa ciência conceitual moderna tem sido compreendida à luz de suas aspirações "luciferianas". O pensamento científico moderno é, na verdade, a tentativa mais monumental já feita para reduzir tudo a um conjunto de relações harmoniosas, uma fórmula unificada baseada no que já conhecemos. A falta de possibilidades morais da experiência humana dissipa-se:

---

134. Rudolf Steiner freqüentemente discutiu detalhes do desenvolvimento natural da criança em seus cursos educacionais. A orientação básica está em *Foundations of Human Experience*, pp. 147 e ss.
135. Ele desenvolveu em seu ensaio *Philosophy and Anthroposophy* (London e New York, 1929).

"A humanidade empobrecida dos tempos modernos é apresentada como uma sabedoria que apenas pode dar a ela uma concepção de mundo em que as estrelas movem-se em seus cursos segundo forças de uma necessidade puramente amoral, puramente mecânica – cruzando suas órbitas de forma que possamos, de maneira alguma, relacionar suas órbitas a qualquer significado moral na ordem do mundo. Essa é uma concepção de mundo simplesmente luciferiana".[136]

Portanto, para Steiner isso não significa que está errado, ou que deva ser condenado, mas precisamos compreender que é uma projeção, uma idealização de um aspecto do processo cognitivo que não pode ser separado da situação do conhecedor. Ela é o impulso assimilativo para fazer com que todas as coisas sejam um reflexo do que já somos. E, como tal, está intrínseca ao conhecimento há tanto tempo à medida que é combatida com os desafios de uma nova experiência; é tomada como um tipo de fundamento em si, é necessariamente um sonho vazio, literalmente o nada, precisando ser ligada à realidade humana da "atividade espiritual" que a gerou. Da mesma forma que a aspiração "luciferiana" pertence a todas aquelas tentativas de projetar uma utopia com a qual a aventura científica freqüentemente é associada de forma idealista:

"Tudo isso surgiu no curso da história como programas maravilhosos, idéias lindas, em que sempre se acredita que de uma forma ou de outra é possível voltarmos à Idade de Ouro – tudo isso tem suas origens nas tendências luciferianas que fluem dentro do homem. Tudo de que ele tem tentado se livrar referente à sua ligação com a realidade, para pairar sobre suas circunstâncias reais – tudo aponta para o luciferiano".[137]

O impulso luciferiano continuado torna-se o que Steiner chama (e sempre em um sentido depreciativo) de "misticismo". Uma característica disso é que é possível que permaneçamos como somos, enquanto em uma situação ilusória como se fôssemos iguais a Deus parece se tornar tudo – a assimilação atinge seu clímax em uma absorção solipsista na qual necessariamente todo o sentido do eu desaparece.

O outro impulso, o da "acomodação", engloba nossa abertura à transformação. Mais uma vez é uma atividade crucial para o conhecimento, ou seja, para a nossa adaptação do não-familiar ou do novo. É claro que o Arimã é necessário ao conhecimento, para nos manter em contato com experiência não-assimilada. Ainda assim, o Arimã também pode exceder

---

136. Steiner, *Die Such nack der neuen Isis, der göttlichen Sophia* (Dornach, 1980) p. 31.
137. *Three Streams in Human Evolution* (London, 1965) pp. 16-17.

seu papel legítimo como um elemento em uma relação equilibrada entre conhecedor e conhecido. O desafio do outro, como vimos, chega a nós por meio da consciência de um outro ponto de vista, de uma outra construção imposta em fatos ou percepções. O conhecimento é interpessoal e está ligado à socialização, à maturidade e à aceitação por meio do amor. Entretanto, as pressões do Arimã podem desestabilizar o equilíbrio sutil do conhecimento, todas levam-nos facilmente ao sentido de ser exposto ao incômodo, ao não-assimilável. Em tais movimentos, enfrentamos uma realidade estranha que se impõe sobre nós; na verdade, ela atua diretamente "dentro de nós", apesar de não poder ser entendida. Psicologicamente, tais experiências são o que Freud denominou "traumáticas". Visto que somos incapazes de assimilá-las, ou talvez precisemos de várias sessões de terapia para chegarmos a um acordo com elas (assimilá-las), elas também são uma ruptura com o mundo da realidade social, levando a um comportamento perturbado. As teorias antiquadas do conhecimento considerando-o como uma marca passiva frente às "idéias" externas que são impressas na mente, já são os sintomas de uma perspectiva distorcida, exageradamente Arimã. De forma clara, o ser humano descrito pela teoria empirista clássica, referindo-se a Locke, aquele que está aberto a impressões como a tela em branco, seria realmente uma pessoa traumatizada, ausente de defesas psíquicas capazes de manter o auto-equilíbrio.[138] Tais experiências realmente predizem o predomínio do Arimã: o excesso de distensão do equilíbrio psíquico e o colapso das certezas supostas socialmente, deixando o indivíduo exposto e "ferido". Steiner evoca a ressonância mais ampla da experiência humana enquanto aponta especificamente para a tendência do conhecimento moderno focado na intervenção manipulativa e externa, que nos empurra constantemente para essa área do desequilíbrio. Nossos recursos psíquicos estão constantemente tensionados a fim de alcançar um degrau unilateral da acomodação, deixando-nos alienados e socialmente perturbados.

Já mencionamos que, para Steiner, o conhecimento tem, na verdade, um aspecto de violação ou trauma. Em termos evolutivos, nosso organismo em um nível cognitivo, assim como em um nível biológico, poderia manter um êxtase confortável, satisfeito com o que assimilou. Tal auto-absorção feliz é violada pela necessidade de responder às coisas externas. É claro que em sua auto-absorção (luciferiana) isso não é realmente auto-suficiente, mas na verdade, atrofiaria — ou seria vítima das mudanças em seu ambiente, no qual ele precisava ter estado ciente! O conhecimento é fundamentalmente uma característica; portanto, podemos dizer que o equilíbrio em um ser vivo seria aquele ser que não está alheio ao seu ambiente, mas

---

138. Cf. as observações de Merleau-Ponty, *Phenomenology of Perception* (London e Henley, 1962) pp. 22-32.

está aberto a um grau de traumatização (Arimã) – não está realmente ferido, mas "virtualmente" na consciência – da qual pode recuperar-se por meio do crescimento cognitivo. A assimilação e a acomodação, aspectos gêmeos do conhecimento, são, então, revelados como elementos em um processo unificado de crescimento, o eu em desenvolvimento. Elas são a mesma "polarização" da experiência a qual nos referimos anteriormente nesse estudo sobre o pensamento de Steiner que conduz ao seu esclarecimento na forma do conhecimento e na nossa habilidade de nos inserirmos, como conhecedores, na continuação do mundo.

Portanto, Steiner está longe de desejar que evitemos tanto o luciferianismo como o Arimã, o que seria um fracasso para o crescimento como um todo. A pior coisa é:

> "ficar oscilando entre pessoas que não querem nem um e nem outro, que não estimam corretamente o luciferianismo nem o Arimã, mas que evitam ambos... Mas a verdade é que Lúcifer e Arimã são escalas de um equilíbrio e é isso que devemos assimilar para irradiar em equilíbrio.
> E como podemos nos treinar para fazer isso? Ao introduzir o que toma forma de Arimã dentro de nós com um elemento luciferiano. Não há nada mais Arimã que o conhecimento do homem no mundo material; todavia, se isso puder nos satisfazer com um entusiasmo ardente e interessante – então, por meio do nosso interesse, que é em si luciferiano, poderemos arrancar do Arimã o que é seu...
> Novamente, o que brota na natureza mais profunda do homem hoje é o lado luciferiano muito forte. Como podemos nos treinar nessa direção? Ao mergulhar na nossa natureza Arimã, que é, ao... *nos observarmos da mesma foram que observamos o mundo exterior.*"[139]

O encontro e a troca recíproca de idéias que o filósofo da sociologia, que citamos anteriormente, propôs de forma ansiosa entre os defensores de Descartes e de Durkheim – ou seja, entre aqueles para quem o eu é um beco sem saída, um subproduto de estruturas e formas sociais – é, portanto, um assunto urgente para Steiner se não quisermos ser destruídos pelas forças que impulsionam o conhecimento moderno.

As condições para tal encontro são fornecidas pela estrutura de seu pensamento, apesar de ainda ser uma tarefa assombrosa. Isso significaria resistir às forças poderosas da polarização de Lúcifer-Arimã, à passagem

---

139. Steiner, *The Influences of Lucifer and Ahriman. Man's Responsibility for the Earth* (Vancouver, 1976) p. 28. Steiner enfatiza que ao "se tornar mais subjetivo onde o mundo externo está preocupado" ele não quer dizer "criar imagens fantasiosas", mas "criar interesse, atenção e devoção para as coisas da vida real" (loc. cit.).

típica entre extremos e à exigência de uma abertura em ambos os lados. Na análise da consciência, por exemplo, seria exigido o reconhecimento de que a aceitação do "nada" da idealização da consciência não precisa simplesmente nos levar além das forças inconscientes obrigatórias. Considerar esse aspecto dessa forma não é "descobrir" que a natureza humana é assim mesmo, mas é projetar as forças contrárias (luciferianas, arimãs) enquanto exclui da imagem a atividade que transpõe seus extremos. Não podemos dizer que esse fato esteja necessariamente incorreto: pode ser a verdade de um estágio particular em nosso desenvolvimento, correspondendo à experiência comum no mundo real. Mas, no modelo de Steiner, o fato revela uma situação cheia de possibilidades dinâmicas, não um destino que paira sobre a idéia do eu. Liberar essas possibilidades significaria conter rápido essa "atitude espiritual" que, na verdade, gera as polarizações, os extremos contrários, ou seja, a habilidade humana de crescer por meio da transformação, da assimilação e também da acomodação. Nossas formas tradicionais de pensamento são, então, orientadas a entender a imobilidade ou os produtos do pensamento que resistem ao elemento crucial do processo que ainda propõe uma mudança conceitual considerável. Isso exige que nos tornemos cientes do "elemento não-observado" do nosso próprio pensamento. Mas o resultado poderia ser o caminho do entendimento do conhecimento como uma mudança criativa entre os indivíduos e a sociedade, negando nem a necessidade por valores coletivos, nem a liberdade para encontrar o significado da vida de uma pessoa.

Eu disse que Steiner usa um caminho mitológico de discurso – e pode parecer que eu tenho feito o mesmo ao falar de "forças", etc. fundamentando nossos estados de conhecimento. Por outro lado, pode sugerir que temos revertido as causas "metafísicas" invocadas sem justificação por nossos pensamentos. A concepção de um equilíbrio entre Lúcifer e Arimã deveria ser vista, entretanto, como motivada pela necessidade da desconstrução da parafernália dialetal da metafísica idealista.

Ao descrever cada um como uma posição de superioridade de uma atividade unificada, que é interrompida tanto quando absorvemos algo com sucesso em nosso conjunto de pressuposições como também quando temos de mudar para acomodar uma nova perspectiva, Steiner leva à sensação ilusória de que poderíamos considerá-la um critério para uma realidade mais elevada, e um degrau da escada para ascender a uma verdade superior. O fato de que não podemos considerar algo pelo significado das estruturas cognitivas que temos desenvolvido até agora não aponta para uma "coisa em si" que está além do nosso conhecimento; tudo que encontraremos além do nosso conhecimento é a negação a Arimã, que é o nosso fracasso (pelo menos para o presente) ao nos adaptarmos. A força da realidade que encontramos não é algo misteriosamente "além" do nosso conhecimento, mas ela é revelada precisamente no modo como a nossa organização evoluiu em resposta à necessidade de acomodá-la. Em vez de cruzar uma fronteira "metafísica", voltamos para nós mesmos: há, na verdade, uma realidade além do "nada" da nossa imaginação consciente do mundo, mas o poder ao trabalhar nisso é que nos formou como uma parte do mundo que conhecemos. É lá, no contexto evolucionário, que Rudolf Steiner coloca a realidade de "Lúcifer" e "Arimã".

Por outro lado, um filósofo como Hegel pode ser visto para entender de forma brilhante o paradoxo de que a assimilação completa passa pelo nada, visto que essencialmente isso forma o ponto de partida para sua dialética do ser/não ser na *Lógica*. Quando ele toma isso como um ponto de partida real para o processo do mundo, o que incomoda é que o idealismo não fará nada além de reconhecer "a atividade espiritual", visto que ela contém idéias para ser uma realidade primária e irredutível: Hegel preferiria atribuir a instabilidade e a incompletude do mundo da idéia a um tipo de estranha vida magnética de idéias, possibilitando um fantástico drama da dedução quase lógica que acaba concluindo o pensador! Para ele, a totalidade luciferiana implicada no conceito da Existência ignora, de alguma forma, o nada e começa a dialética; Hegel até pode chamar a Idéia ou a Lógica dialetal de "Deus em sua natureza eterna". A concepção é desenvolvida com uma consistência levemente insana, mas brilhante. Todo o processo "perspicaz" tem como meta "que a mente existiria": mas é claro que o que isso realmente quer dizer é que, quando nos voltamos para olhar o que está acontecendo, é no exato momento que a atividade livre do pensador entra na imagem que o sistema hegeliano chega a um fim.[140]

Steiner foi capaz de integrar sua visão do conhecimento a uma imagem mais ampla da evolução, não tentando vê-la metafisicamente como Hegel, como um processo do conhecimento escrito sem limites na natureza. Foi bem o contrário. Em um nível mais simples, as "forças" envolvidas no processo cognitivo não são misteriosas de jeito algum – elas são nosso organismo vivo e em crescimento, e, especificamente, o que acontece com os nossos processos de crescimento na cabeça, que ainda está se desenvolvendo organicamente até o momento da segunda dentição.[141] Steiner elabora uma visão fenomenológica do desenvolvimento humano.

---

140. Ao ignorar o fato de que isso foi baseado em uma perspectiva particular (oculta), o sistema naturalmente chama uma "mudança" para a perspectiva oposta que Karl Marx pontualmente forneceu: transformando o mundo da idéia em uma simples "ideologia", a atividade material do objeto agora se torna a única realidade. É claro que isso não faz nada para resolver, mas apenas desloca o problema inerente na questão fundamental da orientação. Cd. "The Eternal in Hegelian Logic and its Antitype in Marxism", publicado como Palestra IX em Steiner, *Spiritual Science as a Foundation for Social Forms* (London e New York, 1986).
141. Também devemos esperar descobrir novos aspectos inesperados para o mundo objetivo à medida que mudamos nossa relação com ele. Veja *Karma of Materialism* p. 43.

Até essa época, a cabeça está claramente envolvida em uma maturação abrangente da forma corpórea, dominando nos primeiros estágios os membros ainda frágeis. Se isso fosse simplesmente para continuar, Steiner observa, as características especiais da orientação humana e da interação com o meio ambiente não se manifestariam. Isso levaria particularmente a uma adaptação do animal. Entretanto, a cabeça não se desenvolve em um "membro" animal:

> "Ela vai além da forma que o mundo animal tem se desenvolvido. O homem passou pelo mundo animal, como se fosse, em relação a isso, seu sistema de cabeça – indo além da organização animal para uma organização humana real que, na verdade, é demonstrada mais claramente na formação da cabeça.[142]

Em vez de se desenvolver em formas animais, permitindo o processo de adaptação para criar a forma orgânica até o ponto da completa integração, ocupando um nicho evolutivo distinto, os seres humanos carregam a cabeça de tal forma que seu papel especial "passivo" dificilmente pode emergir em um contato com o meio ambiente como um todo. O efeito do transporte humano da cabeça pelos membros eretos serve para "dissolver" as tendências animais de desenvolvimento. A atividade da cabeça está suspensa, como observado na formação orgânica, mas permanece crucial para a adaptabilidade flexível dos seres humanos. O pensamento surge porque o desenvolvimento orgânico basicamente é concluído com a segunda dentição: e se quisermos ser específicos, são essas as "forças" empregadas na atividade cognitiva, levando-nos além da evolução animal da mandíbula como um meio de interação com o ambiente. Em vez da adaptabilidade, nós aprendemos, pensamos:

> "Os pensamentos do ser humano são, na verdade, uma combinação supersensível para o que não surge como expressão no mundo do sentido. Essa metamorfose contínua além do animal, que flui da cabeça, não é expressa nos sentidos, mas atua na supersensibilidade do homem como o processo do pensamento".

Não é que a cabeça seja um tipo de computador, exibindo uma atividade especial; pelo contrário, os fatos do desenvolvimento humano mostram que sua própria atividade não-contrária é uma tendência à animalidade, e apenas pode ser "evitado no supersensível"[143] em conexão com a forma humana dos membros e tronco.

---
142. *Foundations of Human Experience* pp. 183-184.
143. *Foundations of Human Experience* p. 185. Steiner tem certeza de que é a atividade do pensamento, baseada na relação especial traçada, que produz a elaboração do sistema nervoso e não o contrário: "Os materialistas mantêm que o cérebro pensa... mas isso é tão

Em vez de adaptar-se fisicamente, os seres humanos mudam-se internamente ou, em outras palavras, eles têm conhecimentos. E na ligação com essa retenção da adaptabilidade flexível no nível cognitivo, o comportamento, bem como o todo, é naturalmente influenciado de modo definitivo.

Dessa perspectiva, também podemos entender o significado de "Lúcifer e Arimã", visto que eles são os momentos em que se rompe a suspensão delicada entre o envolvimento e o desapego, no caso especial do crescimento que chamamos de conhecimento. Então, em ambos, o desenvolvimento flexível torna-se estável, em vez de permanecer como uma atividade espiritual. Nós temos estabilidade seja pela manifestação como uma completude ilusória (luciferiana), ou como a invasão do estranho para o qual a assimilação não pode prolongar-se (arimã); o crescimento é retardado. Portanto, o conhecimento pode tornar-se um complexo de idéias alcançadas, que constroem e retêm estruturas, bem como mantêm-se abertas ao novo. "luciferiano" e "arimã" podem ser pensamentos, em um sentido mais amplo, como aspectos de toda a evolução, e é assim que eles aparecem nas pesquisas cosmológicas de Steiner em seus últimos trabalhos antroposóficos.

Eles são parte do próprio processo de transformação, isto é, do desenvolvimento e do crescimento da vida – mais exatamente, eles podem ser vistos como seus limites determinados, apontando onde eles se rompem em um caso por causa de sua unilateralidade, onde se tornam muito elásticos ou, em outro caso, por causa da superpressão do ambiente. Uma planta que se desenvolver além dos seus limites não será capaz de sustentar seu crescimento e uma planta que está incompatível com suas condições (geadas, solo pedregoso, etc.) também fracassa para estabelecer as condições de equilíbrio de um organismo amadurecido. Em ambos os casos, há um retardamento. Entretanto, é possível haver crescimento entre esses dois extremos. No domínio do conhecimento, suas tendências atuam para sugerir que tudo isso pode ser assimilado com referência ao passado, ou são inúteis frente à incerteza e à ameaça do futuro. A filosofia de Steiner brilhantemente permite que nos concentremos em uma atividade evolutiva na qual esses casos são limitados e para relacioná-los à realidade humana da vida atual. E, como veremos, é com essa completude da visão que a perspectiva moral das nossas relações cognitivas também é restaurada.[144]

Portanto, ignoraríamos mais uma vez, se fôssemos perseguir essas visões, da filosofia para a "antroposofia". Ao se distanciar dos modelos estáticos do conhecimento em sua visão filosófica do conhecimento humano,

---

falso quanto afirmar que o centro da fala formou-se sozinho, apesar de ter adquirido sua estrutura por meio dos seres humanos que aprenderam a falar. E, portanto, o centro da fala é o produto da fala. Da mesma forma, toda atividade cerebral, mesmo atualmente, é o resultado do pensamento e não o contrário. O cérebro foi modelado plasticamente por meio do pensamento". Steiner, *Mysteries of the East*. p. 73.
144. Steiner, *Die Suche nach der neuen Isis* (loc. cit).

Steiner mostrou a possibilidade de integrar a epistemologia com os nossos conceitos do desenvolvimento evolutivo e restaurar a completude do mundo do homem. O conhecimento para Steiner é a nossa forma particular de viver com o mundo, e na atividade que se equilibra entre luciferiano e Arimã descobrimos dentro de nós mesmos, não uma especial adaptação, mas a adaptabilidade em sua forma espiritual, distinguindo-nos dos animais que são o resultado de adaptações específicas do ambiente – de forma que a atividade espiritual é absorvida por eles e usada como desenvolvimento orgânico. Nos seres humanos, a própria evolução torna-se consciente como pensamento.

* * *

É claro que nos encontramos aqui fechados para o núcleo do programa filosófico de Steiner. O tipo de atividade que ele descreve na raiz da relação cognitiva passa pelo contexto biológico e evolutivo da existência humana de modo que confirme seu significado e seu rumo ecológico. A autodescoberta humana por meio da liberdade para resistir ao reducionismo desumanizador do arimã, e/ou, por outro lado, às ilusões luciferianas auto-insufladas, dá ao conhecimento um significado essencialmente moral por sua própria natureza. Para os seres humanos, a evolução tornou-se a forma livre de seu papel na natureza por meio do pensamento. E, ainda que isso possa ser inevitável, essa filosofia de Steiner parece andar em sua corda-bamba mais estreita. Por fim, a questão é se tais implicações morais são realmente fortes o suficiente para preencher as exigências que Steiner faz. Afinal de contas, por que não devemos escolher, se desejarmos, uma existência mais confortável e permitir que sejamos formados simplesmente pelas forças que atuam sobre nós, voltando atrás da extremidade vertiginosa da autoconsciência e adaptando-nos onde for possível? Steiner certamente mostrou-nos a possibilidade do gesto moral a ser feito – mas haverá força suficiente nele para nos dizer que devemos fazer isso? Por que precisamos entender nossa liberdade e confrontar todos os problemas existentes que devemos então enfrentar? O árduo processo para atingir a naturalização da ética que Steiner seguiu em Nietzsche talvez tenha seu preço. Em *A Filosofia da Liberdade*, Steiner responde dizendo que tais atos estão realmente ocorrendo. Espíritos livres realmente surgem entre as confusões de leis, restrições e entre ídolos que limitam a visão dos outros.[145] O mesmo é dito sobre essas idéias em expressões aforísticas posteriores em *Leading-Thoughts*:

"A liberdade, enquanto fato, está diretamente determinada a todo ser humano... Ninguém pode dizer 'A liberdade não existe' sem

---

145. Steiner, *Philosophy of Freedom* p. 140.

negar uma verdade clara – mesmo que encontremos uma certa contradição entre esse fato da nossa experiência e o processo do mundo".[146]

Mas então quanto maior for o estresse sobre a liberdade do homem enquanto fato, enquanto algo que simplesmente está acontecendo, menor será a possibilidade de suportar o peso do significado moral necessário para motivar a nossa transformação interior. A liberdade perderia seu significado se ela fosse simplesmente dada a nós como o resultado das forças que atuam no mundo. Então, Steiner precisa, da mesma forma, enfatizar sua contradição para a simples veracidade do mundo. Entretanto, se subestimarmos a realidade da liberdade, sua filosofia estará para a carga de que o "espírito livre" é simplesmente um ideal que não existe em lugar algum ou, como ele diz, uma quimera – e, portanto, não pode desempenhar o papel do realismo moral que ele projetou. Há um momento em que o verdadeiro potencial da liberdade como algo que está acontecendo, como um fato inegável, sobrepõe-se suficientemente com a natureza da exigência moral e ela nos pede que demos um passo existencial para o desconhecido completando todos os critérios de uma só vez?

Deste lugar em que estamos, é provável que não – e, portanto, o arrojado edifício do pensamento de Steiner que une o conhecimento e a liberdade ficará em farrapos, se não acabar desabando.[147] O jovem Steiner certamente mostra sinais de mal-estar com essa união. Mas por já ter ido muito longe, ele não desiste. Por fim, o que Steiner nos oferece é uma resposta mais brilhante, mais assustadora e mais difícil de avaliar: ou seja, nós encontraremos as respostas apenas quando tomarmos a iniciativa. Essa é a incerteza existencial ao nos comprometermos com o ainda desconhecido, que assegura a estatura moral de nosso feito e realmente assegura que somos livres, e não uma imitação do passado, porque o eu moral que nos faz agir não é uma "coisa", mas é encontrado no fato de que podemos ir além do que éramos. Suponho que seja isso que Steiner expresse de maneira superficial, na passagem de *A Filosofia da Liberdade*, quando ele continua caracterizando o espírito livre como um ideal, mas "um ideal que é real em nós e que está seguindo seu caminho até a superfície". Então, uma vez que tenhamos dado o passo, veríamos o quanto isso seria uma negação do nosso próprio ser e das exigências da nossa situação na evolução do mundo, não ter agido como agíamos. Do outro lado da porta, ficará moralmente claro e realmente inevitável que devemos cruzar a porta. Mais tarde, em *Leading-Thoughts*, Steiner voltou ao seu momento crucial de transição:

---

146. Steiner, *Anthroposophical Leading-Thoughts* p. 80 (n. 110).
147. Ou o equilíbrio em uma linha fina exigisse tal delicadeza de julgamento que isso poderia atuar, talvez, em algum mundo de Henry James onde discriminações lentas e infinitamente delicadas são a norma. Seria isso que Steiner tinha em mente? A urgência de tudo que ele escreveu e disse sugere outra coisa.

"Na idealização, a humanidade vive não na existência, mas na existência imaginada – no mundo da não-existência –, com a consciência da alma. Então, a humanidade é liberta da vida e das experiências com o cosmo. As imagens não compelem, apenas o ser tem poder para compelir. E se a humanidade não se dirige segundo as imagens, isso ocorre independentemente delas; é na liberdade do cosmo".

E então, à medida que ele se volta para atravessar o "abismo da não-existência" dirigindo-se à realidade, ele se refere, de forma que possa inicialmente parecer estranho, à imagem do anjo Miguel. Primeiro, façamos com que não haja mal-entendidos. Steiner não está dizendo que podemos obter toda a ajuda em nosso salto existencial para a liberdade. Nem está se referindo a um tipo de fé religiosa que substitui a natureza inadequada do nosso pensamento. Miguel é o anjo do apocalipse, um gênero visionário de um tipo bem definido no qual um indivíduo olha para o futuro e dirige-se para sua comunidade. Geralmente, é prevista uma solução final das batalhas atuais, e a visão apocalíptica pode muito bem ser mais uma situação do passado que fatos do futuro. Um anjo, geralmente Miguel, interpreta a visão – mas ele fala apenas para aquelas figuras solitárias que, por meio de algum destino especial (como o exílio de Patmo, etc.), recebem a visão. Então, Steiner pode usar essa mitologia, como ele tem usado outras, dando a ela um claro significado "antroposófico" no momento em que se conecta com o passado. Isso não quer dizer que tudo esteja determinado antecipadamente: na verdade, ele fala da consciência "tornando-se apocalíptica" e olhando para o futuro, exatamente quando a evolução cultural atinge o ponto do movimento além da recriação das formas do passado.[148] Isso significa que, quando nos elevamos para o momento crítico da liberdade, o mundo espiritual vem nos encontrar – do outro lado da porta, continuando com a minha analogia anterior. Talvez, filosoficamente, essa seja uma forma de dizer que o momento da liberdade é a finalização de tudo que fomos capazes de nos tornar em nosso desenvolvimento, mas que apenas tem seu valor quando estamos preparados para desistir de tudo em nome do nosso avanço para o futuro. Apenas, então, os valores referentes ao que somos tornam-se claros. Apenas, então, podemos, como Steiner destaca, "saltar o abismo da não-existência", que é a descoberta do nosso eu espiritual.[149]

---

148. Steiner, *Egyptian Myths and Mysteries* (New York, 1971): "Apenas se a humanidade olhar para a frente, a vida se tornará espiritual novamente... a consciência deve se tornar apocalíptica" (p. 25). A figura de Miguel que luta com o dragão satânico do materialismo foi para Steiner, por muito tempo, o símbolo do caminho espiritual da consciência moderna. Veja "Michael Letter" – As cartas de Miguel –, que está em *Leading-Thoughts*; também em Steiner, *The Mission of the Archangel Michael* (New York, 1961).
149. Steiner, *Leading-Thoughts* p. 185 (n. 162, 164).

O Paradoxo do Eu

Em princípio, Steiner foi longe demais em direção à realização da exigência de Westphal para uma visão integrada do conhecimento – uma visão que não atinge um esclarecimento prematuro ao juntar outros aspectos em uma confusão do "subjetivo". Em vez de tentar congelar as idéias em suas "objetividades", Steiner enfatiza seus significados evolutivos. Eles são o caminho pelo qual construímos nossa relação com o nosso ambiente, inserindo-nos na duração do mundo. Visto que a evolução vegetal e animal estão fundamentalmente "trancadas" em um nicho no equilíbrio da natureza, o conhecimento é um crescimento que está além da simples resposta ao estímulo: em vez de ser uma adaptação real, é uma mudança "virtual" no nível da consciência, do nada; e como tal leva-nos à liberdade para transformar a situação de forma ativa, em vez de ser mudada pelo exterior; podemos desvelar esse tipo especial de mudança construtiva e dirigida que constrói a nossa identidade única, o nosso eu.

Com sua visão muito integrada, Steiner também pode nos levar a resolver alguns enigmas sobre a evolução do conhecimento que ainda confundia, por exemplo, T. S. Kuhn quando ele estudou os "paradigmas" que mudam (os esquemas básicos do conhecimento) no pensamento científico. Ele entendeu que eram transformados constantemente a fim de proporcionar novos avanços. Ele entendeu também que o impulso para essa transformação não poderia ser uma crescente conformação com a realidade dada externamente. Isso pode ter acontecido, pois inicialmente os novos paradigmas são menos adequados à descrição dos fenômenos, eles existem mais para explicar que para desenvolver antigos sistemas conceituais que vieram para substituí-los – como ocorreu com o novo modelo de Copérnico do universo em comparação com as versões mais elaboradas da cosmologia de Ptolomeu.[150] Todavia, foi devido a esses fracassos de convencimento que e a nova abordagem tornou-se rapidamente dominante? No modelo de Steiner, fica claro desde o início que a transformação que vem com o conhecimento é um aspecto do nosso processo de crescimento cognitivo. Segundo a perspectiva de Steiner, o que está acontecendo quando chegamos a mudanças históricas mais radicais na estruturação do conhecimento nunca é simplesmente o fato que somos seres feitos para reconhecer novas pressões externas: nós estamos testemunhando, em vez disso, um novo estágio na organização do eu. É assim que devemos aprender a entender a ciência natural – ficando longe da idéia errada comum que é definida por um tipo especial de tema, ou é um tipo específico de conhecimento sobre como as coisas são:

---

150. Kuhn, *The Structure of Scientific Revolutions* (Chicago, 1970)

"Qualquer pessoa que considerar o significado da ciência natural, seu significado humano, verá que de forma alguma ela é apenas um agrupamento de conhecimentos muito detalhados sobre a natureza. Pois as particularidades do conhecimento nunca podem nos levar à nada além da experiência do que a alma humana não é. A vida da alma não é encontrada nas conclusões feitas sobre a natureza, mas essencialmente no processo do conhecimento.

No trabalho sobre a natureza, as experiências da alma, sua própria vida e existência consciente, e o que é obtido nesse processo de vida por meio de sua atividade são algo muito maior que a informação sobre a natureza. É uma evolução do eu que é vivida na construção do nosso conhecimento científico sobre a natureza".[151]

Sabemos que isso ocorre realmente com o desenvolvimento infantil, quando as idéias da preservação da quantidade, por exemplo, não podem ser entendidas pelas crianças menores até que tenham passado pelos estágios da construção dos padrões necessários das relações do movimento e das alterações de tamanho. No processo, elas também aprenderam a se excluir do mundo que vivenciam. O impulso para desenvolver o conhecimento é o que torna consciente a nossa interação com as coisas ao nosso redor e a nossa atividade de estruturação, portanto, a elevação e a intensificação da nossa consciência sobre nós mesmos como conhecedores. O conhecimento científico não é exceção: ele é impulsionado pelo desejo de experimentar junto da intensidade crescente do poder individual para interpretar – e para manipular. Quando entendemos essa "evolução do eu" que atinge um estágio avançado de elevação no conhecimento moderno, a batalha da ciência contra as formas antigas de crenças pode ser examinada sem a necessidade de endemoniar cada uma das partes. Em *Os Enigmas da Filosofia,* Steiner mostrou como a natureza essencial do pensamento moderno é determinada por essa necessidade de construir uma visão de mundo adequada ao novo sentido da autoconsciência que estava surgindo nos séculos XVII e XVIII. Ao mesmo tempo, o fracasso em entender a experiência profunda do eu como a força impulsiva por trás dos avanços científicos e filosóficos na "evolução da consciência" levou a todo tipo de distorções – por exemplo, na falsificação da relação do conhecimento com a religião, nas falsas justificativas da ciência como algo "sem valor", como um objetivismo, etc.[152]

---

151. Steiner, *Outline of Esoteric Science* pp. 14 e ss.
152. Cf. O. Barfield, *Saving the Appearances.* Sem referência à evolução da consciência, os tipos de visões que impulsionaram a análise de Kuhn levando ao miasma do "estruturalismo sem estrutura" de Foucault: cf. o ataque devastador em Piaget, *Struturalism* (London, 1973),

A referência de Rudolf Steiner aos mitos de Lúcifer e Arimã também joga uma luz sobre as cargas especiais e as ansiedades do conhecimento moderno. Pois os mitos mostram que no passado, os seres humanos não eram capazes de suportar totalmente a carga do conhecimento na consciência. O processo da evolução do conhecimento científico significou uma elaboração crescente de seus componentes de Lúcifer e Arimã, necessários ao surgimento do sentido do eu, que são construídos por meio de uma história complexa à medida que estruturamos a experiência em transformações sucessivas. Em tempos mais antigos, tais estruturas explícitas do conhecimento apenas eram necessárias em certos domínios especiais de sabedoria e nunca questionavam conscientemente os valores, as idéias sociais dominantes e o pensamento coletivo. O indivíduo nunca carregava o peso da certeza/incerteza, de achar e fazer as ligações entre os aspectos diferentes do conhecimento como ele faz hoje. Não nos surpreende que, apesar do grande crescimento no curso de sua evolução, o eu não era, em princípio, sempre capaz de equilibrar os medos e esperanças que surgiam – que, por exemplo, deveria haver uma tendência a sentir em determinados momentos o sentido (luciferiano) do poder explanatório total e, em outras épocas, na resposta a sua simples idealização, o "nada" do conhecimento, deveria ser uma busca (arimã) desesperada da certeza de que nós nos encontramos exteriormente. Por outro lado, freqüentemente o conhecimento aparece para os cientistas como uma "realidade" muito maior que eles próprios, uma carga que nos leva quase inconscientemente às suas investigações sobre atitudes e emoções que têm sido emprestadas da religião. A imagem da humanidade em paredes de espelhos de uma consciência intensamente explícita, ainda que à mercê de forças inconscientes é, para Steiner, apenas a moldura para essas polarizações, ou para seu recuo, o eu que é apenas meio consciente de seu próprio papel na criação delas.

O confronto com as forças contrárias é uma oportunidade para descobrir o eu vivo e crescente que fundamenta nosso conhecimento. A situação assim descrita, na qual tocamos as forças inconscientes, é para Steiner nem tanto uma visão de como somos, mas uma indicação das forças que são capazes, se nos agarrarmos a elas da forma correta, de nos transformar, que é um efeito de criar na consciência (e na esfera da "liberdade") o que começamos a compreender vagamente:

> "Desde o início, o que era essencialmente humano ocultava-se atrás do 'homem' que era mostrado pelas pesquisas científicas naturais e pela vida interior da consciência cotidiana. Essa realidade essencialmente humana marca sua presença em sentimentos ofuscados,

---

pp. 128 e ss (com referência a Kuhn, p. 132). Pois todo o brilhantismo óbvio de Foucault, apenas quando ele traz suas visões com relação à história, realmente produziu alguns resultados valiosos.

na vida mais inconsciente da alma. A investigação antroposófica o constrói na consciência... Com o devido reconhecimento da ciência natural e de um misticismo que é restrito pelos limites comuns da consciência, a antroposofia força a percepção de que um novo tipo de consciência deve ser desenvolvido – surgindo da consciência comum como um despertar da consciência turva de um sonho. O processo cognitivo torna-se para a antroposofia uma ocorrência interior real que se estende além da consciência comum".[153]

Estamos próximos do centro do empreendimento filosófico de Steiner, no qual o conhecimento torna-se uma força criativa. A polarização inicial da realidade que percebemos a fim de estabelecer nossa relação com o conhecimento abre caminho para o que estamos reempregando. Ao nos tornarmos cientes do nosso papel ativo, deixamos de ser apenas o produto desses processos e compreendemos espontaneamente seu potencial para o nosso desenvolvimento. Ambos, o luciférico (idealismo) e o arimã (empirismo) acabam negando ao eu o seu papel criativo. E isso tanto dissipa seu poder em obstruções de níveis mais elevados como sente-se desprovido de apoio externo e vacila em sua força. Em vez disso, Steiner descreve uma lei equilibrada e até mesmo coreografada. O nosso conhecimento coloca-nos contra o mundo; e nossa consciência desse fato, por outro lado, restaura-nos como parte do que conhecemos. Entender o eu nesse caminho já é uma transformação da consciência – não agora, em resposta a um conhecimento dirigido para o exterior, ou a uma adaptação da realidade externa, mas para fora da nossa dinâmica interior do eu. No lugar da oposição paralisada do interior e do exterior, a alma e o corpo, nós começamos a revelar a realidade do espírito.

Steiner acreditava – e ele tinha toda a razão – que a elucidação das experiências derivadas desse desenvolvimento cognitivo mais distante poderia, em princípio, ser apenas tão científica quanto essa associação aos estágios anteriores do conhecimento e à consciência comum que está relacionada a ele. Aqui, entretanto, não podemos perseguir o conteúdo que ele perseguia para utilizá-lo para uma relação transformada com a realidade, ou para a característica espiritual do que ele acreditava que determinasse a nossa consciência. Ele escreveu muito e deu muitas palestras a partir das experiências que teve ao longo desse caminho e das conclusões cuidadosamente traçadas. E o seu argumento filosófico já chama a atenção para os assuntos levantados pela natureza do eu, que é a ação potencial de seu conhecimento mais elevado: uma vez que, é claro, em uma modalidade menos consciente, esse também é o agente de nosso total desenvolvimento

---

153. Steiner, *Philosophy and Anthroposophy* pp. 11-12.

cognitivo. O que é que construímos na consciência com a descoberta da nossa humanidade essencial ou o "eu"?

Em primeiro lugar, esse "eu" é evasivo: algo que é experimentado no processo, no crescimento, no rumo e na transformação que agora flutua na experiência consciente. O reflexo filosófico volta-se para o que David Hume tinha deixado claro há muito tempo, que é muito ilusório pensar no "eu" como uma entidade que está sempre lá, ou seja, acompanhando todas as nossas experiências e rotulando-as como "nossas". A introspecção falha em observar tal entidade oculta e o reflexo logo mostra que esse fato seria de qualquer forma redundante para qualquer visão filosófica séria. Entretanto, a epistemologia de Steiner tinha mostrado que os elementos no conhecimento são sempre parte de um todo dinâmico (metamórfico) sempre carregando mais significado do que apenas eles mesmos, sempre capazes de ser aprofundados e enriquecidos. Portanto, descobrimos o eu antes de tudo na consciência do potencial não-realizado de qualquer experiência. Se nós perguntarmos o que isso significa, Steiner o tem descrito como um tipo de "buraco"[154] psíquico ou um espaço negativo. O que quer que façamos com ele inicialmente é algo obviamente posterior a Hume ou também é uma concepção de identidade pós-moderna. O eu é essencialmente o que as coisas não são. Certamente, podemos encontrar uma imagem do nosso eu no registro das experiências passadas que nos transformaram no que somos agora, mas nossa verdadeira identidade não é definida por essas experiências; se fosse assim, não seríamos pessoas, mas armários cheios. Em vez disso, temos uma identidade contínua, uma individualidade, exatamente porque podemos continuar absorvendo mais experiências de forma unificada. Se tentarmos reconhecer com perfeição "o que somos" em determinado período, isso seria menos que a totalidade dos recursos do nosso eu. Mas, se tentarmos nos libertar das vicissitudes do que temos feito e sofrido, o eu "puro" evapora-se para o nada, para o "misticismo" da ilusão luciferiana. É um tipo de paradoxo, mas é a habilidade de continuar mudando sem perder contato com o que somos, ou o mundo que conhecemos, isso nos transforma em um eu, em uma identidade. Para Steiner, o eu é, portanto, o oposto exato de algo "adicionado" à experiência, ou um item flutuante adicional que se esconde próximo a ele. (Isso seria um retorno ao "subjetivo", como se rotulasse as coisas com um monte de significados extras "apenas para mim"). O eu é nossa habilidade de não ser determinado pelo

---

154. Steiner, *Karma of Materialism* p. 143: "O homem acredita que ele conhece seu próprio eu. Mas em que sentido ele o conhece? Imagine que tenhamos uma superfície vermelha e fazemos um buraco nela para olharmos através dele, isto é, para onde não há nada, então, estaremos olhando uma superfície vermelha e veremos um buraco como um círculo negro. Mas estamos olhando para o nada. Da mesma forma, em sua nossa interior, vemos o nosso eu da mesma forma que vemos o círculo negro com o vermelho ao redor. O que o homem acredita ser a percepção do seu 'Eu' é na verdade um buraco em sua vida da alma..."

conteúdo do que já conhecemos e somos, mas sim para continuar trabalhando com ele, transformando-o:

> "Em seu ego, o homem inclui tudo o que ele vive como um ser de corpo e alma. O corpo e a alma são semelhantes a veículos do ego, e neles o ego está agindo... Os sentimentos manifestam-se em si, como efeitos do mundo externo; o desejo relaciona-se com o mundo externo de forma que ele se realiza nas ações externas. O ego como o ser essencial do homem permanece totalmente invisível... Pois o ego recebe sua natureza e significado de seus vínculos".[155]

Então, é isso o que nos possibilita ter nossa trajetória única no mundo; de outra forma seria impossível nos distinguir das partes unidas temporariamente que constituem nossa experiência atual. O pensamento e a autoconsciência estão intimamente relacionados ao surgimento do eu, mas não nos mostram nada sobre a sua realidade. A vida, a realidade transformada é "estupidificada", como Steiner tem mostrado, em um processo pelo qual nos tornamos conscientes de seus produtos. Nós podemos entendê-la apenas como um agente da transformação. Podemos dizer que a concepção de Steiner do eu é radicalmente evolutiva.

É imaginada mais amplamente nos processos ligados à cabeça, pois a posição passiva especial da cabeça ainda tem tornado possível exibir de uma forma única a tendência que fundamenta tudo sobre a evolução, a plasticidade que, em contraste, atinge seus limites nas adaptações dos sistemas de órgãos e membros. Como diz Steiner, até a cabeça e suas atividades não passam de uma imagem do espírito trabalhando ativamente. Mas é por meio disso que somos capazes de nos tornar autoconscientes e, portanto, ao mesmo tempo, conscientes de nós mesmos como uma realização individual das possibilidades inerentes no mundo.

Tal realização não é possível para os animais, que não se orientam sozinhos da forma distintiva do homem, que foi o que possibilitou a evolução do pensamento, isto é, de uma adaptação que transcende as pressões imediatas do ambiente. É isso, e não a posse de qualquer característica especial "humana" que nos distingue dos animais. Apesar desse fato, ele manteve uma distinção radical entre o homem e o animal, bem como entre o espírito e a alma; sendo assim, Steiner não estava de forma alguma perturbado pelo corpo das investigações biológicas que tinham mostrado as semelhanças entre as formas humanas e animais. Na verdade, mostrar a relação íntima da forma humana com todo o processo evolutivo foi o ponto de partida para suas pesquisas "antrópicas" ou, preferivelmente, antroposóficas. Ainda assim, seria uma forma obscura e não-crítica de pensamento que se limitava a apontar as semelhanças entre os animais e o homem,

---

155. Steiner, *Teosophy* pp.35-37.

como faz a ciência moderna. "Não sabendo nada além disso sobre o homem, foi o motivo da busca pelas características diferenciais no animal para dizer: aqui estão as características da vida animal; e aqui nós as encontramos novamente, só que mais desenvolvidas, no homem." Goethe já tinha alertado contra a suposição de que toda diferença importante poderia ser localizada em um nível externo. E ainda assim a diferença é profunda:

> "Mesmo em um nível de orientação espacial, o ser humano deve ser mostrado como possuidor de uma relação diferente com o mundo. Entretanto, isso vem sendo cada vez mais esquecido. Na verdade, em praticamente todas as apresentações científicas sistemáticas da evolução biológica, tudo o que nós realmente conhecemos sobre os seres humanos tem sido excluído".[156]

A concepção de um poder transformador, revelando-se em nossa evolução e eventualmente naqueles efeitos da nossa evolução que possibilitam o surgimento de sua própria natureza, recentemente foi renomeado de plausibilidade filosófica na obra de Richard Swinburne.[157] Apesar disso, o que ele chama de "alma" corresponde mais ao que a terminologia de Steiner denomina de "espírito". As semelhanças são, sem dúvida, significativas. Entretanto, por mais coerente filosófico e conceitualmente que isso possa ser, nesse domínio estamos contra um corpo de suposições que tem dominado a psicologia no mínimo a partir de Freud. E apesar de Steiner poder se apoiar em Lacan e na psicologia empírica contra o transcendentalismo do conceito do eu ainda usado na fenomenologia, aqui ele se depara com as concepções dominantes da psicologia, que têm sido entendidas como cientificamente viáveis fundamentalmente porque ela tratou a identidade humana como algo determinado. Desde Freud, as condições determinantes têm sido procuradas, primeiro em impulsos básicos do comportamento humano (seja a urgência para o prazer ou para o poder), e os fatores que determinam suas manifestações em qualquer indivíduo têm sido encontrados particularmente nas experiências infantis, especificamente nos "traumas", que já mencionamos.

Entretanto, recentemente, toda abordagem da idéia da identidade humana como o "produto" de certos impulsos e eventos tinha sido seriamente

---

156. Steiner, *Origins of Natural Science* (London e New York, 1985) p. 81 (e de forma geral pp. 79-82).
157. R. Swinburne, *The Evolution of Soul* (rev. ed. Oxford, 1997). Em contraste, há a idéia de uma interação do cérebro em si em uma produção tal como Popper (Veja "Knowledge and the Mind-Body Problem" – em M.A. Notturno, *Defence of Interaction*, New York e London, 1994) que, além de referências científicas atuais, ainda parece ter saído direto da era de Leibniz. Em sua principal contribuição ao problema do corpo e alma, o "First Meditation" em *A Way of Sel-Knowledge* (New York, 1999), Steiner nega enfaticamente qualquer modelo "dualista" (veja pp. 103 e ss).

questionada – e novamente, em bases evolutivas. A idéia de que o que nós somos é a conseqüência de certas forças determinadas em nossa personalidade em conjunção com eventos determinativos anteriores tem dado um caminho para um sentido de ajustes e renovações progressivas:

> "À medida que a comprovação da pesquisa acumula... para lançar dúvidas sobre as teorias favorecidas anteriormente referentes à continuidade do desenvolvimento da personalidade e à grande importância de sua ligação com a experiência dos primeiros três anos de vida, o assunto dos efeitos dos eventos separados, principalmente traumas e estresses, também tem estado aberto a debate. Agora, parece provável que a separação das experiências da vida entre a primeira infância e a fase adulta pode agir contra ou reforçar a experiência negativa e positiva anterior e, com isso, influenciar um ajuste em formas complexas".[158]

Jerome Kagan está, certamente, ciente da enormidade da mudança no ponto de vista – e da resistência de especialistas e representantes das atitudes gerais ocidentais. Mas ele tira suas próprias conclusões: "Cada jornada evolutiva contém muitos pontos em que alguém pode se movimentar para qualquer uma das várias direções. Cada escolha modifica, de modo sutil, a probabilidade de um resultado particular.[159] Portanto, alguém não pode no final separar a influência dos fatos do nosso próprio arco evolutivo. Nossa identidade está sendo formada em todos os estágios, e não apenas na infância, pelo nosso potencial para o crescimento interior autodeterminado por meio dessas experiências – por meio de algo que Steiner descreveu como o ego ou o eu radicalmente desenvolvido, que "recebe sua natureza e significado a partir de seus vínculos".

Em seus escritos antroposóficos, Rudolf Steiner foi levado a conclusões ainda mais difíceis de serem atingidas a partir desse conceito. Sua amplitude foi realmente assustadora, mas de forma alguma inconsistente com o sentido moderno e filosoficamente complexo do eu que ele começa a explorar. Uma delas foi que os eventos e as situações da vida nas quais nos encontramos são uma parte separada da nossa identidade, mesmo que em um sentido que está diametralmente oposto a qualquer reducionismo behaviorista. E a outra foi relacionada à possibilidade de entendimento da existência humana por meio da reencarnação. A idéia anterior levou-o a

---

158. De um relatório de L.K. Cass e C.B. Thomas, citado em Jerome Kagan, *The Nature of Child* (New York, 1984, p. 101, e mais amplamente (pp. 99-111). O trabalho antroposófico com aqueles em necessidade de um "cuidado especial da alma" tem sido baseado sem dúvida na possibilidade de alcançar, por trás de traumas graves, esse espírito humano ou essa capacidade de desenvolvimento e de renovação interior. Cf. T. Weihs, *Children in Need of Special Care* (ver. ed. London, 2000).
159. Kagan, op. cit. p. 111.

desenvolver seu próprio entendimento do que ele designou, adotando caracteristicamente um termo tradicional, de *karma*. O último permitiu-o conceber um eu que poderia crescer genuinamente por meio das experiências de vida diferentes, e não foi, de modo algum, o disfarce freqüentemente assumido de uma pessoa que não muda, que se veste, como se fosse uma série de disfarces elaborados. O eu pós-moderno de Steiner pode, na verdade, permitir nosso confronto com o paradoxo de sermos personalidades diferentes em vidas diferentes. O caso para a realidade de muitas vidas, é claro, ele se baseou nas experiências espirituais que o convenceram de tal fato. Mas da forma como esse processo é concebido, é importante perceber que ele, de maneira alguma, voltou a recorrer às idéias budistas orientais. A forma para entendê-lo surgiu de sua compreensão do eu ocidental, internamente complexo e moderno.[160]

---

160. Veja Steiner, *Theosophy* – Teosofia – cap. II.

Capítulo 4

Liberdade e História

O Eu e seus Valores – A Filosofia da Liberdade

Podemos começar apontando um contraste entre o "espírito livre" de Steiner e a visão do indivíduo no "evangelho do pensamento liberal moderno" – *On Liberty,* de John Stuart Mill, o qual aborda o assunto do lado da "interferência do estado". Sua preocupação é limitar o controle do estado sobre a vida do indivíduo, deixar uma margem ampla de liberdade desde que o indivíduo não passe dos limites da liberdade do outro. Acima de tudo, a liberdade de idéias e de crenças (religiosas) é essencial. Mill não está muito preocupado com a objeção de que as idéias possam ser verdadeiras ou não. Isso não teria algo a ver com seus valores? Na verdade, ele conclui que ninguém está certo na maior parte do tempo, e essa "liberdade" é, na verdade, o melhor antídoto para a tirania exercida pelas meias-verdades. E ainda assim, a verdade é o mundo que temos em comum. Sem um sentido de verdade, não pode haver um esforço compartilhado. O indivíduo essencial de Mill é um tipo de furo na armadilha do estado; o "espírito livre" de Steiner é mais desafiador, mais perigosamente anarquista em muitas formas, e mesmo que seja paradoxal, também é capaz de se unir com os outros e compartilhar a busca pela verdade.

Mill inicia separando seu tema principal, a questão do livre arbítrio e a "doutrina erroneamente denominada de necessidade filosófica": da perspectiva de Steiner, e pode ser que isso seja tão perigoso quanto a tentativa totalitária de usurpar a busca pela liberdade do indivíduo em uma forma mais bruta por meio de uma ideologia imposta. Sua filosofia da liberdade está fundamentada na convicção de que os temas não podem ser colocados separadamente, mas que todos os assuntos devem ser examinados juntos: essa é a verdade que irá nos libertar.

Além disso, vimos que a visão de Rudolf Steiner sobre o conhecimento significa que ele não precisa se desesperar para encontrar a verdade, mesmo que aceite que ela pode ser buscada apenas nas perspectivas mutáveis da realidade que pertence aos indivíduos. Portanto, ele não precisa voltar-se para o sentido único das soluções simplesmente pragmáticas daqueles que como Mill imporiam sobre nós ações "morais" (ou limitações a nossas ações), as quais não podem ser sentidas interiormente, mas são determinadas pelo exterior – as ações que pelos padrões de Steiner carecem de uma intencionalidade real e moral. Da mesma perspectiva, veremos que ele não precisa perder seu tempo procurando alguma dedução "formal" kantiana dos princípios morais eternos que surgem além da experiência. Steiner admite essas éticas como uma ciência normativa – uma ciência que diz às pessoas o que fazer – que está morta e, por muitos motivos, esse liberalismo que Mill toma como ponto de partida: a falta de uma base compartilhada nos valores de toda a comunidade. Mas sua resposta é muito diferente. Em vez de buscar qualquer tipo de fatores obrigatórios que surgiriam para resgatar a situação e "fariam" nossas ações ou intenções morais, Steiner é notável pela forma completa que ele busca, em vez de derivar valores humanos da perspectiva humana, da liberdade humana em si como ele caracterizou em termos de consciência e clareza de conhecimento. A maioria dos filósofos gostaria de se certificar, em primeiro lugar, de quais são os nossos imperativos morais e depois perguntar se somos livres para desenvolvê-los. Steiner assume uma visão diferente.

Ele os relata na essência para a relação livre com o mundo que é o que aprendemos a chamar de conhecimento, e a configuração interior de forças que fazem dele parte de nosso desenvolvimento (consciente: incluindo a possibilidade do erro, do desequilíbrio, a unilateralidade luciferiana ou de arimã).

Instável, para não dizer arriscado, à medida que muitos moralistas encontrariam essa base para nossos julgamentos de valor, Steiner assegurou a seus ouvintes, em seu famoso curso sobre espiritualidade e ética, que com isso, caso seja compreendido apropriadamente, eles teriam uma base adequada para uma filosofia ética. Explicando o que ele queria dizer com tendências interiores luciferianas ou de arimã, ele disse:

> "Nisso, vocês têm tudo de que precisam a fim de compreender o livre-arbítrio e o significado da razão e da sabedoria na atitude humana. Se isso fosse adequado ao homem para que ele observasse os princípios morais eternos, ele apenas precisaria assimilar esses princípios morais básicos e então poderia aplicá-los no percurso de toda a vida, mas podemos dizer que a vida nunca é assim. A liber-

dade na vida consiste no fato de o homem sempre ser capaz de errar ao seguir uma direção ou outra. Mas dessa forma surge o mal. Para que serve o mal? É ele que surge quando as pessoas se perdem no mundo, ou quando o mundo perde as pessoas. A bondade consiste em evitar os dois extremos".[161]

Dessa forma, para Steiner, a bondade, ou a moralidade, não passa de uma perspectiva humana que equilibra precariamente o ponto de vista de alguém e o domínio sobre o fluxo da experiência com a acomodação por meio de uma mudança interior. Isso fica claro neste sentido e não como uma afirmação metafísica sobre a "essência", que Steiner pode dizer que a natureza humana em seu sentido mais profundo é boa.[162] Ele fala isso em um sentido antiquado como o de Shaftesbury, que a natureza humana é favorecida por certas qualidades intrínsecas tais como a benevolência, a lealdade, etc. Nós existimos para sermos guiados pelo que já compreendemos sobre o conhecimento e sobre o conhecedor. A presença do conhecedor favorece uma situação com significado moral, visto que o conhecimento consiste nesse delicado equilíbrio entre a assimilação e a acomodação, os impulsos luciferianos e de arimã, permitindo a nossa identidade em mudança. Logo, não somos formados pela nossa situação, mas somos nós que a formamos.

Então, a consciência do papel moral de alguém vista simplesmente como uma presença humana dentro do cenário é o começo, para Steiner, de uma consciência dessa dimensão da atividade espiritual, o equilíbrio ativo das tendências interiores, nas quais participamos como seres livres. Portanto, é assim que introduzimos o "nada" na situação que é o potencial para uma interpretação diferente, ou para a liberdade em seu interior. E então, está em nós o poder para mudar o significado das coisas, seja por meio de ação externa ou simplesmente por meio de uma compreensão mais profunda de que podemos ser uma cura, ter aquele poder moral dentro de uma situação que faz a realidade do que assume um lugar profundamente diferente. Tomar parte dessa "imagem de ser" da consciência, ou da liberdade que não é determinada pelo passado, é ir além do que nós somos – e trazer para a situação algo que vai além de um simples fato, como o resultado de eventos passados. É cruzar o "nada" existencial que confronta o conhecedor de sua própria atividade e que realiza um ato que faz coisas novas.

O que é assustador aqui talvez seja precisamente que na visão da moral de Steiner não há princípios determinados, mesmo se quiséssemos (se formos sábios) aprender a partir do passado. Na verdade, uma vez que estejamos libertos do sentimento das idéias do passado de como devemos nos comportar, mesmo que elas tenham poder para nos impor, realmente

---

161. Steiner, *The Spiritual Foundation of Morality* p. 57.
162. *Spiritual Foundation* pp. 49-50.

seremos capazes de aprender com elas de uma forma boa e ilimitada. Mas não seremos capazes de voltar atrás na autoridade delas, pelo menos se quisermos seguir o caminho de Steiner. É claro que *podemos* fazer isso – e Steiner nos ameaça com o nada (como veremos) além de que devemos viver com o que nos tornamos durante o processo. Mas a consciência moral é sempre uma intuição, ou uma percepção espiritual, de significado único no curso do qual também somos desafiados e transformados. Isso vai além do simples conhecimento de ter cruzado o "nada" do desapego puro, da consciência, e nos inserimos ativamente, mais uma vez, no mundo interpretado, como parte da realidade específica que contemplamos concreta e especificamente, por meio do que Steiner chama de "imaginação moral".[163]

Tudo isso atua bem rapidamente. É possível escolher ficar com muitas outras sutilezas do tratamento de Steiner, tais como a clara distinção entre a "força de impulso" por trás de uma ação, de uma idéia ou de um "motivo", que promove tantas discussões inúteis dos moralistas. Mas o que quero apresentar aqui é a ligação com o centro humano que já descobrimos na epistemologia de Steiner, pois uma ação moral pode ser revelada como o próprio processo pelo qual atualizamos o nosso "eu mais elevado" e único por meio do divisor existencial. Ao relacionar a ética tão diretamente a uma visão alcançada de nós mesmos, Steiner muda a ênfase de alguns dos temas tradicionais, tais como a "luta moral". Ele cataloga alguns outros que ainda podemos achar familiares:

> "Nós temos a luta social, a luta pela paz, a luta pela emancipação da mulher, a luta por terras e territórios, etc.; para todo lado que olhamos, encontramos lutas. Entretanto, a abordagem espiritual-científica é colocar uma obra positiva em toda essa luta. Qualquer pessoa que se ligar a uma compreensão espiritual do mundo saberá que essa luta não alcança resultados reais em nenhuma esfera da vida".[164]

Podemos lutar contra os outros ou contra nós mesmos, mas essas coisas não são substitutas para a tarefa real de unir as pessoas. A concepção de Steiner da vida moral não pode ser atingida unilateralmente, mas apenas por meio da percepção de um potencial mais profundo do mundo e das pessoas ao nosso redor e, ao mesmo tempo, por meio de um ato correspondente a um crescimento interior que é como percebemos que o eu mais elevado existe. Quando atingimos tal passo na descoberta moral, fica claro na filosofia de Steiner que nenhuma "lei de prudência" sintetiza a experiência do passado, e nenhum recurso externo à nossa própria "atividade espiritual" pode determinar o que encontraremos.

---

163. Veja Steiner, *Philosophy of Freedom* pp. 162 e ss.
164. Steiner, *Zur Geschichte und aus den Inhalten der erkenntniskultischen Abteilung der Esoterischen Schule* (Dornach, 1987) p. 124.

Tal visão de significado moral claramente não aponta na direção de princípios morais inalterados, mas para algo muito mais desafiador, os valores históricos mutáveis, fundamentados apenas na experiência da liberdade e na evolução humana – na consciência humana em mutação. Em nossa sociedade, que muda tão rapidamente, a teoria ética tem fracassado gravemente com referência às pessoas e às suas necessidades de agir em situações morais percebidas recentemente. E, apesar disso, não achamos com muita freqüência que essas "regras" do passado não são mais adequadas. Em vez disso, a ética tem se tornado analítica e em desenvolvimento.[165] Não é de se admirar que ela tenha tão pouco poder sobre os fatos. Rudolf Steiner é um dos poucos a assumir uma liderança radical.

Portanto, é possível apontar para um outro aspecto básico da ética de Steiner em sua abertura para a história. Indo além do que Nietzsche previu, o tipo de consciência moral de Steiner torna-se importante acima de tudo porque (talvez pela primeira vez na filosofia moral) ela vê como crucial em nossa tomada de decisão moral, não que possamos pôr em prática um padrão moral determinado para nós, seja pela sociedade ou por Deus, mas que podemos sobreviver com nossa humanidade intacta – pelo sim ou pelo não, na verdade, nos sujeitamos às pressões desumanizadoras das forças em seu interior com as quais temos de tomar nossas decisões. Aqui, mais uma vez, enfrentamos a realidade urgente da situação cultural pós-moderna, na qual a consciência moral da realidade parece sempre estar determinada apenas pelos assuntos que Steiner colocou tão enfaticamente na vanguarda do pensamento ético: a relação da nossa consciência e a nossa carga de conhecimento com uma necessidade moral visível imediatamente, não prontamente assimiláveis a padrões, indispõem-se contra a ameaça da desumanização nas pressões do mundo que conhecemos, a menos que tenhamos força para trazê-la para um tipo de autodescoberta, a conquista interior do equilíbrio, segundo ele argumentou.

Talvez possamos determinar dois pontos mais amplos aqui no início, que podem mais tarde servir como sinalizadores do significado da abordagem de Steiner. A própria ética de Steiner surge em uma junção no pensamento no qual a dimensão histórica na verdade moral precisava ser conhecida e compreendida totalmente. Nietzsche foi simplesmente aquele que identificou essa crise. Pois podemos compreender facilmente em retrospecto a situação do início do século XX, e também porque não era mais suficiente para a humanidade supor que ser "bom" significava mensurar a bondade contra

---

165. Stephan Körner observa a tendência e o atraso da ética por todo o século XX. "O movimento geral da atenção filosófica em direção à análise dos conceitos e dos sistemas conceituais teve seu efeito na filosofia moral, embora as ferramentas conceituais do pensamento moral se submeteram, em comparação com aqueles da ciência e na matemática, a poucas mudanças... [As] questões que receberam mais atenção foram aquelas da ética tradicional que eram analíticas": Kant (Harmondsworth, 1967) pp. 158-159.

qualquer critério existente: as pressões da experiência individual tinham se tornado grandes demais, abrindo caminho para muitas perspectivas alternativas, e o encontro entre culturas diferentes tinha exacerbado a incerteza resultante. As culturas européias "iluminadas", cuja influência havia se espalhado por todo o mundo, tinham agora de esclarecer sua própria autoridade moral. É claro que era possível para alguns manter suas atitudes de superioridade até o fim – mas para todos que tinham qualquer envolvimento humano nos fatos do fim do Império, os problemas da diversidade cultural e da percepção moral individual agravaram-se.

A abordagem história de Steiner oferece um caminho pelo dilema que muitas pessoas enfrentaram e continuam enfrentando como seu resultado. A percepção de que nem todos aceitam os valores herdados pode freqüentemente envolver uma perda de consciência na moralidade de forma geral, visto que ela pode ser muito valorizada em uma cultura, ou em uma parte da sociedade, mas pode ser vista com desdém ou desprezo em outra, ou porque a própria ética da sociedade agora parece reprimir e contradizer as necessidades pessoais de auto-realização. A idéia de uma ética comum fundamentada na lealdade à percepção moral verdadeira tornou-se, por fim, difícil de manter – para não dizer sem sentido. Voltando a Mill, o ideal liberal de não pisar no pé de ninguém foi uma forma de avançar, mas deixou o problema da insignificância interior sem solução e gradualmente tornou-se uma ferida aberta. O movimento histórico pode se tornar destorcido na idéia fantástica luciferiana do progresso e da Utopia. Mas as Utopias inatingíveis têm seus custos interiores. Em vez disso, Steiner propõe uma ênfase *realista* definitiva e até impressionante. Ele sugere que, apesar do caminho, elas mudam em culturas e em situações diferentes, os julgamentos morais são especificamente a verdade mais profunda desse cenário histórico. A aspiração moral não deu direção por meio da fuga da nossa era imperfeita na Utopia, mas por se transformar mais completamente no que é preciso na nossa era. O que precisamos é entender a configuração interna de cada cenário e tempo, ou seja, o que a consciência humana trouxe para atuar sobre isso. Não podemos esperar que um cavaleiro medieval lute contra traidores e foras-da-lei para ter nossos valores com relação a levar os criminosos para a justiça segundo a imposição da lei européia moderna, e mostrando respeito pelas regras da prova e pressuposição da inocência, pelos direitos humanos, etc. Mas isso não significa que os padrões antigos eram simplesmente versões cruéis do nosso próprio – ou que o conceito de "justiça" tornou-se sem sentido, visto que ela não pode ser a mesma coisa em ambos os casos. (Se isso fosse verdade, nunca seria possível saber se um cavaleiro em sua armadura brilhante estava sendo realmente "bom" ou não.)

As mesmas linhas de direção que nos possibilitam ver o conhecimento em mutação, em formas de desenvolvimento, operam aqui. Para Steiner, precisamos compreender cada situação estando dentro dela, em vez de tentar importar nossos próprios padrões. De acordo com ele, como veremos, essa compreensão histórica mais profunda é essencialmente possível – e veremos como ele estava entre os pioneiros de uma compreensão mais profunda da história, explorando caminhos de logro da perspectiva do nosso próprio tempo e cultura, semelhantes àqueles que os historiadores recentes também começaram a usar a fim de atingir uma percepção mais verdadeira sobre o que as coisas significam para as pessoas em tempos passados, considerando essas pessoas e seus valores não como antecipações brutas de nós mesmos, mas como algo dentro de seus próprios direitos.[166]

Em segundo lugar, o conceito de Steiner do bem como existente nesse caminho extremamente concreto, como um componente real em nossa percepção moral, significa que ele não pode confrontar a existência do "mal" (como ele já indicou na última citação) de uma forma honesta, mas essencialmente não-histérica: não como alguns pensadores existenciais, como se ele constituísse uma confusão repugnante e um obstáculo no caminho de um mundo que deveria ser puro e perfeito, mas pelo menos depois de nosso nível humano, como um aspecto compreensível da vida com a qual lutamos. Não há nada em Steiner da idéia sobre a qual Jung, por exemplo, considerou, a de um Deus que criou um mundo e então o deteriorou, por um ato de instabilidade divina.[167] Steiner fala, principalmente nos contextos religiosos, de um "mistério do mal" – mais precisamente a fim de sugerir que o mal é menos que uma força hostil assustadora, elementar e inescrutável e mais uma dimensão da vida que em um nível mais elevado faz sentido como parte de nosso papel no mundo quando entramos nesse papel de uma forma mais perceptiva. Esse é o ponto no qual a compreensão se torna mais ativa, se torna um processo de transformação consciente de nós mesmos. É um nível mais elevado equivalente, talvez, à analogia "enigmática" que ele usa tão freqüentemente em relação ao conhecimento.[168] Sobre o "problema do mal", ele não é para Steiner um problema no mundo, mas sim em nosso entendimento. O mal é a pressão desumanizadora dos fatos não-assimiláveis. Doloroso como é, para resolvê-lo, devemos mudar e nos tornar novamente nós mesmos.

---

166. Adiante, pp. 158,159.
167. C.G. Jung, *Answer to Job* (London, Melbourne e Henley, 1984) p. 108 e em outros trechos.
168. Cf. Steiner, *Evil* (London, 1997). Steiner dá à narração o exemplo da "ferida" da forte luz solar que se desenvolve na sensibilidade à luz do olho. Os sentidos são uma cura de uma invasão do mundo exterior que aceitamos na forma transformada como a beleza e o prazer da sensação. "A verdade como ela é que os olhos conduzem a nós a beleza do mundo da cor, eles poderiam, apesar disso, apenas estar envolvidos no ferimento causado pelo calor do sol nos lugares particularmente sensíveis à luz. Nada no caminho da alegria, da felicidade, da bem-aventurança surgiu não ser por meio da dor. Recusar a dor e a negação é recusar a beleza, a grandeza e a bondade": Steiner, *Karma of Materialism* p. 55 (também pp. 54 e ss).

Então, até agora, o pensamento moral de Steiner distancia-se da idéia de nos avaliar com referência a qualquer tipo de padrão fixado, que se supõe ser sempre e em qualquer lugar o mesmo, e faz com que nos concentremos em vez disso, na habilidade dos indivíduos de redefinirem o significado da situação na qual se encontram: por meio da consciência e por meio de atos transformativos (históricos). A situação torna-se moral por meio do potencial do presente da pessoa específica, para quem sua "lei mais elevada" entra em operação.[169]

Considerando tudo isso, é claro que Steiner estava se colocando contra o que podemos denominar uma tendência dominante na filosofia ocidental, que ele viu que tinha fracassado totalmente ao dar o rumo para o tipo de visão moral que ele valorizava ou até mesmo compreendia. Os grandes filósofos que influenciaram profundamente nosso universo moral tinham se colocado notadamente contra isso. Pois quando pensadores como Kant ou Hume tentam responsabilizar nosso conhecimento do que é certo, a tendência imediata é extrapolar e generalizar a situação, de forma a inverter sua característica suscetível do cálculo racional. Kant, por exemplo, argumentou que podemos saber se algo é moralmente correto caso possamos desejar que todos façam a mesma coisa nas mesmas circunstâncias. A justiça moral de algo se torna essencialmente um tipo de generalização do que podemos fazer. Mas com essa abordagem, eles estão removendo o elemento-chave da resposta individual, a aspiração complexa de encontrar o próprio equilíbrio espiritual, ou o equilíbrio interior, enquanto, ao mesmo tempo, caminha para a situação. E o resultado é que o "dever" e o "ser", o mundo perceptível e a ordem moral do mundo, desintegram-se em suas filosofias à medida que eles nunca funcionam na vida humana real.[170] Há uma bifurcação típica de Lúcifer e de Arimã, o ideal e o real polarizados e conduzidos para um sentido do eu como se ele estivesse preso a uma armadilha na contradição entre eles. Steiner busca, em vez disso, libertar a contradição para o movimento – para a história.

A História e a Moralidade

Certamente, Steiner estava ciente de que sua abordagem seria vista como não-convencional porque ela não buscava fundamentar a moralidade em princípios razoáveis, mas em vez disso, no que é claramente uma extensão das idéias históricas de Nietzsche. Foi a visão de Nietzsche sobre a historicamente explicada "genealogia da moral" que deu a ele um ponto de partida, do qual ele procedeu para aplicar sua própria abordagem caracte-

---

169. Uma expressão de Goethe.
170. Veja a bela demonstração do método de Steiner em seu *Man – Hieroglyph of the Universe* pp. 11-23.

rística. Ele estava ciente de que esse realismo moral seria visto como incomum. "Eu já tenho observado", ele comentou, "que o que temos a dizer sobre o assunto referente a uma ética antroposófica será baseado em fatos – e, por esse motivo, poucos fatos serão trazidos nos quais o trabalho dos impulsos morais seja mostrado de forma predominante."[171] Para Steiner, a filosofia moral precisava progredir examinando indivíduos de moral real como Francisco de Assis, ou os códigos de valores que pertenciam a civilizações especiais. Em *A Genealogia da Moral*, Nietzsche tinha usado um método semelhante para o efeito crítico devastador. Ele procurou desembaraçar o pensamento moral moderno de suas confusões ao apontar, por exemplo, que o conceito de "bem *vs*. mal" é bem diferente do que ele via como a idéia de "bem *vs*. mal mais moderna, covarde e um misto de temor e culpa".

A primeira, ele diz, é "nobre" – sua implicação de identificar-se com o bem e de menosprezar o comportamento "mau" está arraigada na generosidade e na coragem. Uma atitude passiva, por outro lado, na qual o bem é assombrado pelo medo do que é apresentado como "mal" tem criado uma moralidade servil que se recusa a assumir riscos, que persegue aqueles que a temem por não compreendê-la, e se parabeniza em sua própria justiça quando, na verdade, isso é a sua tímida recusa para sair da prisão que ela construiu para si mesma. O que tal atitude detesta acima de tudo é a moralidade "nobre", que é negligente do eu, que procura arriscar-se e é desdenhosa de tudo que é insignificante que se coloca em seu caminho. Nietzsche certamente expôs uma fissura nas atitudes conflitantes que estavam ocultas por trás da hipocrisia da sociedade no fim do século XIX. O que ele oferece em troca é um tipo de honestidade cruel e "bárbara", e certamente foi muito mais profundo que os determinadores da moral. Ele administrou efetivamente para mudar toda a base do discurso moral que tinha sido desenvolvido no Iluminismo. Na verdade, foi ainda mais longe, visto que com referência aos valores morais históricos nesse caminho, em vez de procurar relacioná-los aos princípios eternos, racionalmente comprovados, ele, mais uma vez, os revelou como simplesmente uma parte do "demasiado humano", a contingência das mudanças sociais e históricas que produzem ora um tipo de sociedade, ora outro. No fim, sua preferência pessoal por uma ou outra tem uma importância mínima se comparada a esse desaparecimento das bases metafísicas, deixando a moralidade balançando à beira do abismo relativista, para não dizer correndo o risco de ser abolida. O homem, para Nietzsche, está "além do bem e do mal", e a moralidade como um sistema torna-se tanto algo que causa medo, que assusta o próprio homem, quanto, como ele afirma para si mesmo, a expressão da própria natureza abundante que transborda e não precisa de nenhuma justificativa mais elevada.

---

171. *Spiritual Foundation of Morality* p. 30.

A abordagem histórica de Steiner assume o controle em que a abordagem nietzschiana, com sua redução violenta, deixa de lado. Em primeiro lugar, Steiner não sai para tomar partido; e, apesar de isso poder ser errado, vê-lo como uma volta ao relativismo de Nietzsche, por interpretar seu tom mais gentil como uma busca para restaurar o equilíbrio, por exemplo, sobre a visão da depreciativa moralidade cristã de Nietzsche. Ao escolher os exemplos que ele escolhe – não apenas uma ética espiritual elevada como São Francisco, ou o devocionismo da Índia, mas também a violência "nobre" de Nietzsche da Europa primitiva – Steiner, na verdade, está longe de obstruir diretamente o desafio nietzschiano. Ele não se volta contra a análise histórica de Nietzsche, mas busca descobrir o que está na raiz dela. E em vez de um pêndulo oscilando entre o controle racional e o extremo oposto do niilismo, ele tem seu modelo do equilíbrio humano encontrando um equilíbrio interior. Ele tenta ver o que estava desenvolvendo, humanamente, por meio do surgimento de cada ética. Em vez de rejeitar a admirada crueldade "nobre" de Nietzsche de uma espiritualidade "cristã", Steiner procura entrar no modo histórico do ser que levou isso à existência. É, na verdade, esse ideal valoroso, por exemplo, que nos deu o próprio conceito da "virtude", descendendo da antiga "energia do homem" por meio da idéia renascentista de *virtù* – o poder criativo da mente nobre ou superior.

Steiner começa nessa marca histórica, observando que "é pouco útil na compreensão dos diferentes povos da terra se começarmos simplesmente por aplicar nossos próprios padrões morais":

"As concepções modernas agora consideram igualmente essas proezas da guerra, que surgiram da antiga 'virtude', para ser uma relíquia do passado. Na verdade, elas são avaliadas como vícios. Mas o povo da Europa antiga usou-as de uma forma cavalheiresca, magnânima. As ações generosas eram características dos povos da Europa antiga – assim como as ações que brotavam da devoção eram características dos povos da Índia antiga...

Agora, colocando de lado todas as objeções que possam ter surgido do ponto de vista da "idéia da moralidade" – vamos considerá-la pelo efeito moral real. Não é necessário refletir muito para perceber que... o mundo ganhou infinitamente com o que apenas poderia ser obtido por meio da existência de um povo como os indianos antigos, entre o qual todos os sentimentos eram dirigidos para a devoção àquele mais elevado. Também ganhou-se muito com as proezas corajosas dos povos europeus dos tempos pré-cristãos...

Portanto, podemos afirmar, sem muita comoção, que algo que pode produzir tal efeito moral para a humanidade é algo bom. Sem dúvida, em ambas as correntes da civilização isso deve ser assim. Mas se perguntarmos, 'O que é a bondade?', estamos novamente frente a um enigma. O que é 'a bondade' que tem estado ativa em ambos os casos?"[172]

Nós buscamos, em vão, por um princípio comum racional que era o "bem" exemplificado em ambos. A idéia moral convencional de prescrever o que deve ser válido para toda a humanidade imediatamente surge contra seus limites em face dos fatos históricos do desenvolvimento moral. E uma moralidade que é impotente em face dos fatos não é, pelo menos para Steiner, uma moralidade.

Mais uma vez, Steiner entra em uma situação de relativismo ameaçador com uma frieza que é um contraste notável ao brilhante tom de Nietzsche. E, por trás disso, está um entendimento mais profundo do impasse filosófico. Para Steiner, fica claro que, na verdade, isso era o medo e a ansiedade avultante da consciência histórica que tinham ocorrido nas racionalizações do Iluminismo, levando a um contra-movimento defensivo para combater as incertezas crescentes. Como lidamos com o fato de que outras pessoas, ou até mais especificamente, outras culturas têm avaliações morais diferentes sobre os fatos? A menos que tenhamos força e certeza em nosso próprio julgamento moral, nós nos sentiremos enfraquecidos e atacados pela consciência dos outros, pelas perspectivas morais "contraditórias". E assim começa a busca por princípios absolutos que possam forçar os outros a compartilhar do nosso ponto de vista.

Estudos recentes têm realmente enfatizado a característica defensiva do Iluminismo do século XVIII.[173] A necessidade de chegar a um acordo por meio da razão foi forçada pelo crescimento das incertezas, interiores e exteriores, do homem europeu. Há uma certa desesperança na busca pela moralidade que resolverá todos os problemas em todos os lugares.[174] Na pesquisa mais equilibrada de Steiner, os argumentos nietzchianos são dados apenas de forma ampla. Uma verdadeira "história natural da moralidade" começa a tomar forma.

Porém, a objeção ainda surgirá em muitas mentes; devem haver algumas coisas que não são simplesmente corretas para esta ou aquela situação histórica, ou condicionalmente, a fim de atingir isso ou aquilo, mas que são sempre corretas e boas, em todo lugar? Não é que devamos fazer tais coisas quando queremos atingir uma meta em particular: elas são coisas que simplesmente devem ou deveriam ser feitas.

---

172. *Spiritual Foundation of Morality* pp.14, 18-19.
173. Veja outros comentários na Conclusão.
174. A moralidade torna-se metafísica quando os filósofos tentam provar que ela "deve" ser válida acima de qualquer situação que encontremos. Veja Anexo 2 para outros dados sobre a resposta de Steiner sobre a versão de Kant a respeito da discussão em particular.

Certamente, muito da tinta filosófica tem sido derramada na tentativa de provar que algumas exigências são absolutas, como os mandamentos de um Deus que fala dentro de nós. E, da mesma forma, argumenta-se que devem haver coisas que não estão erradas nessa ou naquela situação – mas que são erradas em si – são do mal? A perfeição moral que poderíamos atribuir ao bem e a qualquer princípio nos daria o status do que Kant chamou de "imperativos categóricos", como se fossem expressos por algum poder mais elevado.

Filósofos influentes modernos como R. M. Hare continuaram sustentando que todas as afirmações morais (isto é, as proposições empregadas ao fazer as avaliações morais) devem, por fim, transmitir os deveres. Ele acredita que sem tal implicação a moralidade deve ruir, transformando-se em uma simples afirmação de preferência ou de um sentimento vazio.[175] Entretanto, Steiner considera que os valores morais podem sobreviver à sua naturalização no contexto pós-nietzschiano. Ele não apóia a idéia de ver as pressões morais como uma erupção qualquer, exterior ao contexto histórico, com força imperativa. Há, na verdade, um paralelo bem próximo aqui ao processo que nos faz questionar a suposição cognitiva que mencionamos anteriormente, a idéia de que nossa forma de ver a realidade é que é "natural".

Ficar ciente dessas coisas é a chave para o caminho no qual os assuntos morais surgem e são resolvidos. Apoiar o ponto de vista de Steiner de que o significado moral provê de uma consciência humana específica em vez dos ditados de um imperativo que podem ser extraídos de muitas áreas da experiência moderna: o progresso em assuntos como a redução do consumo de cigarros tem mostrado que apesar das regras e regulamentações surtirem pouco efeito, ou em muitos casos deslizes ou zombaria aberta, a verdadeira mudança no comportamento tem surgido em proporção à difusão da consciência. Ou, em assuntos que têm relação com a preservação do ambiente, uma das maiores "revoluções morais" tem surgido nos últimos anos e tem sido efetiva em quase a totalidade da difusão do conhecimento popular e conseqüentemente a consciência do perigo ao nosso planeta. A demora dos legisladores tem, pelo menos, servido para mostrar de uma forma mais clara como a consciência de uma situação se aprofunda em uma força moral, capaz de produzir atitudes alteradas em muitas pessoas.

---

175. Hare, *Freedom and Reason* (Oxford, 1963); e cf. a mais recente reafirmação da mesma abordagem em seu *Moral Thinking* (Oxford, 1981); ainda mais "inspirado por Kant" é a tentativa de fornecer um argumento transcendental para o julgamento moral na obra, por exemplo, de C. Illies, *The Grounds of Ethical Judgement* (Oxford, 2003). Mais pertinente ao tipo de abordagem adotada aqui, por outro lado, e eloqüentemente expressiva na necessidade de mudar de uma redução tradicional de tudo que não é fato para o "subjetivo", pode ser as observações de Hilary Putnam, *The Collapse of the Fact/Value Dichotomy* (Harvard e London, 2002).

É possível dizer que essa consciência foi moralizada precisamente por meio do sentido da singularidade histórica da situação, ou seja, a diferença crucial do que a nossa presença, como conhecedores, poderia trazer.

Na ética convencional, a idéia de regras gerais tem enfraquecido o sentido da proximidade moral que uma crise como essa do meio ambiente restaurou poderosamente. Pode ser argumentado que por meio da influência de Kant, em particular, quando ele negou que podemos ter qualquer consciência moral específica (ou "instituições" éticas), enfrentando a historicidade foi, então, um dano inicial, e a filosofia iluminista gerou um tipo de sentido sombrio que não conseguiu estabelecer que uma moral absoluta deve significar que nada pode ter qualquer valor moral. Sua profecia foi auto-realizada. O esforço iluminista para estabelecer que devemos agir em caminhos que são obrigatoriamente racionais – e, portanto, obrigatórios para todos – na verdade, apenas levou à alienação sempre crescente dos nossos valores morais a partir das situações reais nas quais nós nos encontramos. Portanto, esse fracasso conduz diretamente ao abandono da certeza moral interior para o relativismo como o de Mill. No mundo resultante disso, os códigos morais não mantiveram seu poder e ficaram abstratos e desligados do mundo que conhecemos.

A alternativa de Steiner é ver o julgamento moral como um tipo de "conhecimento mais elevado". Para entender o que isso significa, talvez precisaremos de uma retrospectiva momentânea. Muitas coisas agora estão começando a se unir na filosofia de Steiner. A relação entre conhecimento e liberdade que ele explorou em *A Filosofia da Liberdade* forma a base de sua abordagem para o fortalecimento da consciência que precisamos para um envolvimento moral com o mundo e, especialmente, para obstruir os assuntos específicos da crise que enfrentamos agora. Pois o conhecimento, em uma compreensão mais filosófica, confronta-nos com a nossa liberdade. Nossa consciência crescente sendo separada, e o nada abrem o potencial para a mudança e a transformação em qualquer situação que fizermos parte, e que não precisa mais ser simplesmente determinada pelo passado. O estabelecimento da relação, do equilíbrio interior pelo qual atingimos esse papel livre já se tornou, portanto, na filosofia de Steiner, algo pelo qual sustentamos a responsabilidade moral.[176] Portanto, temos visto que o conhecimento, ao contrário do mito escapista de tantos cientistas e outros nos tempos modernos, nunca está livre de valor. Agir conscientemente, ou seja, além do conhecimento, faz com que nos tornemos cientes da nossa "atividade espiritual"; a liberdade é o nome para esse momento multifacetado de "reversão" quando conhecemos o nosso papel de reinterpretação, ou de participação, uma vez que conhecer também é formar nossa identidade emergente e a linha da vida de nossa história. Nós

---

176. Cf., pp. 76 e ss, e veja o Anexo 1.

determinamos quais terão significados para nós. Da mesma forma, também estamos entendendo o significado moral do nosso mundo, visto que como seres autoconscientes, nos inserimos nele como agentes ativos.[177]

Agora, também estamos em posição para entender o que Steiner quer dizer com certas expressões. O "fortalecimento" da consciência que Steiner sempre fala a fim de tornar ciente do nosso papel espiritual (que alguns podem achar um pouco misterioso) pode agora ser definido mais precisamente: ele é a força interior necessária para sustentar a singularidade histórica da nossa consciência moral e para assumir a responsabilidade por ela sem tentar nos justificar com o passado, ou sem disfarçar uma posição do passado como algo "imperativo" da metafísica racional. Também é possível dizer que é a força existencial que precisamos caso não abdiquemos da responsabilidade moral pelo que conhecemos, e também para completar a dimensão moral do nosso próprio desenvolvimento. Isso é ético uma vez que ao sermos nós mesmos, sempre envolvemos os outros. Para a visão de Steiner, o desenvolvimento do nosso ego está totalmente interligado com o ego dos outros, cujo ponto de vista conhecemos.

Para propósitos mais amplos a fim de integrar sua visão da consciência moral em uma visão da humanidade interagindo entre as pessoas e com um mundo em mutação, tudo depende de saber se Steiner é capaz de derivar o significado moral das relações reais nas quais as pessoas se encontram, e pelo qual elas são capazes de crescer espiritualmente.

Podemos usar alguns exemplos dos assuntos modernos, nos quais muitas pessoas hoje são tentadas a se abrigar sob um guarda-chuva de afirmações moralistas gerais. Muitas feministas, por exemplo, sentem-se insultadas porque as mulheres em outros tempos não podiam fazer todas as coisas que os homens faziam na sociedade. Isso está errado? Certamente, é uma tentativa de pensar que sim. Mas na verdade, tudo depende da compreensão das perspectivas. Tudo depende do entendimento dos processos de desenvolvimento que estavam ocorrendo. Quando lemos Milton pela primeira vez, somos contra muitas das suposições de sua época sobre a diferença em "níveis" entre o homem e a mulher, o que ofende o sentimento moderno, mas à medida que aprendemos mais sobre suas idéias, descobrimos em seus famosos textos sobre o casamento (e o divórcio) que ele foi muito além do que a grande maioria em seu tempo para tornar as relações humanas entre os sexos completas e multilaterais, permitindo livremente

---

177. Isso é similar à abordagem brilhante de Macmurray, *The Self as Agent*. É importante, entretanto, que Steiner comece com a consciência, e não como agente. Nós somos mais do que fazemos – é isso que Steiner quer dizer com enfatizar a perspectiva moral do poder do eu. Somos um agente na situação, por meio do nosso pensamento, em vez de um produto dele, graças à nossa consciência, que se estende além da situação como tal. Mais discussões em artigos publicados como *The Royal Institute of Philosophy Lectures*. Vol 1. *The Human Agent* (London e New York, 1962).

que a mulher possa ser mais inteligente, por exemplo, e possa contribuir em todas as áreas da relação. Se apenas assumirmos um padrão (por exemplo, o nosso), perderemos o fato de que na verdade, ele é um importante pioneiro da modernidade.[178] De qualquer forma, ele tem muitas visões sobre as mulheres que seriam muito contrariadas em nossa situação atual. Podemos apenas fazer um julgamento moral sensível quando vemos a direção espiritual na qual ele estava se dirigindo. É claro que ainda podemos manter nossa escala absoluta e simplesmente colocar Milton em um degrau mais elevado guiando-nos para a nossa visão iluminista: isso seria o equivalente à idéia do progresso no conhecimento em direção de "o que sabemos agora". Mas Steiner, como vimos, percebeu que precisamos compreender a estrutura interna diferente da consciência em períodos anteriores. Em nenhum lugar isso é mais necessário que no julgamento dos assuntos morais.

Vamos usar um caso um pouco mais complexo. Para muitas mulheres, Aphra Behn é uma das precursoras da liberação que elas desejam alcançar. No século XVII, ela teve uma carreira ousada como dramaturga e escritora e, sem dúvida, tinha orgulho, entre outras coisas, de avançar na causa do seu sexo. Mas quando olhamos mais profundamente, ela não se encontrava em uma posição simplista no sentido de forjar um caminho para as mulheres falarem por elas mesmas, que é o que Virginia Woolf, mais tarde, queria que acreditássemos. Certamente ela foi muito corajosa, iniciando um futuro para as mulheres escritoras. Mas ao ampliar os limites do que a mulher poderia fazer naquela época, ela se encontrou em um dilema; pois, para ela, parecia que ao entrar no mundo masculino, em vez de conquistá-lo para as mulheres, ela corria o grande perigo de vender sua identidade como mulher. Ela escreveu com propriedade e com visão sobre as mulheres exploradas, tais como sua prostituta Angellica; apesar de ao caracterizar a sua própria carreira, ela imagina se não está se promovendo para agradar aos homens, sob a rubrica de Angellica.[179] Na verdade, então, não é possível dar às pessoas uma boa visão (tal como igualdade com o outro sexo). Nem precisa levar em consideração as circunstâncias externas que Milton, por exemplo, defendia tão duramente quanto possível – mas, interiormente, isso roubaria a identidade das pessoas, ao falhar em julgar corretamente até onde sua dinâmica de identidade (segundo o que foi explicado) pode ser expandida. Isso apenas seria de valor moral para Aphra Behn para que encontrasse a voz da escritora como uma mulher, em outras palavras, se fosse possível fazer isso sendo ela mesma. Pois, então, ela

---

178. Isso apenas seria possível para pôr fim na diferença "em nível" muito mais tarde, quando a biologia mostrou que o homem e a mulher eram versões da mesma forma humana, em vez de "criações" diferentes: seria muito injusto esperar que Milton fosse capaz de usar esse avanço científico no século XVII.
179. Veja sua peça, *The Rover* e em particular sua nota de defensiva "Postscript", incluído em Behn, Oroonoko, *The Rover and Other Works*. ed. Janet Todd (Harmondsworth, 1922) p. 248.

experimentaria a liberdade moral. Quando Steiner resumiu sua visão sobre o "problema das mulheres" dizendo que isso não poderia ser respondido, e que devia ser deixado para as próprias mulheres, ele não estava empregando um truque de mágica intelectual; estava se dirigindo para o âmago da questão.[180]

A Percepção Moral

Tais experiências, nas quais o resumo das perspectivas morais concentrou-se para fracassar as reais necessidades de mudanças, não são mais desconhecidas hoje. Fica aberta a questão sobre a forma como a pressão exercida por grupos específicos, tais como as feministas, trouxe um sentido real de liberação para a mulher. Houve alguns sucessos notáveis e algumas mudanças sociais verdadeiras que liberaram todos para o desenvolvimento de novos caminhos. Entretanto, em outros pontos, apesar de as mulheres terem se apropriado de muitos papéis e domínios tradicionalmente masculinos, fracassaram ao trazer novas atitudes e novos valores. As pessoas sentem-se encurraladas, assim como se sentiam antes. Uma das poucas filosofias morais de Rudolf Steiner para combater seriamente essa relação entre o valor moral de nossos atos e a forma como atingimos a integridade mais profunda, aquela que podemos descrever como o nosso "eu mais elevado", ou espiritual. Para fazer isso, precisamos explorar os recursos mais profundos que, para Steiner, pertencem tanto ao eu em seu desenvolvimento profundo e não reconhecido, como também fazem parte do pensamento contemporâneo que nega o eu. O pensamento moral convencional pavimentou o caminho para tal negação quando substituiu, para a conquista moral real, a motivação abstrata e a responsabilidade que sozinhas supunham-se que tivessem uma carga ética.

Exprimir o eu é um desafio enorme, é claro. E, como já vimos, é como agir livremente, ou seja, sem a visão da consciência. Por fim, é uma forma mais profunda dessa habilidade que já está presente em todo o conhecimento verdadeiro e na característica paradoxal da individualidade real: a força para permitir o outro no coração da nossa própria existência. "Um homem bom é aquele que é capaz de entrar com sua própria alma", como explica Steiner:

> "na alma do outro. No sentido mais explícito, toda a moralidade verdadeira depende dessa habilidade de entrar com a própria alma na alma de uma outra pessoa... sem o que nenhuma ordem social verdadeira entre as pessoas sobre a terra pode ser mantida".[181]

---

180. *Philosophy of Freedom* pp. 204-5.
181. Steiner, "Truth, Beauty, Goodness" em *Art in the Light of Mystery Wisdom* (London, 1970) p. 106.

Podemos ser corajosos o suficiente para fazer isso, entretanto, isso só será possível se soubermos que, pelo nada, deixando para trás tudo que construiu nossa existência no passado, teremos os recursos internos e a confiança para nos dar ao outro e não nos perder, mas nos renovar interiormente:

> "A experiência da bondade realmente nos une ao mundo que falamos que está sempre lá apenas se pudermos alcançá-lo com as nossas mãos – e chegaríamos dentro dele! Mas enquanto estiver na terra, o homem estará separado desse mundo no qual entrará novamente quando passar pelo portal da morte. Na terra, a experiência da bondade nos aponta em direção a esse mundo e é um elo verdadeiro para a humanidade. Quando alguém vive com um verdadeiro espírito de bondade, seus feitos sobre a terra produzem forças que resistirão além do portal da morte".[182]

A experiência da ordem moral é, portanto, espiritual, ou seja, da realidade eterna; a partir disso, Steiner observa de forma semelhante que "é a característica do mundo do espírito que está lá para nós, só quando entendemos a inquietação, mesmo se apenas em uma pequena extensão, para nos tornarmos diferentes daquilo que éramos antes". É nessa forma, na verdade, que agimos moralmente em vez de egoisticamente e, ao fazer isso, "quando agimos no mundo físico, rebaixamos o espiritual para esse mundo".[183] Nesse processo de encarnação, estamos construindo nossa identidade.

Paradoxalmente, a essência da nossa ligação com o eterno é o que nos dá a força interior para passar pela mudança. Se supusermos que consistimos apenas do que acontece conosco, nosso conjunto físico e a soma do nosso passado, deveríamos recuar do nada existencial, ou enfrentá-lo com o sentido de condenação à liberdade de Sartre. Mas podemos arriscar deixando-o para trás com a confiança de que podemos nos encontrar mais uma vez se nos elevarmos para a consciência do "bem" como Steiner apresenta – enquanto um poder verdadeiro. E isso nos permite mais ainda assumir a responsabilidade pelo que acontece, como uma consequência aberta, além dos nossos atos, continuando além de nossa própria situação e talvez até mesmo além de nossa vida. Portanto, já estamos trabalhando na terra para criar o futuro espiritual, não em um sentido abstrato – mas por meio do encontro da força moral para expressar nossa existência na história.

Uma das consequências mais impressionantes do pensamento de Steiner ao longo dessas linhas é que os feitos e eventos reais e históricos

---

182. Steiner, "Truth, Beauty, Goodness", p. 108.
183. Steiner, *Spiritual Beings in the Heavenly Bodies* (Vancouver, 1981) p. 8. O mundo espiritual é consistentemente caracterizado por Steiner em termos da coincidência da realidade e da moralidade; veja, por exemplo *Evolution of Consciousness* p. 192.

são dados pela realidade moral. Em sua visão sobre as instituições morais específicas, que são atualizadas por meio do eu e de seu "conhecimento mais elevado", ele está perto, mais uma vez, de alguns caminhos até Max Scheler e da "concreta" controvérsia recente com relação aos valores morais. "Há um modo de percepção", escreve Scheler, "cujos objetos estão totalmente além da compreensão do intelecto... um modo de percepção, entretanto, que nos apresenta os objetos reais e uma ordem eterna entre eles – ou seja, seus valores e sua hierarquia".[184] Nós não concluímos o aspecto do valor de algo que fazemos ou vivenciamos por meio de um ato de cálculo depois do fato. Nós o percebemos diretamente pela virtude de nossa existência como um eu, que é capaz de ver mais nas coisas o que é dado externamente. Steiner denomina isso de percepção elevada de intuição, que para ele substitui a suposta dedução racional do que é certo conforme muitas teorias anteriores da ética pedia para que acreditassem que era a base dos julgamentos de valor. Para Steiner isso é uma observação direta sobre a natureza do mundo. (Isso também significa, casualmente, apesar do uso de Steiner do termo "intuição" para descrever o caminho de um conteúdo específico do surgimento da consciência moral, que ele está no extremo oposto do celebrado "intuicionismo" do moralista de Cambridge, G. E. Moore. Este último via tais coisas (bondade, lealdade, etc.) como qualidades "não-naturais" totalmente não-derivadas das especificidades das coisas como elas são: talvez o último caso do *dever* separado do *ser*.[185] Scheler, o fenomenologista que tão freqüentemente tem muito em comum com Steiner, demonstra interesse aqui naquilo que para ele, bem como para Steiner, a moralidade era um caso de uma percepção moral específica, em vez de uma aplicação de uma regra abstrata. Quanto a isso, ambos estão sendo verdadeiros com referência às características fundamentais da experiência moral: à falsidade de um ato ou à brutalidade que tem sido clara-

---

184. M.Scheler, *The Formalistic Principle in Ethics and the Non-Formal Ethic of Values*. O "formalismo" referido é a moralidade generalizada kantiana; "não-formal" traduz *materielle* que é usada, não no sentido do "materialismo", mas dos valores objetivos moralmente, específicos e concretos.
185. O termo intuição enganou outros leitores de Steiner, tais como A.V. Miller, "Rudolf Steiner e Hegel", *Anthroposophical Quarterly* 17 (1972) 4, como se isso significasse que "o pensamento puro é incapaz de penetrar a verdade absoluta", uma visão que Miller "corrige" em termos bem hegelianos (p.76) – com a leve desvantagem, entretanto, de que isso exige acreditar nas pretensões metafísicas da Razão. A intuição, é claro, não tem relação com associações comuns do "menos que totalmente consciente", que freqüentemente se junta à palavra em inglês, mas significa uma percepção moral-espiritual individual de um conteúdo específico. É interessante que alguns realmente tenham visto Hegel como a fronteira de um individualismo moral como Steiner em sua visão da "consciência consciencosa" que em *Phenomenology of Spirit* para estar no estágio mais elevado da consciência moral; em *Enciclopaedia*, entretanto, ele é substituído por Estado e pelo espírito Absoluto e seus valores: veja a interessante discussão em J. N. Findlay, Hegel. *A Re-Evaluation* (London e New York, 1958) pp. 128-129.

mente considerada algo que faz parte disso, além de ser como a força da mão que executou a trapaça ou a vulgaridade da voz que pronunciou as palavras. É bem artificial sugerir que apenas investimos tais ações com valores morais de forma indireta por meio de deduções sobre sua aplicação universal (tais como refletir que "eles são ruins porque todos fizeram acusações falsas..."). A teoria moral tem sido tão culpada nessa observação quanto as teorias absurdas da percepção que tentaram nos fazer acreditar que a cadeira em que sentamos é conhecida por nós apenas como uma matéria incerta da suposição, enquanto entidades ocultas e tramadas, tais como os dados do sentido, eram tidas como a única verdade exata. Além disso, Steiner poderia declarar, com razão, que ao particularizar as percepções morais em vez de generalizá-las, ele estava especificamente de acordo com as origens reais da ética ocidental – ou seja, na Bíblia, especificamente na elevação da consciência moral evidenciada em muitas ocasiões cruciais na história pelos profetas de Israel.[186]

Agora é verdade que filósofos mais recentes têm feito gestos em direção ao livre rompimento da idéia de que a fim de conduzir o significado moral, algo tem de ser generalizável. Philippa Foot, por exemplo, voltou-se para os argumentos filosóficos que a dominavam, nos quais os assuntos tomavam uma forma especial do problema da relação entre elementos "descritivos" e "avaliáveis" no significado do bem, e observa: "Não me ocorreu questionar o dito freqüentemente repetido de que os julgamentos morais dão motivos para as atitudes de todos os homens. Isso agora parece ser um erro..."[187] Entretanto, é interessante ver suas reservas sobre uma das tentativas mais sérias de construir uma ponte entre o "dever" e o "ser", responsabilizada

---

186. Cf. comentários do erudito bíblico J.A. Soggin, *Introduction to the Old Testament* (London, 1989) p. 312: A moralidade do Antigo Testamento é baseada, ele diz, em uma confiança no controle divino da história: "é uma questão de decisões específicas sobre a fé, sobre considerar cada caso por si... O crente não é atacado com uma norma... mas é chamado para um comprometimento ativo em uma situação particular" (dando exemplos, notadamente de Isaías). Pode realmente ser uma pena que os Dez Mandamentos sejam tão bem conhecidos no contexto do Antigo Testamento, enquanto o ambiente interno ao qual eles pertencem é tão pouco compreendido. O judaísmo antigo, na verdade, vivenciou os Mandamentos como nada além de restrições negativas tão freqüentemente retratadas, resultando em um fingimento de seu significado histórico. Para os judeus, isso parece mais um privilégio que Deus expôs para eles Suas intenções, permitindo-os compartilhar de Seus propósitos – como se fosse, em um nível banal, o que o gerente da indústria chama a força de trabalho para compartilhar o plano para o futuro da empresa, em vez de determinar apenas uma simples tarefa na linha de produção! Longe de se sentir constrangido, o orador no Salmo 119, 29-30 clama que Deus "dá-me a graça da Tua Lei. Escolhi o caminho da Tua Verdade". Enquanto outras nações pareciam ser esmurradas pela maré da história, Deus tinha compartilhado com seu povo o significado interior, a direção dos seus eventos, para que eles pudessem comprometer-se conscientemente promovendo seu desejo. Essa foi uma experiência moral em termos de Steiner – bem diferente quando a "lei" é separada de sua realidade histórica.
187. Em P. Foot (ed). *Theories of Ethics* (Oxford, 1974) pp. 9, 83 e ss.

pelo filósofo moderno John R. Searle. Essencialmente, como Steiner buscava a "ponte entre o ideal e o real"[188], ele está opondo-se à idéia total de que um "dever" é um tipo de causa (imperativa) extra que está mudando para o significado de uma afirmação, tornando-a obrigatória para todos. Ele escolhe como exemplo para considerar uma visão específica de prometer, ou estar sob a obrigação, e procurar mostrar como isso poderia conduzir às premissas "internas" para uma compreensão das forças morais envolvidas, para que uma visão do "ser" fosse ao mesmo tempo uma visão do "dever", sem ter de trazer mais nada além disso – como um imperativo transcendental ou não-natural.[189]

Apesar de admitir, em princípio, a força da provocação de Searle, a professora Foot, no entanto, opõe-se a essa análise *interna*. Mas é precisamente esse tipo de abordagem, ao que me parece, que Steiner quer assumir, e que aponta em direção a uma realidade interior moral que ele argumenta que não pode ser e não precisa ser validada por nenhum tipo de componente ético "extra", considerando-se a situação e nos diz o que fazer sobre isso. E então, em uma extensão fascinante da apresentação de Searle, Foot argumenta contra ela mesma, buscando em toda a justiça para descobrir argumentos importantes envolvidos em sua totalidade. Ela sugere que Searle poderia apelar por um apoio para as visões da filosofia lingüística pós-Wittgenstein. Os filósofos nessa linha, principalmente o acadêmico de Oxford J. L. Austin, têm usado o termo técnico "ilocutório" para caracterizar a forma que a linguagem adquire sob certas circunstâncias além das nuances da situação na qual ela é expressa. Então, por exemplo, dizer "o escrito está no muro" pode ter, em certas situações, o significado de um aviso, ou advertência, mesmo que isso seja lógico e lingüisticamente apenas uma afirmação. Foot avança na idéia de que em vez de buscar uma moral imperativa oculta nas descrições da linguagem, pode ser possível apelar para um modelo "ilocutório", mostrando como uma afirmação torna-se uma diretriz moral sem a intervenção de um componente indireto, ou então, misteriosamente "escondido", corrompendo a necessidade de um tipo de moral "especial" do significado ou do imperativo oculto.

Apesar da terminologia bem diferente, isso é muito similar (a não ser que eu esteja muito enganado) com a visão de Steiner de como nos inserimos livremente no mundo. Nós não chegamos a um imperativo abstrato, mas o significado da situação é alterado pelo novo significado complexo que uma proposição adquire por meio de nossa consciência mais ampla que dá a ela sua repercussão moral. No pensamento de Steiner, isso faz parte do caminho que o impulso luciferiano idealizado tem de ser redirecionado pela atividade da consciência humana, isto é, tornar-se uma atividade espi-

---

188. Steiner, *Philosophy of Freedom*, p. 134.
189. Searle, 'How to Derive "Ought" from "Is"', em Foot, op. cit. pp. 101-114.

ritual-moral. O impulso em direção ao nada, em direção de uma idealização que está, finalmente, separada do compromisso com o mundo que nos cerca totalmente em busca da auto-realização completa torna-se na vida moral a base da divisão entre o dever e o é. É o impulso luciferiano que projeta uma bondade absoluta e eterna – mas alguém que, como os moralistas, sempre descobrir às suas custas, falhar ao produzir qualquer ato que satisfaça totalmente. Mas na visão dos filósofos lingüistas da "força ilocutória" é possível ver um paralelo à insistência de Steiner que, em vez de ceder à projeção luciferiana como se ele pudesse nos levar a algo metafisicamente real, a consciência abstrata que conquistamos deve ser inserida no mundo mais uma vez. De fato, Steiner fala de uma "vida mais profunda" de palavras quando assim inseridas em seu contexto. Está nessa reinserção à atualidade complexa apresentada muitas vezes, em vez de nos perdermos na busca sem fim de um ideal, esse conhecimento torna-se moral, e nós nos encontramos novamente como agentes responsáveis moralmente. O conhecimento sempre se torna conhecimento moral quando nos lembramos de nosso próprio envolvimento, e que isso é, portanto, o conhecimento em circunstâncias específicas. A consciência complexa e expandida que tem sido atada como ilocutória (quando sabemos que uma proposição significa mais que seu conteúdo superficial) reflete um sentido de ambientação, enquanto o significado objetivo e específico permanece. (O paralelo também sugere que o pensamento de Steiner não precisa ter medo do uso válido das abordagens lingüístico-filosóficas. Sua relevância pode simplesmente tornar-se mais clara.) É claro, a força moral das percepções morais sutis nunca pode ser tão bem definida quanto o imperativo antiquado: mas, por outro lado, isso é realmente o que Steiner quer dizer com o fortalecimento da consciência, e por que ele caracteriza sua ética como a primeira e a principal "filosofia da educação moral".

Mesmo assim, Philippa Foot está em dúvida. Mais uma vez, entretanto, eu acho que o problema que ela percebe é aquele em que a base histórica das idéias morais de Steiner pode realmente ajudar. Sua objeção em respeito aos casos tal como o antigo código de duelo[190] mostra a necessidade da dimensão histórica de Steiner para a discussão, que sozinha nos possibilitaria entender por que tais obrigações podem ter tido um "dever" para eles no passado, mas podem não ser moralmente incumbentes sobre nós atualmente. Um dos aspectos mais importantes da filosofia moral de Steiner, na verdade, é o seu potencial para nos ajudar em um mundo progressivamente instável, como esse em que vivemos, onde as certezas morais não podem mais ser assumidas o tempo todo, nem podem ser impostas sobre a moral dos indivíduos. O que está acontecendo em tais casos certamente não sinaliza um fracasso do seu tipo de visão filosófica ao fornecer uma

---

190. Foot, op. cit. p. 9.

análise moralmente convincente, mas o surgimento da clara necessidade de reconhecimento da característica histórica da moralidade como tal, na qual os novos significados surgem, não na forma de imperativos adicionados, mas na expansão e no aprofundamento da consciência.

Símbolos Naturais e Tabus Modernos

Por trás da força do sentimento ligado a esses assuntos, podemos sentir que algo mais profundo está em jogo além do pensamento filosófico. Pois toda tentativa de racionalizar a moralidade está, é claro, profundamente relacionada a atitudes específicas (ou seja, históricas) e desenvolvimentos sociais que têm transformado a sociedade européia moderna. De um modo geral, elas são as atitudes liberais que surgiram do Iluminismo e das atitudes daqueles como Mill. Ao expor as forças motivadoras inconscientes que, todavia estimulam a tentativa de trazer uma resposta moral sob controle do poder da razão comparável/assimilável, Steiner nos possibilita não tanto para rejeitá-las, mas para entender e transcendê-las. Sua perspectiva da "evolução da consciência" é necessária mais do que nunca se estivermos enfrentando as forças que nos confrontam aqui.

É possível dizer que nada é visto como menos "iluminado" do que a própria idéia de uma carga moral intrínseca para certas ações concretas: incitando associações arcaicas de tabu, o quase ritual de poluição ou a pureza – confusões primitivas da moral e do físico, como elas são consideradas: para o retorno ao mundo gótico, não devemos abrir a porta, mesmo que seja apenas uma minúscula fresta! A importância real do desafio de Steiner sobre o pensamento moral talvez deva ser mais apreciado quando o consideramos em relação a áreas da psicologia social e até na antropologia social, visto que elas envolvem fatores complicados e símbolos que formam nossas vidas – fatores sobre os quais a filosofia moral tem, muito freqüentemente, fracassado em nos permitir pensar claramente.

Incomum talvez com respeito às suas habilidades profissionais tão extensas sobre sua própria cultura, a antropóloga Mary Douglas trouxe muitas observações profundas sobre a natureza da vida ocidental moderna. Não só seu trabalho aproximou-se do projeto histórico-cultural da autoconsciência de Steiner, mas ela tem estado muito preocupada com o empobrecimento dos valores "simbólicos" que em muitas sociedades tradicionais comunica as experiências compartilhadas. As sociedades tradicionais têm sido capazes de atos de investimento e troca com significado espiritual e moral imediato, mas o ocidente iluminado também tem produzido muito desgaste e alienação moral. Portanto, será que Steiner está nos arrastando de volta para o irracional, em um mundo investido com a aura do primitivo? Ou ele pode dar uma visão de percepção moral direta que também mostra o caminho que tomamos para a autodefinição intelectual? Se desejarmos trazer

Steiner em um argumento moral contemporâneo como fizemos em debates recentes sobre o conhecimento e sobre o eu, é melhor que seja aqui. Pois sempre que filósofos acadêmicos lutam por uma plausibilidade analítica dos princípios morais, é quando os mensuramos contra o catastrófico declínio espiritual e a perda da direção moral vivenciada por tantos nos dias de hoje que podemos estimar sua verdadeira importância. Uma antropóloga abriu a porta para questões sobre o que fornece a realidade simbólico-ética às sociedades e suas relações com a natureza, e tentou esboçar uma resposta baseada nas possibilidades metafóricas da forma humana em particular.

Mary Douglas bravamente toma como tema uma situação altamente carregada da vida social-religiosa moderna. Está muito bom para a filósofa liberal afirmar que o valor moral não está, por exemplo, na observância do jejum alimentar às sextas-feiras. Do ponto de vista liberal, Mary Douglas admite supor que há algo intrinsecamente valioso em tais práticas que é arriscar ser associada ao "pântano irlandês".[191] A filosofia liberal, na trilha da sempre crescente divisão entre "dever" e "ser" que infectou o pensamento ocidental, é insistente sobre tudo mais que a moralidade não pode compreender nesses termos, mas avaliou apenas com relação às boas intenções, a benevolência ou o arrependimento pessoal, etc., nos quais o ato é realizado. Considera-se certo que a bondade não pode ser mensurada por observâncias concretas, ou por rituais, mas apenas em termos da atitude na qual ela é realizada, os sentimentos individuais. E o filósofo pode argumentar, em teoria, que o princípio moral envolvido não pode sofrer perda concebível ao ser abstraído das observações primitivas que foram supostamente necessárias em épocas e em crenças passadas menos iluminadas. Isso pode não fazer diferença, racionalmente falando, ao princípio e pode apenas ser visto como um avanço se, em vez das observâncias fixadas, as pessoas forem encorajadas a fazer seus próprios gestos de bondade, ou realizar seus "feitos bons" escolhidos moralmente.

Mas há um problema. Apesar da teoria, as pessoas estão preparadas para desafiar as pressões sociais perigosas, e até mesmo a ameaça de morte para preservar sua lealdade às observâncias, que evocam um nível de comprometimento que freqüentemente impressiona e desconserta o observador liberal. Por outro lado, está igualmente claro na história recente que a tentativa de substituir alternativas com boas intenções muito rapidamente perde a lealdade, torna-se banal, e falha em manter o comprometimento das pessoas em tempos de dificuldade. Apesar de sua validade "comprovada" em princípio, a moralidade liberal racionalizada, na realidade, não sobrevive. Apesar de todos os esforços para provar que isso pode ser mantido, desde Kant até os dias de hoje,[192] na realidade histórica ele não funciona. Ele se

---

191. Cf. Mary Douglas, *Natural Symbols* (Harmondsworth, 1973) pp. 59-76.
192. Veja Anexo 2.

torna gradativamente vazio de conteúdo, de significado. Onde o "pântano irlandês" pode inspirar indivíduos a agirem com comprometimento e renúncia pelo bem de suas práticas, desapegando-se das especificidades de seus modos de vida sem encontrar um substituto vivo no moralismo pessoal abstrato, tal como é exigido da maioria de nós hoje em dia pela sociedade oficial. "Tão logo à ação simbólica é negado o valor em seu próprio direito, as comportas da confusão são abertas".[193]

A abordagem "antropológica" para a questão, com sua relação aos fatos, seria análoga a Steiner: como em seu pensamento moral, os assuntos abstratos precisam ser recolocados no mundo da história para descobrir o que realmente acontece – apenas lá surge o seu significado moral. Talvez não seja surpresa que ao lidar diretamente com questões de valor, a antropologia chega perto da "antroposofia" no sentido cognitivo particular de Steiner, pelo qual sua filosofia fornece um apoio conceitual. Na verdade, Mary Douglas usa a teoria social e antropológica para revelar a dinâmica humana por trás do conflitante sistema de valores, de forma que respeita as abordagens antroposóficas de Steiner. Em sua análise, ela segue a pesquisa na linguagem e educação social que aponta para a "elaboração" progressiva da fala que ocorre em crianças de alguns lares. (Apesar de ser possível questionar alguns dos detalhes, a pesquisa tem sido proveitosa e suas idéias, influentes.) Ela distingue especialmente os desenvolvimentos que ocorrem em famílias mais abastadas e "empreendedoras", porém, deixa claro que o que ela quer dizer não está apenas ligado a uma maior ambição social. Ela está falando de características que pertencem a um tipo de pensamento que surge.

Essas linguagens complexas das crianças contrastam com as das outras famílias, que tendem a usar frases "restritas" e até frases e expressões já feitas, e voltam-se para papéis estabelecidos ("meninos não brincam com bonecas", "não é assim que se faz", etc.). Em crianças de falas "elaboradas", o aumento das possibilidades das expressões lingüísticas levam, por outro lado, a um maior experimentalismo e a uma preocupação com as intenções internas ("deixe-me tentar explicar exatamente o que eu quero dizer, ou como eu vejo isso"). Em crianças de famílias sem essas preocupações, a reafirmação constante das formas aceitas socialmente para a descrição das coisas leva a um senso de ritualismo fundamentado, uma atitude apenas raramente inclinada a examinar a motivação pessoal no papel do eu.

Mary Douglas observa que a qualidade da expressão profunda parece abrir novos mundos do autodesenvolvimento, mesmo quando ele questiona as atitudes sociais e ritualísticas antigas ao oferecer um significado pessoal mais profundo para a vida. Ainda assim, o sentido do potencial

---

193. Op. cit. p. 60.

pessoal infinito transforma-se muitas vezes em algo ilusório – luciferiano, nos termos de Steiner. As formas de expressão apropriadas para o uso pessoal parecem, em princípio, oferecer possibilidades sem limites, mas são, na prática, logo atormentadas pelas incertezas e pelas contradições internas. Pois a comunicação e o social, isto é, a atividade moral depende da interpretação *compartilhada*, de "símbolos" que "são necessários até mesmo para a organização particular da experiência". Ao substituir por certezas ritualizadas a elaboração pessoal das idéias e sentimentos, ela observa, "a criança está livre de um sistema de posições rígidas, mas torna-se prisioneira de um sistema de sentimentos e de princípios abstratos... Em vez de internalizar qualquer estrutura social específica, seu interior está constantemente mesclado em uma agitação de sensibilidades éticas".[194] Nessa situação confusa, as intenções tornam-se pessoalmente significativas, mas têm menos força moral: as promessas podem ser feitas sinceramente, mas são menos prováveis de serem mantidas. Ao apreciar a consciência individual e o comprometimento ético pessoal, a cultura ocidental deu um livre reinado para esses desenvolvimentos em sua filosofia e em muitas formas culturais associadas diretamente ao Existencialismo ou além dele. Ao reintroduzir abstrações filosóficas na história e na sociedade, usando os métodos da análise "estrutural" antropológica, a abordagem de Mary Douglas, que é um esclarecimento "antroposófico", volta-se para a atividade espiritual, para as forças internas que atuam por trás dos pensamentos. E com respeito à sua investigação sobre as conseqüências "luciferianas", ela concorda com Steiner em muitas das suas avaliações. Ela conclui que a procura pela realização pessoal e pela satisfação interior é autodestrutiva, visto que os significados compartilhados não podem ser incorporados por definição, e ainda, o indivíduo apenas existe em sociedade. Portanto:

> "somos motivados durante toda a vida por desejos de um ideal, de uma harmonia impossível... Pobre da criança de um lar que deseja formas não-verbais de relação, e que apenas foi equipada com palavras e um desprezo por formas rituais. Ao rejeitar a fala ritualizada, ela rejeita sua própria faculdade de recuar para os limites entre o interior e o exterior, para incorporar em si mesma um mundo social padronizado. Ao mesmo tempo, ela frustra sua faculdade ao receber mensagens condensadas dadas indiretamente por meio de canais não-verbais".[195]

No momento, isso parece oferecer o principal, o impulso luciferiano rompe-se em autodefesa, no nada interior. A implicação é que a direção cultural e filosófica outorgada por ele é baseada na "ignorância" do significado

---

194. Op. cit. p. 48
195. Op. cit. p. 76

e do poder do ritual, e dos símbolos inconscientes. É claro que precisamos reafirmar algo além do indivíduo, para que o valor moral tenha uma força verdadeira mais uma vez sobre a sociedade.

Com isso Steiner pode contribuir. Na verdade, a análise sobrepõe visivelmente com suas idéias e metodologia. Mas ele tem uma dimensão adicional, e de uma forma mais profunda e iluminada, ele discorda da conclusão.

A dimensão adicional é uma consciência do outro pólo, ou aspecto "arimã" além do luciferiano. Pois se a ética liberal e pessoal mostra profunda ignorância do poder do ritual simbólico, Steiner dirá que também é muito ilusório supor que aquelas "comportas" do desenvolvimento pessoal possam até ser fechadas, desde que elas estivessem abertas. Qualquer tentativa de "recuo" para um mundo simbólico determinado em outros mundos é tão irreal quanto supor que a caridade fluirá inevitavelmente em categorias de fala ética pessoal bem-intencionadas. Pois todos os esforços para reafirmar e exaltar os valores conjuntos sobre o individual, como aconteceu notavelmente nos regimes totalitários do comunismo, transformam-se com as características arimãs: eles perdem a integridade moral, forçando uma obediência externa em uma promessa de renovação adiada eternamente. A tentativa, no último século, de formar sociedades sem o espírito dos indivíduos renovados, baseada apenas no coletivo, mostrou mais uma vez que isso não funciona. Agora, o ponto não é que o catolicismo, por exemplo, do suposto "pântano irlandês" não pode ensinar ao intelectualismo ocidental os poderes morais reais dominantes na sociedade, como Mary Douglas diz. Certamente, isso não é arimã em sua forma original; é exatamente o contrário, pois tem uma vida inconsciente ampla e forte. Mas é um erro imaginar que a vitalidade espiritual encontrada lá pudesse ser recapturada por algum tipo de mudança, ou fuga do despertar pessoal que estava ocorrendo. As formas que atuam inconsciente e efetivamente não podem ser impostas por meio de uma lei na vida cultural autoconsciente sem que elas próprias tornem-se vazias. No lugar do poder interior inconsciente surge a pressão social e a limitação externa e, com isso, a força moral espiritualmente real é perdida. Não há nada a fazer, além de tomar o despertar individual como um estágio à frente, em vez de um estágio atrás. E é isso que o "individualismo ético" de Steiner realmente faz, dando mais uma vez ao indivíduo a percepção concreta dos significados morais.

É típico da originalidade e da visão filosófica de Steiner nos fazer enfrentar a realidade do "sem retorno"; ele não nos deixa aprisionados à nossa situação como pode parecer em princípio. É exatamente esse reconhecimento, que nos faz perceber que não podemos ficar no ponto em que a análise de Mary Douglas nos deixou, desejando "um ideal, uma harmonia impossível". Steiner dá um reconhecimento total para o horror do tabu no pensamento da reversão das formas atávicas: é o horror da nossa própria negação do espírito que ainda está atuando dentro de nós e que apesar disso, mudou sua forma. Ao mesmo tempo, entretanto, só podemos perceber que a consciência pessoal abstrata nos aprisiona. O importante é termos conhecimento do nosso próprio envolvimento no caminho para chegarmos até aqui. Na ética de Steiner, compreendendo o equilíbrio das duas forças internas, luciferianas e arimãs, quando nos tornarmos cientes delas, realmente nos libertamos para seguir em frente e, portanto, para ir além do nosso próprio desenvolvimento histórico somos capazes de contemplar uma sociedade transformada na qual seremos capazes de reintegrar novos termos:

> "Indo mais além; essa alma deve se tornar sua própria traidora, sua própria salvadora, a atividade de alguém, o espelho que se transforma em luz".

Mas nem o modelo do liberalismo ocidental no qual o indivíduo é livre para pensar e sentir, e que a comunidade desintegra-se ou se torna abstrata, nem a subordinação comunista do espírito individual podem fornecer uma estrutura adequada ou totalmente compreensível do indivíduo como algo que tem poder de renovação e de mudança social. Precisamos nos identificar com a nossa história. A abordagem interiormente dinâmica e evolutiva para a ética e para o indivíduo como parte de um processo evolutivo, combinada com um espaço "antropológico" com uma visão espiritual, ainda é uma das visões mais arrojadas que temos da forma pela qual "o bem" pode ser mais uma vez uma força real nas relações humanas, tanto entre nós, como com o mundo ao nosso redor.

Questões Finais

Por que devemos ser bons? No final, apenas porque nossa própria existência humana consiste em ir em frente para novas visões, resolvendo as situações nas quais nos colocamos na relação interna de uma forma que envolve mais que as necessidades externas que determinariam os fatos. Steiner usou um termo oriental que significa a ligação entre uma pessoa e sua existência espiritual em andamento – sua transformação por mais de uma vida da Terra. Entretanto, ficará claro que esse conceito bem diferente de Steiner é uma dica do *karma* como punição pelos atos de uma vida passada.[196] Pensar em termos de que o *karma* de alguém é exatamente o oposto da idéia de que os sofrimentos do presente são "infligidos" por causa da culpa de ações em vidas passadas que tem de ser paga agora. Pensar

---

196. A visão de karma como "retribuição" por crimes do passado, um tipo de cruz entre mal-entendidos populares do budismo e uma interpretação de Hollywood do Antigo Testamento, que é considerado por alguns, está, atualmente, principalmente limitada a jornalistas de tablóides e Ministros de Esportes.

em termos de *karma*, pelo menos do ponto de vista de Steiner, é afirmar a vida presente como uma criação livre, derivada do eu mais profundo de alguém. Certamente isso significa admitir que as lembranças do passado — de vidas passadas, segundo ele afirma — estão incluídas na análise aberta do nosso eu espiritual. Mas consideramos nossos sofrimentos parte de nossa transformação, como nada imposto: como parte do processo segundo o qual podemos nos libertar do passado e perceber em que estamos tentamos nos transformar. O *karma* não atua mais como uma força inconsciente obrigatória como no pensamento ocidental, mas sim segundo a característica de liberdade consciente quando atingimos o estágio de uma visão mais profunda dentro do eu, dentro do que somos. Até chegarmos a esse ponto, é claro que estamos, inevitavelmente, atuando de alguma forma na escuridão.

Mas isso obviamente não significa que, afinal de contas, somos matéria para julgamentos morais externos por alguma autoridade cósmica todapoderosa. Em vez disso, o *karma* pode ser entendido mais profundamente como o conceito que transpõe o abismo entre nossa consciência moral que os moralizadores tornaram tão importante e o que realmente somos e fazemos, que para Steiner é o que leva o verdadeiro peso moral. O *karma* é o significado completo da nossa identificação com a história.

Eu tenho mencionado repetidas vezes o fato de Steiner falar muito pouco sobre as boas intenções. Em um sistema de ética, que recorre aos padrões formalistas e racionais, é muito importante que nem tudo em uma ação seja dirigido pela intenção de satisfazer um bom princípio – mesmo quando os resultados são, na verdade, menores que o sucesso absoluto ou até um evidente desastre! Pelo menos essa não era a nossa responsabilidade; nós tentamos. Entretanto, o realismo moral de Steiner liga-se a valores morais que realmente conhecemos e usamos e não às intenções neutras e benevolentes, não ao que expressa nossa visão limitada da situação. A liberdade exige uma percepção da visão real. Portanto, nos arriscamos em todas as ações morais, uma vez que não temos a certeza artificial dos padrões fixos e imutáveis; nós continuamos de uma forma muito mais direta, com a responsabilidade pelo que tentamos produzir como "espíritos livres", enquanto há pouco espaço para nos desculparmos. Uma outra forma de colocar isso é que a moralidade é uma ação de amor: desistimos de algumas partes nossas em prol de outro. O *karma* nas formulações ocidentais de Steiner é essencialmente um assunto de "relações kármicas" – e não, penso eu, uma formulação encontrada no oriente.

Agora, depois da morte, segundo a visão antroposófica de Steiner, vemos novamente os fatos de nossa vida na terra. Essa visão é a base do nosso destino futuro, do nosso *karma*. Com relação à natureza da experiência espiritual, nós o vemos de uma perspectiva não terrena, entretanto, não vemos mais de nosso próprio ponto de vista. Não vivenciamos o que queríamos ou o que pretendíamos fazer, mas o efeito de nossas ações sobre aqueles que nos cercam. Nossa parte espiritual, afinal de contas, é tudo que desistimos em prol dos outros. Tal como a realidade espiritual está, como ele descreve, por trás da teologia popular da recompensa e castigo que diz que após a morte, somos atormentados pelas conseqüências de nossos atos e dos erros que cometemos com relação aos outros. A visão de Steiner não entra nesse *cul-de-sac* ético. Pois o "castigo" que recebemos é visto apenas pela sua quantidade: vemos a realidade de uma posição superior do mundo espiritual referente ao que fizemos. Então, ao formar uma vida futura, fechamos a lacuna, que não poderíamos fechar na Terra, entre os atos que queríamos fazer e o que realmente aconteceu; essa disparidade atua sobre nós, sobre o plano espiritual com o nosso *karma*. "Esse estado de sofrimento", explica Steiner, "é a escola para a destruição da ilusão na qual o homem está enclausurado durante a vida física".[197]

As descrições espirituais de Steiner não podem, de modo algum, ser previstas a partir de seus escritos filosóficos, e estes não podem por um momento "prová-las" de uma forma ou de outra. Nem, por outro lado, o conhecimento das realidades espirituais pode formar as bases de suas doutrinas filosóficas ou sustentá-las de qualquer forma. Tudo o que podemos dizer é que sua filosofia fez com que Steiner compreendesse o processo espiritual da autocriação do homem no desenvolvimento de seu destino de uma forma genuinamente moral. O que ele descreve não é um julgamento transmitido a nós; é o entendimento absoluto do que foi temporariamente negado a nós pelas limitações do nosso eu durante um estágio específico sobre a terra. É o conhecimento que sempre tentamos, uma vez que a atitude do conhecimento é ser livre. O problema que o realismo moral de Steiner exige que atuemos além da esfera do controle (que finalmente está apenas em nossas intenções e motivos) é resolvido, não em argumentos, mas na força real de que a disparidade nos leva em frente em busca do futuro. Essa é a visão, dolorosa ainda que libertadora, que nos liberta para retomar nossa autocriação e afirmar uma vida futura. O processo de "encarnação" do ideal pode prosseguir. A liberdade torna-se o destino.

---

197. Steiner, *Theosophy* pp. 81 e ss.

Capítulo 5

A Crítica da Modernidade

> *A verdadeira visão apocalíptica do mundo
> é que as coisas não se repetem.*
>
> *Wittgenstein*

Mitos e Modernidade

Espero que tenhamos visto neste livro o quanto Steiner tem para contribuir, se permitirmos que ele faça isso, com muitos dos desenvolvimentos que usamos para revolucionar nossa abordagem do conhecimento desde Steiner. Suas visões parecem relevantes a uma ciência moralmente responsável que não pode mais ignorar o fato de que somos parte do mundo que conhecemos; seu conceito da liberdade interiormente dinâmico dá um novo significado à experiência moderna do eu, alguém que está aberto a mudar, mas não está enfraquecido pela incerteza; sua nova forma de realismo ético, combinada com um individualismo radical, nos dá caminhos para enfrentar a sociedade na qual o poder dos antigos símbolos de valor, que dirigiam a vida de uma forma mais coletiva em tempos passados, precisa ser renovado em uma cultura em mutação e multiforme como a nossa. Ao formular suas idéias vimos como Steiner já estava elaborando muitos dos conceitos que tiveram tanta importância histórica na ciência física e social a partir do século XX, ou na psicologia educacional: as idéias "fenomenológicas" centrais, as abordagens "estruturais" em um grande número de problemas da biologia à arte, e uma compreensão evolutiva do crescimento humano em todas essas áreas. Steiner parece ter entendido a nova perspectiva essencial e, na verdade, já apresentou muitas das supostas descobertas do século XX a partir de seu ponto de vista. Como um pensador que propôs uma visão espiritual do mundo que é compatível com a consciência científica e crítica de nosso tempo moderno, Rudolf Steiner pode ser importante porque ele desafia um dos mitos mais poderosos e perpetuados da cultura pós-iluminista.

Os leitores de Steiner são, algumas vezes, tentados a acreditar que ele é "um gênio escondido" por trás de idéias muito modernas; mas mesmo que isso fosse verdade, esse não é o verdadeiro significado de Steiner.[198] O ponto é sua diferença, não sua semelhança; pois Steiner chegou a todas essas formas eminentemente modernas de pensamento como resultado do seu próprio *Weltanschauung* espiritual, ou "uma atitude para o mundo". E é lá que ele desafia de forma mais profunda o apreciado mito moderno, que argumenta o efeito de que a grande mudança para as atitudes e formas modernas de pensamento apenas poderia ter sido alcançada por meio de um ato iconoclástico, um rompimento amargo com o passado e com sua orientação "espiritual", a fim de nos dar poder na esfera dos recursos práticos e materiais ao nosso redor.

Os pensadores do Iluminismo do século XVIII – por sua própria conta – tiveram de destronar a teologia medieval de seu lugar, como a rainha das ciências, tinham primeiro tido de revelar os ensinamentos sacerdotais antes de tornar possível o livre pensamento, para substituir a superstição e a credibilidade com o pensamento "crítico", as metafísicas irreais antigas com o empirismo. Sem John Locke, fica claro que não haveria a Constituição americana, ou (mais ou menos) a democracia moderna; e mais tarde, o darwinismo tinha de libertar a biologia da antiga visão teleológica e "providencial" de um mundo planejado por Deus que ainda dominava a ciência newtoniana, bem como para permitir "a sobrevivência do mais adequado" na total grandeza de seu espaço como uma explicação do mundo vivo incluindo nós mesmos. A modernidade, como o mito, apenas surge após uma drástica divisão de águas, um reverso crítico que substitui a aceitação com um exame detalhado.

O mito, ou o plexo dos mitos, é importante porque ele dá às atitudes contemporâneas suas convicções características da incomparabilidade. Nossa cultura é considerada algo que não pode ser mensurável em termos do passado. Nós permanecemos totalmente diferentes, solitários.[199]

---

198. Apenas para dar um exemplo do domínio religioso: foi certamente a partir de Rudolf Steiner, por meio dos seus escritos e das traduções de seu influente aluno Edouard Schuré, que Teilhard de Chardin traçou o conceito do "Cristo cósmico". Mas quantos dos inúmeros religiosos e admiradores científicos estão cientes desse fato?

199. O desgosto pela história está exposto em algum lugar de mais destaque que nas advertências introdutórias de R. Dawkins em *The Selfish Gene* (New York e Oxford, 1989): "Os organismos vivos tinham existido na Terra, sem mesmo saberem o porquê", ele escreve, "por

Pensando sobre a questão de por que o pensamento de Steiner é tão amplamente rejeitado, Owen Barfield desconfiou que o uso de termos específicos (tal como o temido "oculto") poderia realmente ter enfraquecido sua credibilidade entre as pessoas aparentemente inteligentes.[200] Tais assuntos são especialmente vulneráveis à influência dos mitos e podemos suspeitar que o pensamento de Steiner realmente sofreu, precisamente por se recusar a prosseguir com essa mitologia predominante do moderno, baseado no reduzido e no materialista. Ele encoraja, em vez disso, que a modernidade, o pensamento crítico e a autoconsciência são totalmente possíveis em termos de uma filosofia espiritual – na qual o mito pressupõe que o pensamento espiritual deve, de alguma forma, ocultar uma lealdade àquelas atitudes antigas e não reconstruídas do passado. Quando Rudolf Steiner chega às formas modernas de pensamento sobre o desenvolvimento infantil, ou sobre a forma e a estrutura, além de uma perspectiva espiritual, ele está, na verdade, atacando um dos pilares da cultura contemporânea. Ao insistir na validade dessas abordagens espirituais que ele torna tão proveitosa em tantos domínios, Rudolf Steiner eleva o que é, em efeito, uma nova crítica: uma crítica da "modernidade" em si.[201]

---

três milhões de anos antes que a verdade surgisse para eles. Seu nome era Charles Darwin." (p.1). Observe que o modo com que a origem da idéia torna-se um evento sem dimensão humana: é apenas uma questão de ver como as coisas são ou não são. Dawkins cita com propriedade o comentário ainda mais extremo sobre a questão da vida de G. G. Simpson: "Todas as tentativas de responder a essa questão antes de 1859 são inúteis, e será melhor que sejam totalmente ignoradas." Assim, apenas poucos pensadores anteriores tinham uma "suspeita" em meio às suas confusões supersticiosas! Na verdade, é claro, a evolução tinha sido considerada por muitos pensadores da Grécia em tempos avançados, e foi elaborada também pelos pensadores cristãos. Se isso não tivesse tido um apelo amplo, o que pode ter a ver com o fato da seleção natural, não teria se tornado uma experiência social disseminada até a era pós-Revolução Industrial no século XIX. A humanidade medieval viveu em uma sociedade hierárquica feudal na qual as diferenças eram marcadas de forma elaborada e, sem surpresa, eles estavam particularmente interessados nos aspectos da natureza que sugeriram a hierarquia e a emblemática. As mudanças futuras na sociedade e na consciência trarão, sem dúvida, outras relações no mundo natural, e as pessoas imaginarão como isso ocorreu e ninguém os viu antes. Dawkins também está interessado em seus astronautas (bem, ele diz que seu livro deveria ser lido como ficção-científica): a primeira questão estranha que perguntaria sobre a humanidade logo de partida na qual ele sugere é: "Eles já sabem sobre a evolução?" – uma outra característica anti-histórica que talvez seja realmente uma sobra da idéia das crenças sendo asseguradas por aprovação divina (voz celestial, angelical, etc.). A idéia chega com uma revelação e não como algo que foi desenvolvido por seres humanos históricos.
200. Barfield, *Romanticism Comes of Age*, p. 18.
201. Podemos dizer que Steiner participou diretamente no nascimento do Modernismo, nos círculos ligados a Otto Erich Hartleben e em outros em Berlim de 1897: aqui ele editou a *Magazine for Literature*, que discutiu a "arte moderna" e o drama (tal como Maeterlinch), tomou parte da fundação de *Die Kommenden*, etc.: veja Ch. Lindenberg, *Rudolf Steiner* (Hamburgo, 1992) pp. 57-60; e para mais detalhes, as contribuições de Lindenberg e H. Köhler em Oldenburg (ed.) *Zeitgenossen Rudolf Steiners* (Dornach, 1988)

Quando ele desenvolve as idéias de Goethe na biologia, na "metamorfose" da planta, por exemplo, em uma abordagem evolutiva-espiritual difícil de ser alcançada nas coisas vivas, ele se livra do pensamento por meio da rede de categorias preponderantes. Veja a forma que, em sua discussão de "religião romântica", Stephen Prickett casualmente coloca Rudolf Steiner de lado como um "grande vitalista do século XIX" — apesar de ele não o ser.[202] O vitalismo é a idéia de que a "vida" é um tipo especial de força, concebida como análoga para as forças físicas. Supõe-se que as coisas vivas são diferenciadas pela presença de uma "energia vital" e, portanto, têm de ser explicadas em termos bem diferentes daqueles usados para as coisas inorgânicas. Mas Steiner enfatiza repetidas vezes que sua concepção é bem diferente dessa dada pelos vitalistas do século XIX. Na verdade, ele rejeita qualquer tipo de status quase-físico por um "princípio de vida", apontando que a condição do corpo imediatamente após a morte não pode ser diferenciada do seu estado anterior pela ausência de qualquer fator quase-material.[203] E, em um nível mais profundo, sua persistente crítica a Bergson e aos neo-vitalistas mostra que ele percebeu o problema filosófico por trás de todo o pensamento vitalista. Se alguém adotar uma abordagem de que os princípios com explicações completamente diferentes atuam em campos diferentes, não existe fundamentalmente nenhuma explicação racional sobre

---

pp. 9-27, 29-43; W. Kugler, "Zeichen dês Aufbruchs. Rudolf Steiner im Kreis der 'Kommenden'", no diário *Die Drei* (1985), 607-618. Nesse e em outros relacionados, o critério de "modernidade" alcançava a prioridade. Para uma introdução geral, veja M. Bradbury e J. McFarlane (eds.) *Modernism* (Harmondsworth, 1976). A publicação da *Filosofia da Liberdade* de Rudolf Steiner está incluída em seu quadro de "eventos significativos" (p. 576).
202. S. Prickett, *Romanticism and Religion* (Cambridge, 1976).
203. Steiner, *Theosophy*, veja em particular a discussão em "Addenda" pp. 142-143. Teria sido fácil concordar com uma tentativa de remontar a "energia vital" nas teorias científicas (sem dúvida uma referência ao *élan* vital moderno), mas com mais perspicácia crítica, Steiner observa, "à vista dos desenvolvimentos científicos modernos, a lógica mais consistente daqueles que se recusam... a ouvir qualquer coisa como 'energia vital'. 'A energia vital' não pertence ao que chamamos hoje de 'forças da natureza'... Ninguém nessa área será capaz de ir além das abstrações sombrias", ao transportar idéias materiais injustificáveis para a área espiritual. O progresso não é possível a menos que ocorra por meio de uma reorganização de nossas idéias – "a menos que seja reconhecido que atingir o que transcende os trabalhos das forças inorgânicas da vida só é possível por meio de uma forma de percepção que eleve à visão do super-sensível". Em "First Meditation" em *A Way of Self-Knowledge*, Steiner argumenta que após a morte o corpo é sujeito às leis físicas e químicas: "tais leis físicas e químicas não têm relação com o corpo físico de uma forma diferente daquela relatada em qualquer outra coisa sem vida no mundo externo. Portanto, só é possível concluir que essa indiferença com relação ao mundo externo surge não apenas após a morte, mas na verdade, ela existe por toda a vida humana.. Esperar que o progresso da nossa compreensão da natureza leve a um aprendizado maior sobre as leis físicas que governam os processos corporais como meditar a vida da alma é uma ilusão":
A Way of Self-Knowledge (New York, 1999) pp. 109, 112.

nada. É possível, então, indicar qualquer área de estudo e insistir que as coisas têm de ser explicadas em uma forma especial que não se aplica a nenhuma outra coisa. Alice pode ter quantos países das maravilhas desejar. É por isso que Steiner preferiu e lançou-se tão consistentemente, em vez de ficar por trás do "monismo" da explicação unificada do mundo, que era processada por cientistas materialistas como Ernst Haeckel, uma visão estranha e limitada de suas abordagens que agora faz sentido para nós.[204]

Steiner "salta" eternamente para a direção moderna. O espírito não pode ser concebido em uma forma confusa como um tipo especial de agente que interfere nos processos materiais e faz as coisas funcionarem de forma totalmente diferente. E, portanto, parece que é como se ele devesse descer a estrada "moderna": a vida deve finalmente ser redutível a processos materiais, visto que ela deve ser explicada nos mesmos termos usados com o resto do universo. Há um divisor de águas do qual é impossível se escapar. Mas nem sempre. Steiner salta para a direção moderna, mas ele assume a visão oposta dos materialistas sobre a relevância do pensamento espiritual. Pois alguém pode apenas chegar à conclusão coerente de que uma explicação unificada do mundo deve incluir a dimensão espiritual das coisas vivas – e, portanto, deve incluí-la como parte de sua abordagem para também explicar os fenômenos chamados materiais. Certamente, o espírito não pode ser incluído como um agente especial imprevisto, operando arbitrariamente em uma área do entendimento, mas poucos pensadores têm tido a coragem de seguir a rota de Steiner, a qual argumenta que devemos repensar nossa ciência unificada, também referente às coisas materiais, para sermos capazes de incluir de forma convincente uma ciência da vida. Se não fizermos isso, nossa ciência falha no teste "monístico". Ela deve ser substituída por uma abordagem que inclui uma ciência espiritual, não para suplementar os sucessos da ciência natural, mas para restaurar sua coerência. Está realmente implícito nos sucessos da ciência natural que esses sucessos devem fazer parte de uma explicação para todo o universo. Ainda assim, no século XXI, sabemos muito bem que a herança dessa ciência tem produzido muitas maravilhas, mas à custa da fragmentação e de tornar incoerente a nossa existência. Na verdade, a ciência deve estar aberta para nos incluir como conhecedores e não pode, portanto, ser colocada em compartimentos. Steiner insiste em um elemento existente em todo o conhecimento real com referência à dimensão espiritual ou antroposófica, partindo metodologicamente do conhecedor, que ele concebe como alguém que está em um curso convergente com o desenvolvimento da ciência natural. Seu ponto é unificar novamente o universo, em vez de excluí-lo da

---

204. Cf. J. Hemleben, *Rudolf Steiner und Ernst Haeckel* (Stuttgart, 1965). Sobre Steiner e a evolução veja também a importante avaliação em N. Macbeth, *Darwin Retried* (New York, 1976).

nossa experiência humana de vida, como acontece silenciosamente sempre que tentamos viver – como oposto à concepção abstrata – a versão tipicamente moderna e reduzida da ciência.[205]

Um dos primeiros livros de Steiner foi *Mysticism at the Dawn of the Modern Age*. Surpreendentemente, talvez possamos descobrir que ele contém um bom material sobre a história da ciência e sobre o tipo de consciência que se desenvolveu para torná-la possível. Apesar de se preocupar com a vida interior, ele destaca figuras científicas pioneiras como Paracelsus e Giordano Bruno. Steiner mostra como o aprofundamento da auto-exploração espiritual, geralmente chamado misticismo, era realmente uma parte importante da evolução intelectual que deu a humanidade da Renascença o início de seu domínio sobre o mundo empírico.[206] Por outro lado, ele observa que seus contemporâneos fracassaram ao aprender a lição da história das idéias – ou melhor, a história da evolução da consciência.

Eles falharam no influente mito da modernidade, o mito do divisor de águas, segundo o qual o "misticismo" pertence ao mundo antigo, pré-moderno; e a "ciência", ao mundo moderno. Na verdade, o desenvolvimento espiritual e científico natural estavam interligados. O tipo de ciência de Steiner, que pedia a inclusão da evolução espiritual da humanidade que deu luz à ciência, era simplesmente aquele que pedia para ser verdadeiro com referência à história da própria ciência. O materialismo era um perigo e uma limitação, em sua idéia sutil e difícil de ser entendida, não porque negava o espírito a fim de dar ao homem o poder material, mas porque realmente negava as bases sob as quais a ciência, mesmo a ciência material, realmente cresceu e a espiritualidade que era essencial ao conhecimento como uma atividade viva.[207] Steiner queria devolver o conhecimento para a

---

205. Cf. Steiner, *Christianity as Mystical Fact* (New York, 1997) pp. 173-175. A resposta de Steiner a esse dilema é que nós precisamos compreender a ciência como o último estágio na verdade "humana", que veio de formas anteriores da verdade (p. 175); caso contrário, nós olharemos para essa satisfação humana em qualquer lugar, exceto no conhecimento.
206. Publicado como Steiner, *Eleven European Mystics* (New York, 1971); ele cobre uma base similar novamente em seu curso, *The Origins of Natural Science* (London e New York, 1985).
207. O fato de que a religião aceitou o mito, tornou isso ainda pior. Quando a religião voltou atrás em seu próprio mito tradicional com as linhas mencionadas, essa ciência estava errada porque ela negava a religião (Gênesis v. Geologia) e estava apenas completando o desastre. O mito "luciferiano" de que a ciência é a autoglorificação humana carecia de uma outra metade da imagem muito importante, permitindo inconscientemente a justificativa "arimã" unilateral da ciência materialista. A religião foi deixada em uma posição que podia fazer pouco mais que lamentar a perda do espiritual da maioria das experiências das pessoas no mundo. Poucos além de Steiner, aparentemente, escaparam da bifurcação poderosa das idéias, e buscaram para o próprio bem os caminhos para resgatar a ciência da aridez do arimã, que estava rapidamente se tornando uma atividade humana e espiritual do conhecimento em uma tentativa torturante de negar o nosso lugar no conhecimento e, portanto, o seu significado espiritual, isolando-nos.

história. Ele negava a mitologia do divisor de águas, do moderno sem precedentes, nas bases de que isso tomava muito do que realmente pertencia à modernidade por direito e estava, de forma insolúvel, associada ao seu surgimento. Nós nos tornamos prisioneiros em nossa ciência, pelo menos, por causa do mito influente, porém estranho, que ajudou a estimular essa ciência, e que até bem recentemente privou a ciência de um entendimento apropriado de sua história.

Nomes como Frances Yates, que deram novamente a luz a pioneiros como Giordano Bruno, tirando-o das origens herméticas e mágicas, têm se tornado bem conhecidos por suas redescobertas referentes ao lado "escondido" da ciência emergente, e às dimensões semelhantes que têm sido encontradas no trabalho dos gigantes do estabelecimento científico, tais como Newton e Boyle.[208] Na história das idéias, é possível considerar Steiner um defensor precoce, mas não menos inflexível de sua linha de pensamento. Ele não só nos pede para reavaliar o papel da ciência no passado, como também para restaurar o seu significado para o nosso crescimento interior. Eles têm mostrado como o iluminismo seguiu de perto um "iluminismo radical" com uma pauta espiritual poderosa e uma história detalhada.

E, mesmo hoje em dia, a influência do mito modernista permanece poderosa entre aqueles que escrevem nossa história cultural: pense apenas no urbano e historiador intelectual Peter Gay. Ninguém se recusa a admirar seu equilíbrio e perspicácia erudita quando ele traça de forma educativa a base do Iluminismo racionalista do século XVIII, o mundo dos materialistas franceses, os *filósofos*. Talvez não precise ser dito que ele também é inteligente ao acreditar na forma bruta do mito, no fato de que a ciência moderna era um início totalmente novo, apenas possível quando a superstição e as práticas sacerdotais tivessem sido abolidas. Em vez disso, comentando sobre a artificialidade dessa afirmação, ele diz, ironicamente: "Se houvesse uma prisão para intelectuais que fracassaram ao reconhecer suas obrigações, ela estaria cheia de filósofos naturais da revolução científica".[209]

Seu exemplo (que ele admite ser um entre muitos) é a busca de Descartes pelo que poderíamos chamar de psicologia, ou como ele coloca, uma teoria das paixões. Segundo a própria afirmação de Descartes, todo pensamento prévio sobre um assunto é tão insatisfatório "que é necessária uma total revolução" – e ainda, o trabalho de Descartes sobre esse assunto está repleto de matérias emprestadas da filosofia antiga! Admite-se que essa afirmação seja inócua, mas foi essencial para a moral dos inovadores da época.

---

208. Veja agora B. J. Dobbs, *The Janus Face of Genius. The Role of Alchemy in Newton's Thought* (Cambridge, 1991), e uma prova ainda mais espetacular da necessidade de compreensão da consciência em L. Príncipe, *The Aspiring Adept. Robert Boyle and his Alchemical Quest* (Princeton, 1998).
209. P. Gay, *The Enlightenment: The Rise of Modern Paganism* (New York e London, 1977) p. 313.

Entretanto, o que ainda é mais notável é que esse equilibrado cronista da história intelectual pôde expor uma situação similar de forma contínua, enquanto, estranhamente, falhou em renegar "o papo furado". Ele escolhe falar de uma "dualidade curiosa nos veredictos históricos do Iluminismo – seus mitos sobre eles mesmos, em outras palavras. Historicamente, isso é um amontoado de mentiras. Mas o fato de ele não dizer isso claramente significa que, na análise final, ele também não pretende abandonar sua moral elevada, sua ilusão, preferindo fazer com que acreditemos que apesar de os *"filósofos"* serem não-generosos e preconceituosos, eles ainda (surpreendentemente) estavam "certos em essência"![210]

Novamente a História – e o Logos

A perspectiva no passado que justifica e destaca a natureza especial do presente é naturalmente fácil de ser aceita. O que está em jogo aqui não é apenas nossa avaliação dos sintomas de uma atitude dúbia com a história que Rudolf Steiner foi o primeiro a desafiar em uma forma profunda, mas talvez, até mais seriamente com o que nós temos como a visão histórica.

Se aceitarmos o mito e então olharmos para trás, teremos uma visão que tira do passado o que é importante para o ponto de vista do presente. Essa é uma visão que encontra "progresso" contínuo na história, porque ela escolhe aquelas características do passado por meio das quais, como sabemos agora, foram levadas mais além e que ainda estão conosco em último aspescto. Nessas características dos pensamentos, e isso se mantém, os pensadores do passado estavam certos e modernos. Quanto a outros aspectos do pensamento, não precisamos prestar muita atenção, mas sim, nos concentrar naquelas coisas das quais eles "já" tinham o conhecimento correto. A outra parte, portanto, torna-se um grande vazio, uma *terra incógnita* ou quando precisava ser reconhecido, ela é caracterizada como enigmática, como uma confusão ou como uma superstição infantil. Isso acaba refletindo o processo, porque ele nos possibilita ver quão facilmente a história pode ser distorcida em uma *fábula conveniente* (uma frase de Voltaire que Steiner sempre citou). Tudo isso é feito para nos dizer que a história é significativa quando ela aponta em nossa direção.

Essa perspectiva distorcida tem uma história. Isso porque é usada há muito tempo para apoiar o ponto de vista do partido Whig, que foi o precursor do liberalismo moderno. Seu papel pernicioso é atualmente muito reconhecido. Contra essa visão da história do "Whig" [211], Steiner afirmou que

---
210. Op. cit. p. 324.
211. Discussão filosófica moderna dos assuntos que derivam de H. Butterfield, *The Whig Interpretation of History* (London, 1951). Um exemplo apropriado vem do historiador cultural e literário David Morse, mesmo lidando com um período tão recente como a revolução romântica, quando ele observa o perigo dos "temas seguidos pelos Whigs em um

isso exigia que entrássemos em uma consciência diferente dos tempos antigos, para apreciar as coisas de uma forma diferente da que eram vivenciadas. Devemos aprender a ver o passado em seus próprios termos. E em vez de supor que essa história apontava todo o tempo na direção das nossas próprias atitudes e idéias, precisamos ver que a nossa consciência é uma transformação que surge de posturas anteriores em direção das relações dos resultados com o mundo no passado.

Curiosamente, creio eu, isso foi realmente uma réplica das idéias atualizadas da ciência que Steiner formulou como seu propósito mais claro. O grande cientista precisava aplicar seus princípios ao seu pensamento. "Entusiasta do trabalho de Haeckel como eu", ele escreveu, "ele reflete sobre um representante do pensamento 'científico'... quando ele não dará às formas anteriores do pensamento, que são os estágios do desenvolvimento conduzindo-se para a sua própria verdade, o reconhecimento apropriado para seus papéis evolutivos, escolhendo representá-los como sistemas de crença, gastos e infantis."[212] Foi muito infeliz, Steiner observou em outro lugar, que o pensamento cristão tenha sido tão veementemente rejeitado pelos cientistas modernos. Segundo um exame não-preconceituoso, foi o Cristianismo que preparou o caminho para muito do que encontramos em nossa imagem de mundo científico, bem como na religião. Até a idéia da evolução tinha raízes claras no Cristianismo (uma outra ironia ao "Gênesis vs. Geologia").

Para o pensamento antigo, a individualização não significava nada além de uma fissura da identidade primordial, o mundo se desintegrando. A existência individual não tinha significado além do todo cósmico, mas era simplesmente uma fragmentação, da mesma forma que, na sociedade antiga, os indivíduos não tinham um significado verdadeiro além das estruturas do parentesco e do papel social. E quando a clássica cidade-estado perdeu seu poder sob o grande império da Grécia e de Roma, os indivíduos não encontraram o poder para fazer seu próprio mundo coerente: muitos se sentiram abandonados e perdidos, vagando pela vida, ou felizes por se abrigarem sob a massiva força das leis imperiais.[213] No final do pensamento antigo, a produção do indivíduo é uma desintegração, uma ameaça catastrófica ao todo. Apenas no Cristianismo o indivíduo foi concebido como

---

passado cultural. O resultado, ele observa, é claro que o "investigador falha ao compreender os parâmetros tanto do seu discurso, como dos seus estudos... Ele oferece uma ilustração da compreensão contemporânea por meio de uma classificação de um material curioso reunido no passado, um tipo de coletânea de artigos obtida de vários tempos – portanto, o que nós aprendemos é o que nós já sabemos": *Perspectives on Romanticism* (London e Basingstoke, 1981) p. xiii. O estudo de Morse é talvez especialmente interessante pelos problemas que ele levanta sobre os métodos empregados – freqüentemente encoberto e disfarçado em outros trabalhos.
212. Steiner, *Christianity as Mystical Fact* pp. 174-175.
213. Steiner, op. cit. pp. 144 e ss.

mais que um fragmento, mais que um viajante perdido. Da opção de muitos indivíduos pela fé e pelo comprometimento dependia a salvação da humanidade, dependia o gradual surgimento da existência da comunidade, da salvação ou da Igreja, uma sociedade transformada com base na ordem da graça divina e no amor. Agora sabemos que a aplicação disso como um modelo por pensadores tais como Agostinho (ou em outras formas, Orígenes) forjou os conceitos da evolução, porque por meio de suas atitudes cristãs à individualidade, eles foram capazes de formular o conceito do surgimento das diferenças significantes indo além de um estado original, de um princípio para a compreensão do mundo.[214]

Além do mal-entendido que liga o Cristianismo a um estágio de pré-evolução, pré-iluminado do pensamento – bem errôneo – a idéia de Steiner era que a história ditava no "progresso em direção a nós mesmos" um tipo de caminho que nos fazia sentir o ponto principal justificado e artificial do passado como algo mais análogo à nossa própria sociedade, mas no fim, empobreceu muito a nossa cultura e nos alienou das verdadeiras forças do passado que formamos em nosso mundo. Olhando para trás, descobrimos apenas o que se adapta ao nosso conjunto de suposições predispostas. Na verdade, as pessoas do passado não compartilhavam nosso sentido de que certas características de suas experiências destacavam-se do resto, e que o "resto" constituiu uma massa de superstições e idéias não-críticas, ou que eles foram enclausurados por um massivo ponto-cego do "desconhecido". Steiner tinha seguido mais produtivamente Owen Barfield nessa esfera, que ajudou-o a remediar a perspectiva ao examinar as palavras conhecidas em situações históricas anteriores à nossa criação de conotações e como nós as vivenciamos, isso cria um atalho para as nossas pressuposições e para as fronteiras comuns do pensamento. Tudo isso precisa ser compreendido em termos de consciências diferentes, considerando a diferente relação cognitiva que dá a essas palavras o seu significado.

Para usar apenas um exemplo que mostra como Barfield foi capaz de usar as técnicas lingüísticas para transportar as visões de Steiner, a maioria de nós vê que as pessoas no passado colocavam coisas bem diferentes em suas idéias sobre o "espírito", que na maioria das línguas tem um sentido que inclui o vento ou o movimento de ar, e também a idéia de uma fonte invisível de movimento interno ou de escolha.[215] Os analistas modernos podem adotar uma das várias atitudes, mas tendem a compartilhar a idéia de que a parte comum entre os significados do interior e do exterior deve ser algo confuso – um animismo ou uma autoprojeção bruta. Se o contexto é religioso, uma pessoa é simpática à idéia do espírito como uma força interna, ou de escolha, então o modelo quase-físico do vento ou algo gasoso

---

214. Steiner, *The Fifth Gospel* (London, 1995) pp. 9 e ss.
215. Owen Barfield, *Speaker's Meaning* (London, 1967) pp. 56 e ss.

será considerado o vestígio de um estágio bruto e primitivo do pensamento. Por outro lado, se o contexto for de alguém mais hostil ao princípio interior, isso irá revelar o "espírito" apenas como uma extensão ilegítima de uma experiência física, uma fantasia reduzível às obras de uma mente confusa.

Mas Barfield mostrou por meio de uma investigação histórica de sua semântica que os nem significados do interior, nem do exterior referentes ao uso arcaico, podem ser vistos como algo que tenha sido classificado originalmente dessa forma. Como qualquer pessoa, nós preferimos reconhecer o significado de hoje, mas o fato é que antes de um certo estágio no desenvolvimento da consciência, nem mesmo essa diferenciação poderia ser feita. É preciso observar que o que são para nós atributos mentais ou físicos, anteriormente eram vivenciados como parte de um significado maior e diferente, do qual o nosso significado é derivado, mas que ainda não tinha sido esculpido.[216] A idéia antimetafísica de Steiner sobre o significado, como uma polarização que efetuamos dentro de um todo original, mostra todo o seu potencial principalmente como uma explicação *histórica* do significado do tipo de investigação de Barfield.

No extremo oposto, os chamados intérpretes historicistas tendem a enfatizar a ausência da ligação interior com o passado que, de forma perplexa, apenas sobrevive em suas "investigações materiais". Entretanto, em contraste a muitas versões do "novo historicismo" que têm surgido nas últimas décadas, o modelo da diferença histórica de Steiner e Barfield não nos deixa embasbacados frente à diversidade do passado. Aos olhos de muitos pensadores modernos, a consciência da história mostra-nos apenas a sobra das investigações materiais, ou os textos que para muitos teóricos nem chegam a preocupar, mas são expostos como ideologias de tempos passados, deixados para exame *ab extra*. A "ideologia" nesse sentido significa primeiramente que as idéias são vistas de tal forma que elas não têm mais qualquer poder para nos atrair para elas próprias, e nos desafiam em vez disso, mas parecem simples produtos a serem considerados – e, na verdade, a pressuposição de que as pessoas e as perspectivas não passam de produtos das circunstâncias de um determinado tempo é a suposição estrutural da teoria. Sendo assim, o argumento corre atrás de seu próprio rabo: essa é a pressuposição dos teóricos que têm selecionado materiais e a visão deles como produtos é refletida nos resultados.[217] A abordagem de

---

216. Barfield, *Speaker's Meaning* p. 56, destaca que isso é apenas verdade do componente "físico" do significado, que muitos teóricos modernos que tratam como se eles pudessem ser vivenciados separadamente desde o início, como uma base para os desenvolvimentos "metafóricos" da linguagem.

217. Cf. J. McGann, *The Romantic Ideology* (Chicago e London, 1983) p. 2; Lisa Jardine mostra uma rara autoconsciência nesse campo. Ela é notável por sua sinceridade sedutora

Steiner sobre o assunto é simplesmente mais interessante e, o mais importante, mais evoluída. O tratamento dos historicistas modernos está atualmente voltado a neutralizar a história de uma forma sutil ao torná-la simplesmente externa, estranha e, então, dando a ela nenhum poder sobre o nosso próprio ponto de vista. Parece que a essência de muitas dessas visões que não precisamos aprender do passado, ou ficar abertas a elas, mas sentir que apenas precisamos olhar para trás com o poder de um julgamento superior. A preocupação de Steiner é mergulhar novamente em nossa própria perspectiva do fluxo da história, e vivenciá-la como parte de uma relação de mudança da consciência, da qual Barfield traçou um registro vivo na linguagem. A história torna-se um poder real de mudança que devemos permitir que se infiltre em nosso pensamento. É preciso reconhecer a diversidade perturbadora do passado, mas também é preciso aprender que o mundo diferente que encontramos anteriormente é a base sobre a qual o nosso mundo se desenvolveu, e está nesse mundo, de certa forma, uma rede da base das pressuposições e significados sobre os quais depende o nosso estágio específico de consciência.[218] Talvez seja um tipo de paradoxo que, ao tentar encontrar nosso presente antecipado buscando-o no passado, a visão do "Whig" aliena-nos da realidade de outras formas de ver. O reconhecimento da nossa própria visão como uma sucessora de outras do passado significa que podemos encontrar uma ligação encoberta com o passado e, com sensibilidade, redescobrir o "eu" daqueles tempos, exatamente porque ele é uma parte da história evolutiva de nós mesmos.

Steiner, como sempre, exige um tipo de distinção própria, precária e sutil: nós, obviamente, não devemos fugir do passado construindo muros de

---

sobre o assunto do seu pensamento e repensamento. Em sua investigação histórica e cultural centrada em Shakespeare, ela começa com a visão do "novo historicista" de que apenas é possível conhecer a investigação material dos fatos, que para muitos significa o prenúncio da morte de um mundo frente às presenças coerentes, e nossa condenação na indeterminação radical da construção do próprio fracasso que impusemos a eles. Ainda podemos considerar que ela reage que "isso de jeito nenhum é o caso de que essa inevitabilidade deixa-nos em uma posição de indeterminação radical. Na verdade, começo a crer que isso apenas parece nos levar para uma determinada direção se estivermos comprometidos (intencionalmente ou não) com essa visão de que o que é textual continua dando frutos, na forma de uma visão do passado, e é a prova da subjetividade individual", ou seja, é uma idéia específica de um "eu" definível e fixo: Jardine, *Reading Shakespeare Historically* (London, 1996). Dessa forma, ela se torna ciente, como Steiner encoraja, do elemento do nosso próprio pensamento. Em vez de se permitir ser simplesmente conduzida para dentro do processo de demonstração ainda mais dramática da nossa incapacidade de conquistar tais estabilidades da nossa própria pressuposição, ela se abre a idéias, por exemplo, de Stephen Grenblatt na discussão sobre a forma diferente com que as pessoas da Renascença construíram o "eu". Esse fato, com um fundamento antropológico, é realmente um passo interessante em direção a uma percepção ao estilo de Barfield da consciência mutável.

218. Sobre essa "unidade antecedente" e o conceito da mudança (em uma estrutura mais biológica) veja Barfield, *What Coleridge Thought* (Oxford, 1971) pp. 42-43

defesa e proteções intelectuais para provarmos que apenas nós, do presente, estamos certos; devemos confiar em nossa própria posição do que é necessário para estabelecermos a nossa extensão do passado no momento atual, indo além da "liberdade" de uma forma que não é determinada por nós a partir das relações do passado, mas que é ela que determina seus significados para nós. A história, em resumo, é a nossa habilidade de aprender do passado.

Portanto, entender o que o passado significa, como uma base para o nosso desenvolvimento, depende da visão de que o passado foi genuinamente diferente. Se misturarmos os dois, descobriremos que não é possível assimilar o passado ao nosso presente; sendo assim, estamos amarrados ao passado, estamos aprisionados. Talvez seja possível dizer que o conhecimento histórico exige que avancemos na interpretação do mundo que vivenciamos: isso se torna um drama sobre o qual também devemos falar e tomar parte:

"Mas acompanhes tu, e o espectador torna-se ator ou vítima".

Para Steiner, esse momento existencial de dar um passo à frente do passado é também, como vimos, a essência da percepção moral (intuição). Rejeitando a falsa versão da "singularidade" moderna mencionada anteriormente, redescobrimos isso em sua verdadeira significação aqui. Ao entrar na história, devemos realmente ganhar a força para agir de modo único, criando um novo padrão de relações, determinado além do nosso ser espiritual. Todos os padrões existentes que entendemos ou compreendemos são mudados pela nossa habilidade de adicionar novos elementos e, portanto, o seu significado muda, pelo menos em parte. É aí que entra o que apenas pode ser compreendido espiritualmente e não materialmente.

A vida espiritual está, portanto, acima de tudo mostrado como existência histórica. E se devemos reconhecer a carga e a ansiedade de enfrentar a vida como uma possibilidade única, como um ego, como história, para Steiner ela sempre é mais importante pelo reconhecimento da nossa identidade como seres espirituais, que é precisamente a franqueza para avançar, para produzir uma mudança criativa. Mas tal reconhecimento envolve aparentemente um desafio à idéia do conhecimento estruturado e coerente.[219] Como a afirmação da singularidade histórica concorda com a

---

219. O assunto é levantado de forma interessante em termos culturais e históricos, mais uma vez, por David Morse. Enquanto rejeita o mito do *status* especial da modernidade, quando ele considera as implicações da compreensão das estruturas diferentes das mentalidades do passado, ele deseja concluir que "não há formas individuais de olhar o mundo; as formas coletivas são as únicas que nós temos" (*Romanticism. A Structural Analysis;* London e Basingstoke, 1982, p. 10). O significado dos eventos, e implicitamente aqueles que os produzem, está denegrindo, em favor das estruturas, os discursos significantes no sentido de possibilidade de entendimento do que ocorre. Ele reconhece com alguma dificuldade que

necessidade básica para fazer padrões que são baseados inevitavelmente na recorrência e no similar? Parece que estamos no limite de uma "revelação de fatos" entre opostos fundamentais, entre o cosmo e a história.

Mais uma vez, Steiner tem sugestões muito originais, por exemplo, como podemos curar as tensões que em nossa cultura oficial são sempre deixadas latentes, sem solução.

"A história é palavrório" – pelo menos, essa expressão bem conhecida é a forma na qual as palavras de Henry Ford são geralmente citadas. Carecendo de nuances mais sutis, de qualquer forma o comentário pode ser estranhamente penetrante e sintético, suficiente, é a desconfiança do cientista e a hostilidade quase instintiva com referência ao conceito de significado histórico.[220] Como algo que ocorre um pouco antes ou um pouco depois pode ter alguma importância real? Com certeza o único significado verdadeiro que podemos encontrar nas coisas reside nos padrões que revelam as "leis" da natureza intrínsecas e eternas?

As ciências sociais (como a declaração implícita que o próprio termo já indica) de forma similar tentam demonstrar o trabalho de princípios racionais essencialmente a-históricos. T. E. Holme, um dos mais influentes pioneiros da história cultural moderna, expressou seu desgosto por toda idéia de aplicar a evolução, por exemplo, à sociedade e às artes. Isso ocorre, sem dúvida, por que ele estava particularmente dedicado a se opor à

---

nesse caso "as estruturas apareceriam para determinar não os eventos específicos, mas o tipo particular de evento que poderia ou não acontecer. Certamente eu, de qualquer modo, estaria preparado para abraçar essa conclusão assombrosa, mesmo se pudesse parecer algo não proveitoso, visto que é difícil saber quais são as implicações do comprometimento" (op. cit. pp. 8-9). Mas neste lado pessoal, realmente atingimos o ponto central do tema. Por mais que fiquemos do lado de fora do total envolvimento da relação histórica, observando as estruturas dos pontos de vista do passado, a singularidade individual se dissolve em simples variações do discurso coletivo – como se uma conversa significativa consistisse de uma seqüência qualquer de afirmações, desde que elas estivessem todas lingüisticamente corretas. Se, por outro lado, o historiador assumisse uma declaração de que precisamos entender o Romantismo (nesse caso), para o futuro da nossa cultura hoje, ele estaria em uma relação moral totalmente histórica, que imediatamente esclareceria as implicações do comprometimento que por outro lado permaneceria tão incerta. A singularidade da situação histórica seria, então, uma experiência poderosa, substituindo a ilusão da singularidade como apenas uma perspectiva variada: a última seria a ilusão oposta ao fato, que foi criado pelo mito de um tempo "após o divisor de águas". Mas é claro que não exigimos normalmente os representantes acadêmicos para termos esse tipo de relação "comprometida" com todo o tempo que eles estudam. Owen Barfield é um exemplo brilhante, porém solitário.
220. Uma perspectiva fascinante sobre Ford e suas idéias, com uma referência importante também a Steiner, é o artigo de J. Westphal, "Henry Ford – Objective Idealist", *Golden Blade* (1979), pp. 115-136. Para uma resistência científica à história, veja, por exemplo, os comentários de Barrow e Tipler, *The Anthropic Cosmological Principle* (Oxford e New York, 1988) pp. 9-11. (Seria uma diversão fascinante acompanhar suas questões atormentadas como se a história da tentativa de encontrar um padrão realmente provaria um caso excepcional – veja p. 11.)

literatura e à arte romântica em favor da clássica, com sua "eterna" aspiração: "o romantismo está preocupado com a mudança e a transformação".[221] Sem dúvida, também, é por isso que o Romantismo flutua insistentemente no nosso argumento, e Owen Barfiel está certo em ligar profundamente a filosofia de Steiner com a essência do movimento romântico no pensamento europeu e na história. Segundo Barfield, o romantismo fracassou – ou fracassou pelo menos nas conquistas de suas principais metas – essencialmente porque não teve um entendimento profundo o suficiente da história, e ele denomina a obra de Rudolf Steiner nesse respeito de "o romantismo vem da época"[222]. Isso é porque Steiner ainda é um dos poucos pensadores a levar a sério a dimensão histórica do conhecimento e suas profundas implicações para o tipo de mundo que conhecemos.

Se todo o conhecimento tem um valor moral, isso se dá porque ele também é essencialmente histórico. Não podemos dar o valor moral do conhecimento sem aceitar nossa própria historicidade, e nesse sentido cognitivo, carregar a carga existencial da nossa singularidade.

A expressão seminal disso já é encontrada no antigo *Outlines of a Goethean Theory of Knowledge* de Steiner, em um capítulo curto e empolgante sobre a "história" como uma forma importante das ciências culturais e espirituais – de fato, como a ciência da liberdade. Essa é uma obra brilhante que ainda é, creio eu, de alguma forma negligenciada.[223] É importante que ela tenha assumido seu ponto de partida na base do assunto moral – no famoso brilho da visão da natureza da ação moral de Lessing, *"Niemand*

---

221. Veja T. E. Holme, *Speculations. Essays on Humanism and the Philosophy of Art* (London e New York, 1987): um livro em sua edição original (1924) que influenciou muito os escritores e os teóricos culturais do início do século XX, de T. S. Eliot para trás. Veja principalmente os comentários sobre o Classicismo vs. Romantismo, pp. 116-117
222. Barfield, *Romanticism Comes of Age*: ele diz que o assunto tem sido, desde então, confundido pela "tentativa desesperada de se adaptar à estrutura eterna da casualidade mecânica, à idéia incompatível da metamorfose – da mudança gradual de uma espécie em outra" de Darwin. A essência da visão de Steiner vai diretamente para caracterizar como a concepção espiritual da autoconsciência do "homem como um processo no tempo, com tudo que isso implica."
223. Steiner, *Goethean Theory of Knowledge* cap. XIX ("Human Freedom", sob o título geral de "Ciências Culturais ou espirituais" (Geisteswissenschaften) pp. 109 e ss. Barfield escolhe as indicações de Steiner, e em seu último trabalho vê a história atingindo a maturidade, como a ciência natural fez no século XIX. "Assim como a ciência se iniciou como um departamento da filosofia e então obteve uma existência separada em seu próprio direito, a história hoje está emergindo da posição que ocupava há muito tempo como um subdepartamento da ciência para uma existência individual como um método paralelo e autônomo de conhecimento, como uma abordagem válida para a experiência como um todo": Barfield, *Speaker's Meaning* p. 19. As consequências do esclarecimento espiritual científico dessa abordagem para a "natureza" e a "pré-história" contrastam com os modos convencionais de pensamento, que são bem caracterizados e envolvem um "tipo de retrocesso e avanço simultâneo de movimento, como uma brincadeira de criança" (p. 90). Essas idéias são melhor desenvolvidas no último capítulo, pp. 92 e ss.

muss müssen": literalmente, "ninguém precisa dever". A discussão de Steiner, entretanto, retira de um comentário menos citado de Lessing, que "aquele que tem a visão também deseja". Steiner conclui: "Não há impulso, portanto, para a nossa ação", falando da perspectiva de que é também o ponto de partida para a história, "exceto a nossa própria visão":

> "Um ser humano livre age segundo percepção, sem a intervenção de qualquer tipo de compulsão, de acordo com seus comandos autodirigidos... O ponto de partida para a ação humana apenas é encontrado no próprio homem.
>
> Por esse motivo, também na história, quando o assunto é seres humanos, não devemos falar das influências do exterior sobre a conduta do homem – de idéias pertencentes a um tempo específico e etc. E devemos falar menos ainda sobre constituir um "plano" para as bases da história. A história não passa da revelação da ação humana... Da mesma forma, ela parece decepcionante do nosso ponto de vista quando um esforço é feito (como Herder faz em seu *Ideas for a Philosophy of the History of Humanity* – Idéias para uma Filosofia da História da Humanidade) para marcar eventos históricos a fim de ordenar os fatos da natureza, segundo a sucessão de causa e efeito. As 'leis' da história são de um tipo mais elevado. Na física, um fato é determinado por outro de forma que uma lei verifica o fenômeno. Entretanto, um fato histórico, como algo ideal, é determinado pelo ideal. É possível falar de causa e efeito apenas quando um depende completamente do externo. Quem acreditaria que isso está de acordo com os fatos, citando Lutero, como a causa da Reforma? A história é a ciência das idéias... Um passo além do que é não histórico".[224]

Muitas coisas sobre essa passagem podem parecer surpreendentes. Em primeiro lugar, muitas pessoas podem estar cientes da ênfase de Steiner sobre os ritmos da evolução cultural por meio da revelação de certos aspectos do desenvolvimento humano, que necessariamente leve um período de alguns séculos para atingir sua total expressão. Ele viu corretamente que a filosofia não estava, de forma alguma, isenta, e que um pensador apenas poderia levantar e desenvolver idéias à medida que elas fossem apresentadas em seu tempo.[225]

---

224. Op. cit. pp. 112-123
225. Steiner, *Riddles of Philosophy* pp.xxi-ii, também 5 e ss. Freqüentemente considera-se que Steiner tomou sua seqüência de estágios (épocas) da civilização das fontes teosóficas. Entretanto, a idéia de séries evolutivas aplicadas às civilizações humanas, cada uma atuando na plenitude da experiência da vida nas possibilidades de um estágio específico, é mais provável que tenha chegado a ele via Hegel. É possível ver imediatamente as semelhanças

"É impossível considerar um filósofo simplesmente como alguém que exerça uma influência em seu tempo. Ele é muito mais uma expressão, ou uma figura reveladora da sua época. O que constitui o conteúdo da alma inconsciente da grande massa da humanidade... é antecipado pelo filósofo em suas idéias.[226]

Mas isso não é história – não passa de babadores da infância, as tentativas do aprendizado da fala e da escrita, as emoções adolescentes ou até os eventos típicos que qualquer pessoa pode vivenciar é que constroem a história pessoal – de forma que esperaríamos que fizessem parte de uma biografia. Além disso, podemos ir mais além. Assim como podemos observar qualquer bebê e fazer uma estimativa plausível de que ele ou ela terá revoltas infantis, que quando tiver cerca de 25 anos, ele ou ela se casará e terá dois filhos (em uma sociedade ocidental), e que por volta de 45 anos terá atingido o pico do reconhecimento em sua carreira o qual lentamente será reduzido e ganhará peso por volta dos 55 (devido algumas estatísticas que podemos até ser bem específicos aqui), etc. E todas essas coisas podem ser verdade. E mais: até a forma que pensamos sobre as coisas tem sua base evolutiva, de forma que isso também pode ser previsto, como quando os psicólogos educacionais apontam que começamos a usar um tipo específico de conceito em uma determinada idade evolutiva.

Mas a história ou a biografia da pessoa apenas surgirá quando conhecermos também o que os fatos significam especificamente para aquele indivíduo, que ao confrontá-los e estimá-los de forma livre também será capaz de redirecionar a vida por meio dos padrões determinados para uma extensão maior ou menor. O mesmo acontece em uma escala maior. Muitos podem revelar em uma cultura uma forma previsível. Uma configuração em larga escala como algo comparável, sugere Rudolf Steiner, a um estágio de desenvolvimento na evolução da humanidade. Entretanto, para Steiner, os cientistas estão enganados ao tentar reduzir tudo no desenvolvimento humano a padrões que possam ser previstos. Metodologicamente, eles estão, portanto, se esquecendo da possibilidade da dimensão específica que para ele é verdadeiramente a história. Isso ocorre, não quando "impulsos culturais" atuam por si, mas quando uma pessoa é capaz de reinterpretar a configuração dos fatos do passado e então contemplar um

---

nas religiões que documentam o progresso do Espírito, embora Steiner tenha substituído o conceito da evolução que não é de forma alguma "dedutível" de sua realidade histórica. Veja Hegel, *Lectures on the Philosophy of Religion* (London e New York, 1974): vol. II, pp. 11 e ss (religião hindu), pp. 70 e ss (religião persa da Luz e da Escuridão); pp 101 e ss (egípcia); pp. 170 e ss (judaísmo); pp. 229 e ss (religião e arte grega) – e compare por exemplo com Steiner, *Gospel of John* pp. 28-36.
226. Steiner, *Anthroposophical Leading Thoughts* (London, 1973), p. 114.

futuro diferente.²²⁷ Pois o que temos visto é que ao compreender realmente o passado e não tentar transformá-lo em algo do nosso próprio tempo, na verdade, podemos avançar livremente e formar algo novo.

É isso que ele quer dizer no contexto atual, e eu assumo, por "ideal": a forma como a configuração dos eventos é percebida pelo agente individual está intrínseca à realidade histórica. Tomando esse caminho, a intenção de Collingwood em sua declaração muito discutida de que "Toda a história é a história das idéias", Steiner continua a sugerir uma visão da história que se desenvolve a partir do padrão da evolução cultural sempre reinterpretando-a fundamentalmente. Os indivíduos estão enraizados em sua sociedade, mas seu conceito de história é uma forma de reconhecer como os indivíduos também se livram dela e se transformam em um fato em sua transformação.²²⁸ É esse "tornar-se livre" que Steiner deseja destacar, como sempre,

---

227. Uma revolta da multidão francesa "porque eles não tinham pão" teria sido não mais de uma outra revolta, violando temporariamente o equilíbrio social – mas se aqueles que tomaram parte dela naquela época tivessem uma nova perspectiva sobre o potencial para a mudança, isso poderia se tornar a Revolução Francesa. A história surge com a interpretação e as causas não podem explicar o curso dos eventos: é insignificante (apesar do pensamento marxista desejado) supor que tais revoltas sempre foram proto-revoluções, caso as pessoas percebessem ou não, como quando um historiador faria-nos acreditar que os romanos e seus escravos estavam engajados em uma "luta de classe". Portanto, o componente "ideal", a interpretação que é dada aos eventos, realmente transformam a realidade histórica, e isso pode ser feito apenas por meio de indivíduos livres que introduzem algo novo. A tentativa de desprover esse fator ideal-espiritual de seu papel transforma-se em uma simples ideologia (ou seja, uma reflexão passiva das supostas "forças" históricas e econômicas), pois as suposições dogmáticas do materialismo sempre questionam fundamentalmente a compreensão histórica, por exemplo, na forma que o marxismo tenta burlar o padrão da história ao levar para o passado as situações de pressuposições modernas tais como a percepção de rivalidade entre "classes".

228. É necessário, portanto, ir além da evolução (= a modificação das estruturas existentes) para entender o espírito, que é o agente ativo, que movimenta a mudança evolutiva em si, e que surge em sua forma pura na história. O reverso da moeda é visto na cosmologia espiritual de Rudolf Steiner, na qual a preservação das morfologias que têm sido produzidas naturalmente predomina, visto que o assunto-matéria é o mundo das formas e estruturas existentes. Entretanto, a direção única da história espiritual não é negada e é traçada uma reconciliação brilhante entre construção evolucionária das formas e os processos históricos. É possível comparar o resultado da "história cósmica" com a idéia de Whitehead de que as leis ou padrões da natureza seriam encontrados para mudar gradualmente: A. N. Whitehead, *Adventures of Ideas* (Cambridge, 1947) p. 143. A solução de Steiner, segundo a qual o espírito não usa sua liberdade para ganhar a independência ilusória (luciferiana), mas reemprega moralmente com a natureza que é expressa na idéia das relações futuras entre o espírito e a natureza como recriações de um nível mais elevado dos estágios do passado. Em resumo, podemos recuperar o mesmo tipo de propriedade com a natureza que tínhamos nos estágios primordiais do nosso surgimento, mas com a adição de nossa autoconsciência livre. O futuro é um reflexo ou uma versão transformada do passado, mas em um nível mais elevado devido às nossas conquistas (= história). Essa "recuperação em um nível mais elevado" é uma das principais idéias do pensamento de Steiner que está ligada ao idealismo

não como um enigma metafísico, mas como um evento que está realmente acontecendo na evolução humana. Sua manifestação é concreta, assim como o surgimento daqueles "espíritos livres", ou individuais, na história. Na abordagem de Steiner, em vez de tentar reduzi-los a um padrão generalizado de causas e efeitos, os indivíduos são reconhecidos como irredutíveis e únicos. Essa é a essência da história: na qual uma situação é tratada como tendo aspectos não assimiláveis a qualquer outro.

O desejo humano de padrões de descobrimento ou de criação, que em suas formas mais difíceis de serem atingidas fundamentam o empreendimento científico, é, portanto, para Steiner, incapaz de ser concretizado. Como Henry Ford temia, a história é realmente um desafio radical para o cosmo. Pois isso nos diz que o mundo em que vivemos nunca pode ser totalmente compreendido, mesmo que quiséssemos pensar para o nosso próprio o sentido de segurança, os padrões que têm surgido até agora. O nosso mundo, se formos verdadeiros com nossa experiência dele, não pode ser reduzido a uma coisa, a algo que possamos definir e controlar. Se há alguma verdade na história, ela indica que a realidade é pessoal. A conclusão que surge das ciências humanas, para Steiner em sua explicação filosófica como era mais intuitivamente para Goethe, é, portanto, que a "ordem do mundo racional serve para ser concebida como uma grande individualidade imortal" que é o protótipo da nossa forma para dar significado às experiências que chegam até nós, e que "portanto, se faz o próprio senhor do fortuito."[229]

Rudolf Steiner voltou a esse ponto muito depois, nas palestras sobre o que ele chamou de "sintomatologia histórica". Podemos prontamente compreender isso em termos da visão precedente, na extensão de que ela significa que os eventos têm um significado diferente, são "sintomáticos" da consciência em períodos diferentes, como no exemplo que ele usa do período moderno do crescimento da autoconsciência que ele chama de era da "Alma Consciente". Particularmente valiosas do ponto de vista filosófico, talvez, sejam as passagens nas quais ele tenta esclarecer o *pathos* e o potencial da mudança histórica.[230] O que está envolvido aqui é, de forma proeminente, uma filosofia da história: que podemos considerar como o modo que devemos pensar a fim de ter o significado do que estamos estudando para que se torne claro. Ele coloca isso de uma forma gráfica. Especialmente nos tempos modernos, com o surgimento de indivíduos espirituais

---

alemão, cf. Hegel, os padrões da transcendência/preservação expressos em seu uso idiossincrático do termo *aufheben*: mas a versão de Steiner está livre da idéia metafísica da transcendência, segundo a qual o espírito move-se além da natureza, e transforma-se em uma idéia antroposófica "encarnacional": nossa autoconsciência, em vez de ser a meta e o apogeu do processo do mundo, é um momento decisivo e uma responsabilidade moral para um mundo maior que nós ajudamos a levar à existência.
229. *Goethe's Theory of Knowledge*, p. 108.
230. Steiner, *From Sympton to Reality in Modern History* (London, 1976) (o título original refere-se a *geschichtliche Symptomatologie*).

livres e, portanto, de significados diferentes para uma situação, nós nos tornamos cientes que esses problemas históricos, como ele diz de fato, são aqueles que não têm soluções:

> "Você deve perceber como as coisas chegaram à cabeça e terminaram como problemas insolúveis... E isso também é um sintoma! A imaginação ingênua de que há uma solução para tudo. Agora, um problema insolúvel dessa natureza (insolúvel não para o intelecto abstrato, mas insolúvel na realidade), foi criado em 1870-71 entre as Europas Ocidental, Central e Oriental – o problema da Alsácia. É claro que os eruditos sabem como resolver isso... Mas aqueles que são realistas, que vêem mais do que um ponto de vista, que são conscientes de que o tempo é um fator real e que alguém não pode simplesmente trazer o que está no âmago do futuro – em resumo, aqueles que se posicionam com os pés no chão – estão cientes de que esse é um problema insolúvel... Essa situação é um sintoma óbvio, como aquele da Guerra dos Trinta Anos, que mencionei ontem a fim de mostrar que na história não é possível demonstrar que os efeitos subseqüentes são a conseqüência de causas antecedentes.[231] As conseqüências da Guerra não tiveram relação com as causas antecedentes; não pode haver a questão de causa e efeito aqui. Mas o que temos é um sintoma característico... Os problemas são levantados e não levam a uma solução, mas a novos conflitos e tornam-se um beco sem saída. É importante entender isso: esses problemas levam a uma encruzilhada, de forma que as pessoas não conseguem chegar a um acordo; as opiniões devem ser diferentes, por exemplo, porque os homens habitam diferentes regiões geográficas da Europa... E em meio a isso tudo, vemos um avanço contínuo da Alma Consciente."[232]

---

231. Ele observou que os assuntos religiosos que precipitaram a Guerra dos Trinta Anos permaneceram em toda sua essência não-resolvidos quando ela chegou ao fim em 1648, mas em vez disso, "o resultado da paz da Westphalia, a situação ficou alterada em relação ao passado, não tinha relação com as causas do conflito em 1618" (op. cit. pp. 37-38).

232. Op. cit. pp. 68-69. Posso talvez fazer uma observação pessoal, sobre uma forma de esclarecer uma situação análoga nos dias de hoje na Irlanda. Entendi que segundo "a história" uma senhora da Irlanda do Norte disse a algumas pessoas que elas não tinham de considerar "o nosso dinheiro", ou seja, a moeda da Irlanda, e sim apenas a libra esterlina. Segundo a visão dela, que vivia na Irlanda, havia uma fronteira para as outras pessoas. O que temos aqui não é um desacordo, que implicaria entendimentos compartilhados dos termos envolvidos. Surgiram dois pontos de vista radicalmente sem ligação. Os elementos aqui não de adaptam a um "presente" ou a um único padrão, e a base para a interação e a resolução está ausente. O surgimento de pontos de vista diferentes exige uma visão histórica, e a singularidade da perspectiva de cada lado não pode ser assimilada para um modelo sociológico generalizado, visto que não há um reconhecimento comum em pertencer a "uma sociedade", e sim a lealdade conflitante de que não há nem mesmo espaço para existir no ponto de vista

É por haver tais problemas que a vida não pode ser sempre resolvida usando um padrão do tipo "causa e efeito". Há uma ausência de resolução: sofrimento, conflito e finalmente a morte.[233] Essas coisas estão envolvidas na própria existência do espírito livre emergente que não poderia, em nenhuma outra forma além da história, encontrar expressão para sua singularidade, seu eu ou "ego" na terminologia antroposófica de Steiner. Nós, real e ativamente, tomamos a morte para nós mesmos, para realizar nossa liberdade. Se, a fim de encontrar a atividade espiritual como *pensamento* devemos passar por cima do nada, a fim de encontrar uma atividade moral; devemos ir mais além, entrar e sustentar com sofrimento e morte.

Em resumo: para Rudolf Steiner, a história é um modelo para as "ciências espirituais", com isso, ela não pode ser concebida exteriormente – como se pudéssemos traçar seu significado nas relações externas da causa seguida pelo efeito. Ela tem significado apenas no seu interior, segundo as mudanças de possibilidades que dependem do estágio de consciência das pessoas. Portanto, se quisermos ter um conhecimento interno do mundo do tipo exigido pela situação atual em seus conflitos políticos, suas exigências ecológicas e na nossa própria necessidade de encontrar o conhecimento que exige explicação para o nosso sentido de "tornar-se livre" por meio da autoconsciência – esse deve ser conhecimento histórico, com toda a dor e o conflito da mudança, que surge contra o insolúvel nos termos da nossa situação atual, das coisas que não podem ser compreendidas pela assimilação do passado. Qualquer outra forma de conceber nossa relação com o mundo resultará em perda de nossa atividade espiritual como um agente perceptivo moral no processo. A tentativa de negar nosso histórico destino da liberdade, por exemplo, de retornar à "natureza" como contemplado popularmente por aquelas buscas de um atalho para a solução do nosso problema ecológico é, em essência, negar o nosso próprio futuro. Apesar de estar disfarçado, isso significa fundamentalmente fugir da carga necessária da nossa singularidade e das responsabilidades únicas que se referem a ela. A história é o modelo, na verdade, é a abordagem básica para todas as ciências humanas ou espirituais, e é possível observar isso nos últimos trabalhos antroposóficos de Steiner, nos quais ele coloca notavelmente menos ênfase nas analogias aos procedimentos científicos da natureza.[234]

---

dos outros. Algo essencial para a compreensão histórica é, portanto, tragicamente enfatizado, mas, talvez, a percepção da mudança histórica também possa surgir no futuro por meio do aparecimento de novos significados que podem dar uma nova esperança.
233. Op. cit. pp. 74 e ss: Steiner dá exemplos da forma como trazemos as forças da morte para a vida moderna por meio do aspecto de Arimã do intelecto (conhecimento manipulador mecânico). Mas isso não deve ser visto negativamente. Isso é parte do nosso "tornar-se livre" que vimos no capítulo anterior. Opor-se a isso em termos históricos seria como dizer "Já que o homem nasceu para morrer, seria melhor se ele nunca tivesse nascido" (p. 79).
234. Isso não quer dizer que ele tenha rejeitado o programa "convergente" dos métodos científicos espirituais e da natureza como foi compreendido anteriormente, mas compare

A direção de Steiner do pensamento não é desassociada, eu diria, das considerações que têm levado um número de pensadores desafiadores nos últimos anos a questionar a atitude "científica" para os fenômenos psicológicos e culturais, para propor mais perspectivas históricas. Todavia, para essas abordagens, Steiner daria sua própria deformação característica, libertadora. Exemplos claros incluíram recentemente as "histórias" do sexo e até da loucura.[235] Em vez de tentar reduzi-los às suas supostas causas (biológicas, patológicas, etc.) e, portanto, definir seus significados externamente como se fossem fenômenos naturais, tornou-se possível vê-los como formas de tentar dizer algo. Como tal, eles são historicamente variáveis, e as mudanças no que têm a dizer, na sua direção espiritual ou na intencionalidade são essenciais: os esforços para definir o sexo pelas causas biológicas, ou a insanidade contra a suposta norma psicológica apenas nos distancia de sua essência. A abordagem espiritual e histórica, por outro lado, pode nos libertar para vermos o assunto a partir de seus comportamentos específicos. Em vez da necessidade de protestar contra ser "aprisionado" em um papel sexual, podemos explorar na liberdade interna o porquê de as pessoas precisarem desempenhar papéis específicos, e como as novas versões desses papéis podem nos satisfazer hoje. Em vez de condenar a pessoa real como supostamente perigosa ou insana, podemos ser capazes de reconhecer o espírito humano que ainda fala conosco por meio do comportamento "perturbado". A base na qual somos capazes de fazer isso deriva sua força da história: no fenômeno frente à nossa observação de que nada sugere uma verdade mais profunda a menos que estejamos preparados para pensar em termos de uma propriedade "histórica" para o espírito que está falando para nós por meio do fenômeno. Apenas o reconhecimento de tal extensão além do que realmente observamos, de um passado histórico ou de uma propriedade futura para a pessoa, pode abrir a porta para tal reconhecimento. Steiner, sem dúvida, assustou em algumas de suas palestras, quando escolheu incluir nesses exemplos as coisas que revelam seus segredos apenas sob a perspectiva histórica em assuntos como sono e até mesmo a morte.[236]

Isso é, na verdade, uma das características básicas da nossa sociedade moderna que desconta mais ou menos todo o lado da vida que pertence

---

seus comentários no prefácio de *Outline of Esoteric Science* (1925) pp. 1-2. Como uma indicação do foco para a última abordagem de Steiner, especialmente expressa talvez nos volumes de *Karmic Relationships*, note que isso era em último contexto o que ele voltou a considerar assunto da liberdade humana. *Karmic Relationships* vol. I (London, 1972) pp. 45-59.

235. O surgimento dos tratamentos históricos de muitos assuntos anteriormente no domínio da ciência é um dos "sintomas" mais interessantes, no caso de Steiner, de uma mudança da consciência que podemos vivenciar hoje.

236. A insistência de Steiner na mudança do significado do "sono" e da "morte" foi um contraste às interpretações teosóficas, que buscavam encontrar em suas próprias visões desses fenômenos a explicação de muitas das idéias místicas tradicionais. Mudando a realidade histórica da morte: *Outline of Esoteric Science* pp. 269-270.

ao sono. Em culturas antigas, que não faziam isso, o sono significava algo totalmente diferente. Os sociólogos podem achar que estão declarando o óbvio quando afirmam que sua característica como realidade compartilhada "diferencia seriamente a vida diária das outras realidades nas quais estou consciente. Eu estou sozinho no mundo dos meus sonhos..."[237] Mas muitas culturas têm vivenciado no sono a presença de ancestrais, de espíritos ou de deuses. Então, eles não descrevem a linha de diferenciação exata que pensamos que esteja lá. Será que podemos dizer com propriedade que a linha de diferenciação sempre esteve lá, e foi apenas isso que as outras culturas e os antigos falharam em perceber? O sono biologicamente definido é, portanto, sempre o mesmo – ou o sono tem sido diferente em tempos diferentes?

Ou, para usar um exemplo mais atual: se pensarmos no momento da morte de uma pessoa, descobriremos que isso pode, com os recorrentes problemas legais e com aqueles que debatem a ética médica mostram, na verdade ser estabelecido em termos físicos ou biológicos apenas por um tipo de procedimento arbitrário. Fisicamente, como Steiner observou, não há uma mudança de estado específica para distinguir o corpo imediatamente antes ou depois da morte. Aqui também parece muito melhor explorar a sugestão de que a morte não é tanto um "fenômeno" que exige reconhecimento, mas enfrenta uma rica variação de significados (concebidos historicamente em tantas formas diversas pelas diferentes culturas) da mudança das condições da consciência. Para Steiner, a morte realmente era algo diferente para épocas culturais diferentes. Pode ser que Steiner tenha tirado de um dos poemas de Yeats o seu admirável pensamento de que "Nós criamos a morte". Isso não quer dizer que as pessoas podem fingir que a morte não existe. Mas ela surge a partir das próprias condições de uma consciência livre e isso deve ser visto como as forças de morte, a arimã – que devem ser superadas pela atividade espiritual do seu interior. Em todos esses casos, isso se transforma em um assunto em que é preciso ser capaz de reconhecer o espiritual e o potencial para a atividade espiritual, que é inerente dentro do que parece ser um limite da cultura e do tempo que são "determinados" externamente.[238]

Ainda assim, isso pode parecer uma idéia como se Steiner estivesse andando sobre uma lâmina mais uma vez – não tanto porque ele está estendendo demais as idéias (apesar de ele certamente ter feito isso), mas porque

---

237. Berger and Luckmann, *Social Construction of Reality* p. 37.
238. Goethe para Eckermann, em Gespräche, 11 de março de 1828. Goethe acreditava que sua atividade interior incessante mostrava a realidade de seu ser espiritual (por isso ele usava em seu próprio caminho o termo aristotélico "enteléquia"). Sua crença de que isso deve encontrar a expressão em uma existência futura apesar da extinção de seu corpo físico, ele considerou uma visão de "senso comum" em contraste às tentativas racionais metafísicas em uma prova de imortalidade. Também é possível ver isso como um modo de pensamento fundamentalmente histórico, e está em uma veia similar que alguém deve usar a concepção de Steiner no karma e reencarnação.

ele pode provar muita coisa aqui. O tipo de pensamento que inicialmente parece estar totalmente dentro da realidade que esse fato descreve e, portanto, que está em contato direto com sua dimensão espiritual, parecia, para muitos pensadores modernos, dispersar-se do contato com a realidade no todo. Se não há um "fenômeno" definível, a mudança das perspectivas sob o ponto de vista histórico parece simplesmente ter se tornado desprovida de bases – a fiação sem fim de tapeçarias em um movimento pela atividade humana sem fundamentação. A história torna-se para a maioria dos modernos, portanto, um relativismo desolador. Seus significados são simplesmente impostos sobre o mundo, e são em si historicamente variados e incompatíveis. Se não entendermos qualquer traço do imutável, o fundamento "objetivo" que dá base às relações humanas mutáveis, parece que somos deixados apenas com o subjetivo, com os esforços diversos a fim de obter um apoio para o que não pode ser compreendido. O caminho para uma descoberta de fontes mais profundas da atividade espiritual que estão integradas no mundo que vivenciamos se parece com a areia. Mas é aqui que Steiner dá o seu maior e mais arrojado salto, e se precipita para a maior das suas reversões das suposições filosóficas convencionais. Pois é aqui que ele recorre ao seu conceito do Logos.[239]

A história no sentido radical que temos caracterizado deve surgir como um colapso – se estivermos usando algum modelo de conhecimento que assume o significado para ser algo imposto pelo mundo, por nós mesmos, *ab extra*. Por outro lado, a visão de Steiner do conhecimento na insistência de que o conhecedor está em toda a parte do mundo que é conhecido, sugere que a significação seja inerente ao conhecido. Em vez de ser uma construção imposta sobre o que é determinado, isso é trazido à consciência pela polarização de um todo inicial que nos possibilita nos descobrir como conhecedores. A história, como algo que formamos e definimos em nossa própria consciência contra o mundo – torna-se uma mudança única da posição de superioridade da consciência, tornando-se moral – para Steiner, portanto, ainda deve ser uma revelação do que é inerente no mundo do significado, essa completude do significado: o Logos. De fato, nenhuma outra abordagem pode satisfazer os critérios da história radical da forma que ele a caracterizou, no sentido de algo baseado no significado único das pessoas e eventos. Para qualquer um dos outros modelos atuais, tal como a construção historicamente específica do significado das coisas, apenas pode ser um grupo relativista do pensamento subjetivo desejado que é tecido em eventos significativos. De uma forma ou de outra, pareceria então que as pessoas por toda a história tinham tentado tornar o mundo significativo.

---

239. Por sua importância para Steiner em seu desenvolvimento como um pensador, veja as passagens de sua autobiografia citadas em O. Palmer, *Rudolf Steiner on his Book* "The Philosophy of Freedom" (New York, 1975) p. 103.

Mas a própria necessidade que temos enfatizado, para reconhecer as diferenças essenciais entre a consciência de um período histórico e outro, destrói todos esses esforços para contradizer cada um como uma visão da forma que o mundo é (a menos, é claro, que fôssemos contemplar tais soluções conservadoras como algo desejado para retroceder para um absurdo idealista e dizer que o mundo apenas existe subjetivamente e, portanto, realmente era diferente em mentes diferentes, etc.). Por outro lado, por qualquer um desses padrões, a história deve realmente ser fraudada ou, se for humanamente válido, questionada sobre qualquer verdade real na compreensão humana do mundo: o salão de espelhos mais uma vez. A solução de Steiner é brilhante e radical. Em sua visão, as compreensões diferentes atingidas por mentes diferentes no curso da história não são tentativas estranhas para descobrir o significado que está imposto sobre as coisas, mas são mudanças parciais do significado infinitamente rico que é o tecido do mundo. Na verdade, isso surge em nós como novos níveis de realização de consciência.

A visão da história de Steiner é, então, o pólo oposto de Dilthey, no qual a construção do conhecimento histórico é concebida gradualmente, libertando-nos das limitações de qualquer cultura em particular. Ser Deus, como parece, é finalmente uma imagem de um grupo de intelectuais alienados, capazes de descobrir um grande negócio, mas com pouco poder moral em sua própria sociedade. O conhecimento abstrato do compromisso com experiências e atitudes específicas torna-se luciferiano, seduzindo-nos para além da realidade da nossa liberdade. A reversão de Steiner, renunciando a universalidade irreal e nos encorajando a afirmar o tipo de conhecimento apropriado para o nosso estágio específico de consciência, é uma fonte de liberdade, porque ele nos possibilita ver nossa forma de conhecimento como algo enraizado no significado intrínseco da vida como um todo.

Vimos como até as verdades matemáticas eram vistas por Steiner em uma forma antiplatônica, como se surgissem de nossa própria atividade, a nossa inconsciência inicialmente envolvida com o ambiente. Indo mais profundo para examinar as origens da linguagem e a própria razão dela, Steiner volta para o conceito do Logos no contexto da evolução cósmica.

Parece que exteriormente, ele observa, o homem como um ser pensante, não só é capaz de vivenciar o mundo, mas – ainda mais importante – também é capaz de comunicar a experiência de volta ao mundo que o cerca pelo significado das palavras, e chega a um produto final da evolução ou ao auge da ordem natural. Como resultado, o homem pode ser representado como aquele que se coloca em um ponto mais elevado que os animais. Mas no mundo do pensamento do Evangelho de João, com sua doutrina do Logos, por outro lado, ele descobre que isso foi ensinado:

"o que parece exterior, no ser humano, existia no mundo desde o seu primórdio. Podemos supor que o homem em sua forma atual não existia nas antigas condições da Terra, mas em uma forma imperfeita e muda, ele estava lá e gradualmente evoluiu para um ser favorecido com o Logos (ou Palavra). Isso foi possível por meio do fato de que o que aparece com ele como um princípio criativo estava lá desde o início em uma realidade mais elevada. O que lutava do lado de fora da alma era 'no início' o princípio criativo divino.

O mundo que parece exterior à alma (o Logos) estava lá no início e, portanto, guiou o desenvolvimento do homem que, no fim, surge um ser em uma existência que poderia revelá-lo. O que aparece por último no tempo e no espaço estava lá, na verdade, espiritualmente desde o princípio".[240]

    A implicação é que o significado não é algo que adicionamos ao mundo como ele é, pela virtude de nossas faculdades mais avançadas. Ela é a base sob a qual nós nos desenvolvemos, que então surge para expressão por meio de nós, em nossa forma parcial e particular. Nossa natureza como seres pensantes pressupõe um mundo significativo. Em termos do pensamento evolutivo moderno, Steiner afirma que a idéia do Logos tem um sentido poderoso. No pensamento pré-evolutivo, tinha de ser suposto que os seres como os animais ou os homens existiam, e o fato de que nosso ambiente é apropriado para eles era devido a algum acordo deliberado que servia a um propósito para fornecer a eles o que precisavam. As criaturas que se alimentavam de vegetais existiam. Portanto, seu criador conscientemente abasteceu o mundo para eles e havia o vegetal. Mas essa idéia abriu um caminho para a compreensão evolutiva, segundo a qual a adaptação da criatura e o ambiente não é mais entendida teleologicamente, mas como uma indicação do desenvolvimento entrelaçado. Por outro lado, Steiner propõe a idéia de que o significado que encontramos nas coisas surge em nós como seres pensantes, e que isso se adapta ao mundo, como se tivesse sido feito um acordo especial, e não pode mais ser comprovado. Em vez disso, ele argumenta que o mundo que conhecemos e a construção cognitiva que

---

240. Steiner, *The Gospel of John* p. 27. A base da doutrina do Logos no pensamento antigo é vergonhosamente obscura, e foi ligada por Steiner com os ensinamentos secretos dos Mistérios. Mas o que o ensinamento do Evangelho de João poderia ter, as conotações que Steiner descreve com paralelos principalmente na literatura hermética greco-romana-egípcia que freqüentemente é encoberta com o início do Cristianismo e com o judaísmo contemporâneo: lá o Logos distingue o homem dos seres inferiores ou animais que, mesmo quando podem emitir sons, não podem articular significados; a arte e a ciência são descritas como "a atualização do que pertence ao Logos"; o Logos também é o poder pelo qual Deus fez o mundo; e enviou o homem para o mundo gerando o Logos e a "mente", tornando possível que ele se tornasse consciente do mundo e que reconhecesse seu Criador. As principais passagens estão reunidas em C. H. Dodd, *The Interpretation of the Fourth Gospel* (Cambridge, 1968) pp. 28-29; e veja o destaque dado às origens do Cristianismo em Steiner, *Christianity as Mystical Fact* pp. 154 e ss.

nos possibilita conhecê-lo são o resultado de uma pré-história compartilhada. Steiner tentou desenvolver essas idéias de uma forma evolucionária, antrópica, já em seu prematuro *Anthroposophy. A Fragment*. As estruturas cognitivas que supostamente impomos em nossa experiência, segundo ele, são na verdade nossas pistas para entender as forças do mundo que realmente formou nossa evolução para seres conhecedores e pensantes. Ele não supõe realidades metafísicas que estão além de nosso conhecimento real, mas chama nossa atenção para as indicações dos caminhos que transformamos e construímos ativamente para adaptar pela natureza do que conhecemos.[241] Foi por esse caminho que ele chegou à sua concepção ativa do espírito, ou das forças supersensíveis que nos formaram.

Tal abordagem também veio com algumas das conclusões epistemológicas remotas sobre a natureza problemática da experiência bruta ou "determinada" na raiz do nosso conhecimento.[242] Em sua visão de "polarização" entre o conhecedor e o conhecido, ele realmente aponta para o um ponto de partida de um plenário de significado, para o qual pertencemos, como uma parte da equação subseqüente. Sua reversão libertadora das teorias convencionais do conhecimento agora se torna completa. Nós definimos nosso ponto de partida, a nossa identidade como conhecedor não por imprimir nós mesmos sobre o mundo, mas por limitar seu potencial tão rico de significados para descobrir a nossa própria identidade, a nossa própria existência limitada no mundo. Nunca poderíamos fazer isso se vivêssemos sempre em uma "continuidade vital" com esse mundo:

> "A forma pela qual a mente sofre seu processo cognitivo para desaparecer na abstração dos conceitos é... determinada pelas leis do desenvolvimento da própria existência do homem, essas leis exigem que, no processo da percepção, ele domine sua continuidade vital com o mundo exterior para abstrair os conceitos que são básicos e sobre os quais sua auto-consciência se desenvolve e aumenta".[243]

No lugar do Logos universal, retemos apenas aquelas "abstrações sem sentido" que têm a característica do não-ser, de forma que possamos inserir nosso próprio ser no mundo por meio de feitos com significados morais. Nossos pensamentos estão vazios de realidade, não por causa do

---

241. C. Lindenberg descreve como Steiner reuniu essas idéias em uma relação específica aos dois limites das experiências (isto é, luciferiana e de Arimã) para o *Leading Thoughts*. "Na experiência desse paradoxo", ele escreve, "que o mundo reflete nosso próprio pensamento, e que no nosso eu que se originou do mundo, repousa o ponto de partida para o autoconhecimento antroposófico. E isso mostra algo além: que pode haver um aprofundamento do pensamento por meio do qual uma pessoa não só não perde o contato com o mundo, mas se liga a um mundo da realidade espiritual": *Rudolf Steiner* p. 141.
242. Steiner, *Wahrheit und Wissenschaft* pp. 69 e ss.
243. Steiner, *The Case for Anthroposophy* p. 61.

nada espiritual do mundo, como Nietzsche queria que acreditássemos, nem porque somos simples produtos das mudanças das circunstâncias históricas, mas porque apenas nesse nada é que podemos definir nossa identidade.

É dessa forma que Steiner chega a sua certeza de uma satisfação espiritual, o Logos primordial, que é carregado com a energia criativa. Pois o que está incluído no conteúdo da idealização não poderia criar o mundo, como o Idealismo, em vão, buscava demonstrar. Em vez disso, é por voltar à questão da validade atual do pensamento para o conhecedor que Steiner encontra o nível mais profundo da energia criativa espiritual, baseada em uma compreensão "antroposófica". Na busca filosófica de uma ligação entre os simples "pensamentos" e a realidade, ele diz que:

> "a antroposofia demonstra que além da relação do homem... que está lá em um campo sensorial, há uma outra relação. Esta última não atinge, em sua especificidade imediata, o nível consciente normal. Mas subsiste em uma continuidade *viva* entre a mente humana e o objeto observado por meio dos sentidos. A vitalidade que subsiste na mente pela virtude de sua continuidade vem por meio da compreensão sistematicamente subjugada, ou sem sentido, de um "conceito"... A realidade fornece ao homem um conceito vivo. Desse conteúdo vivo, ele dá à morte essa parte que invade sua consciência comum. Ele faz isso porque não poderia atingir a autoconsciência contra o mundo exterior se fosse compelido a experimentar, em todo o seu fluxo vital, a sua continuidade *com* esse mundo".[244]

O conhecimento é nosso negócio. Portanto, é por meio do autoconhecimento e da responsabilidade pelos nossos atos para atingir a diversidade consciente do desapego moderno que podemos também procurar curar a ferida espiritual. Novamente, ao encontrarmos o Logos finalmente entenderemos a nossa própria história e a identidade que obtivemos. Em outras palavras, a redescoberta do significado, do Logos, como Steiner realmente reitera depois da passagem citada, é feita não pelo retorno do paraíso proibido, mas por seguir a estrada da autoconsciência até o fim. Pois isso significa a própria história, a realização particular e inesgotável do Logos.

A Redescoberta do Significado

Tudo isso começa a parecer muito grandioso. O conceito do significado como uma plenitude divina que quase somos impossíveis de produzir e que precisamos fragmentar e tirar o sentido na abstração se formos nos

---

244. Loc. cit.

encontrar, conscientemente, nas realizações parciais da história. Mas será que dizer mais sobre isso não seria uma grande especulação? Com certeza, isso oferece uma nova visão da relação entre a história e o cosmos, na qual encontramos a certeza e a verdade real, embora parcial, no conhecimento que é a parte do processo histórico. Mas é esse algo real nessa forma precisa e histórica que o próprio Steiner exige? Será que é possível traçar algum caminho significante com as questões que nos pressionam de forma tão urgente à medida que entramos no terceiro milênio?

De fato sim. Podemos apreciar melhor esse fato por meio de um outro encontro imaginário no qual Steiner poderia contribuir com assuntos cruciais que têm sido levantados sobre o desenvolvimento do nosso pensamento. Ao menos um poderia ser projetado, uma pequena confusão, talvez, entre Rudolf Steiner e George Steiner (sem relações de parentesco, pelo menos até onde sei). O último, um professor e historiador cultural muito respeitado, tentou fazer uma relação com a crise atual do significado de uma forma profunda e desafiadora em muitos dos seus livros. Ele levantou algumas das mesmas visões que levaram Barfield à possibilidade de "redescobrir o significado".[245] Acho difícil não pensar que ele seria ajudado a levar em frente as conseqüências das suas idéias, como pode parecer claro por meio de um encontro imaginário com Rudolf Steiner.

A situação com a qual o professor George Steiner começa, como ele mesmo explica, deve ser compreendida ao investigar as raízes da recente revolta contra as tradicionais filosofias do significado. Ele observa que o caminho da revolta veio com as teorias lingüísticas modernas, o pós-estruturalismo, a desconstrução, etc. e ele não subestima a natureza sísmica do motim que a mudança de fundamentos na apreensão do próprio significado trouxe à vida cultural moderna, ou a ameaça ao humano que está contida nela, como ele coloca. E o fato importante é que ele não se convenceu com o argumento dos seus protagonistas.

Olhando para essas bases lingüísticas, chegamos ao conceito da "diferença". Pois a idéia do significado que retiramos das teorias lingüísticas começa exatamente na outra ponta com Rudolf Steiner – da falta de sentido, dos produtos mortos do processo que ele descreve. Isso é baseado na observação de que o discurso significativo está aparentemente baseado em um sistema de diferenças. As línguas ou os sistemas de sinais podem ser muitos e variados, mas dentro deles, devemos ser capazes de diferenciá-los: em um nível mundial, os padrões de som ou os sinais escritos devem indicar que essa palavra está sendo dita em vez daquela; então, em um nível sintático, devemos ser capazes de marcar que um modo possível de expressão com o sistema que está sendo atualizado em vez do outro. A linguagem, como um todo, é repleta de diferenças que estão disponíveis

---

245. Barfield, *The Rediscovery of Meaning and Other Essays* (Connecticut, 1977) pp. 11e ss.

para quem fala. O significado de qualquer ato de fala específico depende deles.

Agora, uma vez que olhamos para o significado de uma expressão em termos das diferenças nessa forma, somos responsáveis pela condução rápida de um número de conclusões. Uma é o princípio dos lingüistas modernos da arbitrariedade do signo. Não importa se fazemos diferença entre *bow* e *wow*, ou *ding* e *dong*. É a sistematização deles como diferentes, como signos opostos, que exigimos para fazer a linguagem. Então, eles podem figurar como palavras diferentes, indicadores e determinantes. Em segundo lugar, podemos concluir que a idéia de um significado residindo no que dizemos é algo ilusório. Realmente essa coisa pode não existir, visto que o significado da linguagem consiste apenas no fato dessa possibilidade *em vez da outra*, ou estritamente, na diferença entre elas. Quanto mais tentarmos isolar o significado do nosso discurso específico ou ato de fala, mais o significado desaparecerá. Finalmente, ficaremos com o sentido da confusão, a falta de sentido, ou em uma terminologia técnica, com a aporia – estando totalmente na perda. Os teóricos podem chegar até aqui, nessa base, e nos dizer que realmente não pode haver um significado, e que tudo que procuramos descrever são "efeitos de significado" que surgem a partir das interações do sistema. E com tal processo de "desconstrução" do significado aparente, o sujeito, aquele que fala, é também, inevitavelmente, chamado à questão. O sentido de alguém falando é parte da ilusão. A linguagem é essencialmente coletiva, e não podemos fazer dela a portadora dos significados pessoais na idéia de um assunto ou de um autor que tenta nos fazer crer; essas idéias são, em si, apenas criadas pelo sistema, pelas lacunas entre os componentes da comunidade. O significado está dissipado no amplo contexto da linguagem, dos signos gerais (semiótica), da comunicação, da sociedade, do comportamento do homem e do animal, até o infinito. E o fato de que os limites do sistema não podem ser especificados é mais uma razão para pensar que os significados individuais definitivos internos apenas podem ser ilusórios. Com isso, a determinação da linguagem tem sido aparentemente fixada de forma arbitrária em qualquer lugar e vista como completa.

Mas aqui, George Steiner está certo em se opor. "O fato de não poder haver, na frase absurda de Coleridge, *omnium gatherum* (tudo reunido) do contexto que é o mundo, não significa que a inteligibilidade seja totalmente arbitrária ou que desapareça sozinha. Tal dedução é um sofismo niilista."[246] Na verdade, a própria natureza sofisticada e poderosa dos modelos lingüísticos nos permite colocá-la em teste aqui. Pois se ela falhar, parece difícil ver como qualquer modelo semelhante pode obter sucesso. E ao requerer esse significado, se ele for diferente do arbitrário de ilusão, seria

---

246. George Steiner, *Real Presences* (London e Boston, 1989) p. 163.

necessária a explicação de todo o contexto sistemático do mundo, seu sofismo é realmente revelado. Pois isso depende de um truque metodológico: enquanto se prepara para explicar o significado, conclui por nos dizer que os significados são realmente apenas efeitos de significado. Mas isso não passa do fracasso da teoria em explicar o que ela afirma. Devemos, portanto, concluir que os fundamentos da teoria estão errados. O significado não pode depender do tipo de especificações que ele exige, que são, obviamente, inatingíveis. Ainda assim, a teoria foi bem longe para elaborar uma tentativa de explicar o significado nessa forma que é difícil de entender; portanto, sugere o professor Steiner, nós devemos procurar as respostas em todos os lugares, em vez de tentar manter esse fato por mais tempo; devemos ser sofisticados e assumir que cedo ou tarde o trabalho dará resultados. Se os significados não são efeitos de significado, nem são os resultados das causas dos significados. Devemos ter sucesso ao explicar o que significa, ou devemos mudar nossos esforços radicalmente para outras direções.

O professor Steiner traz o desafio que desconstrói a posição na cultura que a produziu. Esse fato trouxe-nos um ponto de decisão, no qual podemos ver claramente essas armações do trabalho da modernidade – ou não. Se não, ele conclui, não resta opção além de

> "uma prontidão para encarar literalmente, para considerar as bases além do empírico. Devemos perguntar a nós mesmos e à nossa cultura se um modelo secular de entendimento, em essência positivista, e de experiência da forma de significado (o estético) é sustentável à luz, ou se desejar, à obscuridade da alternativa niilista".[247]

E ele pergunta se qualquer uma das nossas visões de significado "pode se tornar explicável", como ele coloca, "frente aos fatos existenciais, se eles não implicarem e se não contiverem um postulado de transcendência." O significado deve conter, em outras palavras, mais que os recursos que costumamos expressar. Rudolf Steiner foi, como sempre, preciso aqui. Toda idéia de que se o significado existir ele deve ser derivado da interação de unidades de valores fixados está redondamente rejeitada:

> "Está entre as coisas mais difíceis da abordagem externa de nossa cultura moderna compreender que as mesmas palavras significam coisas diferentes em contextos diferentes. A atitude das pessoas na cultura contemporânea aceita como correto que palavras específicas, como são entidades definíveis fisicamente, devem sempre dar origem ao mesmo resultado. Aqui está um ponto em que as mentes modernas são especialmente responsáveis por estarem na

---

247. Op. cit. p. 134.

rede de Arimã, evitando-as da visão de que apenas quando elas são vistas em um contexto particular no qual elas se mantêm a natureza mais profunda das palavras realmente desperta para a vida.[248]

São, como Steiner já tinha previsto, as ilusões fundamentando a aventura malsucedida desconstrucionista. Mas devemos, caso não possamos aceitar a visão desconstrucionista, dar uma que comece a partir de um significado maior do que aquele que pode ser especificado, ou que pode ser definido como para agir como uma "causa" do que vimos. Não há mais nada entre o nada e o significado real, a presença real. Até a linguagem não tem base, e é inerentemente destituída de significado, ou temos de fazer o que um outro filósofo recente chamou de "a estrutura do Logos do mundo". Ele também enfatizaria que, ao compreender a natureza dos processos envolvidos no significado, temos a oportunidade, mesmo enquanto contemplamos a obscuridade do Arimã, de criar o maior dos atos internos de liberdade, tais como descrevemos repetidas vezes.[249] A alternativa está obscura realmente. Mas os primórdios da consciência são em si um sinal de esperança. A situação cultural na qual nos encontramos, segundo George Steiner, levou-nos até a margem desse passo, a uma reversão ousada da perspectiva que leva de volta ao Logos, que Rudolf Steiner queria criar.

---

248. Steiner, *Die Geheimnisse der Schwelle* (Doenach, 1982) pp. 24-5.
249. G. Kühlewind, *The Logos Structure of the World* (New York n.d.). Veja especialmente a p. 61 para sua visão da "terceira realidade" que é possível por meio da linguagem depois de passar pelo todo inicial (primeira realidade), por meio analítico e mecânico para conscientemente cruzar o abismo (p. 83).

Anexo I

Lendas da Queda

Na visão filosófica de Steiner sobre a ética, somos guiados por nenhum outro critério externo além da visão mais profunda do que somos capazes em uma situação e seu significado em relação ao nosso eu. Isso naturalmente exige que estejamos certos de que sobrevivemos da nossa mais profunda autopercepção, que irá além do nosso crescimento interno e do processo de autotransformação – além da abnegação, em resumo, que é paradoxalmente o que distingue o eu de qualquer *coisa*, ou a continuidade material, por exemplo, em nossa existência. Qualquer coisa menor que a tal abnegação, na verdade, estará sendo desleal às possibilidades únicas que são trazidas à situação pela nossa presença, e irá reprimir nossa vida espiritual, bem como desapontar aqueles que estão envolvidos.

Mas tanto na vida, como no pensamento é possível interpretar mal os ídolos pelo verdadeiro eu – o conforto, a vaidade, a segurança, a fama, o poder, etc. De certa forma, a ética de Steiner leva-nos a um tema moral consagrado, apesar de ser um dos mais familiares na tradição religiosa que na filosofia: o tema da tentação. A verdadeira ameaça para a nossa habilidade de viver fora do nosso mais elevado eu é precisamente a tentação de ser desviado pela aparência atraente das coisas que espelham a nossa vaidade, ou pela nossa cegueira teimosa para com o nosso próprio potencial que recobre o nosso medo e a incerteza antes do desafio de fazer o bem. Steiner foi como sempre muito perceptivo sobre o alcance mais afastado, como é, das visões "místicas" tradicionais que falavam da humanidade sendo tentada e submetida à Queda. A tentativa de justificar nossas ações racionalmente, que tem obcecado a ética especialmente desde Kant, na verdade, não passava da exposição das forças que nos pressionam na vida moral em vez das lendas da Queda.

Não obstante, ele as usou em sua característica "antroposófica", sem as aceitar em seus próprios termos, mas usando-as para explorar de forma livre as dinâmicas interiores da ação moral. De acordo com sua perspectiva histórica e evolucionária em tais assuntos, ele nos exigiu, em primeiro lugar, que víssemos dentro dos temas tradicionais duas ênfases bem diferentes – de modo que devemos todos reconhecer a mudança das circunstâncias e perspectivas. Uma ou outra das lendas pode ter satisfeito um papel dominante no passado, mas agora precisamos estar cientes das possibilidades e perigos múltiplos. Se reconhecermos a figura de Lúcifer do orgulho e a arrogância interior da história bíblica como um sedutor real moralmente, ele não pode estar na tentativa de escapar de seus desafios, como fez a humanidade antiga ao submeter-se à obediência humilde de um Deus paternal. Steiner vê a verdade do conto, que ao adquirir uma identidade nossa, torna-nos sujeitos à tentação. Mas ele quer que exploremos isso como uma dimensão inerente do dilema moral humano. Não devemos fugir da visão, mas aprender a compreender as forças que estão atuando dentro de nós. No extremo oposto, o mito do antigo demônio de Zaratustra da estabilidade e da escuridão exterior chamado Arimã parecia para ele conter a essência da ameaça do exterior. O fato de termos nos envolvido tão fortemente com o mundo exterior nos tempos modernos realmente torna essa figura da imaginação antiga visivelmente mais relevante. Mas não estamos sendo questionados a fugir desse envolvimento quando Steiner fala da ameaça do Arimã: estamos afirmando os perigos do caminho do desenvolvimento que precisamos conscientemente reconhecer para que possamos continuar. Os dois encontros surgem inevitavelmente de nossos encontros com o mundo. Absorvendo o mundo que conhecemos em termos do nosso próprio eu e entrando no mundo com o risco de que temos feito de nós mesmos são as características de todo o conhecimento. A dimensão moral é imediatamente óbvia quando percebemos a nossa própria atividade sendo envolvida, visto que ela pode se tornar tanto unilateral, como uma ameaça ao homem. Mas, sem elas, nenhum envolvimento com o mundo seria possível.

O termo "luciferiano" mais familiar lembra como ele faz a lendária visão antiga de Lúcifer, o "Portador da Luz" que também era o principal Sedutor que tem permanecido definitivamente em muitas das culturas ocidentais. A tradição teológica há muito tempo relacionou a tão chamada "queda do homem" com a história na Bíblia (Gênesis, 3), segundo a qual o primeiro homem e a primeira mulher foram ludibriados, aceitando a promessa do conhecimento do Sedutor:

"Vocês serão como deuses, conhecendo o bem e o mal!"

Mas, embora "seus olhos estivessem abertos", ao conquistar isso eles haviam transgredido as condições determinadas por seu Criador, e perderam a relação fácil e harmoniosa com o mundo que tinha caracterizado a existência deles no Paraíso. Antes dessa interpretação moralizadora da Igreja, o mito tem suas origens antes do Cristianismo, na literatura misteriosa e "apocalíptica" do judaísmo, como o *Livro de Enoch*.* Lá, o Sedutor é representado como um dos poderes cósmicos, um grande anjo, porém um que já tinha se rebelado contra Deus, e ele, com seus poderes, traiu os segredos do conhecimento da humanidade que incluem muito do que chamaríamos atualmente de conhecimento científico (os mistérios dos trabalhos da natureza, as técnicas do trabalho com metal, a tinturaria, etc.). Os elementos desse significado mais amplo do mito persistia nas últimas lendas do dr. Fausto, na Rosa-Cruz e em outros ensinamentos misteriosos.

Segundo as implicações desse mito, o conhecimento tinha lugar em uma dialética entre a aspiração e a ilusão. O mito segura brilhantemente a forma que o conhecimento é uma assimilação do eu: todos os seus protagonistas do Lúcifer original ao dr. Fausto são inflamados pelo sentido da expansão interior e poder que seu grande conhecimento traz. O destino deles, embora isso possa ser moralizado como uma punição divina, está apresentado fundamentalmente como o resultado do vazio de suas aspirações – o fracasso, em outras palavras, do conhecimento deles para dar-lhes a satisfação que buscavam. O mito contém uma imaginação de satisfação paradisíaca, mas parece implicar que é inerente à natureza humana que o "Paraíso" esteja perdido. E, ainda, especialmente nas versões mais antigas e misteriosas do mito, há uma ambigüidade real nas próprias aspirações apesar dos perigos envolvidos: de forma alguma fica claro que Fausto estava intrinsecamente "errado" em seu desejo de saber; ou na antiga literatura que, para aqueles que desenvolveram o poder espiritual para recebê-los da forma correta, os "segredos divinos" podem não ter sido legitimamente revelados para poucos que eram valorosos. De fato, a obstinação final da interpretação moral da Igreja surge apenas nos séculos XVI e XVII quando ela começou a ser desafiada pelo "conhecimento científico natural". Nos séculos anteriores, ela tinha sentido que Cristo havia feito uma "queda de sucesso" ao redimir a humanidade, e o conhecimento humano também poderia ser redimido e conduzido de acordo com a verdade religiosa. O impulso luciferiano era perigoso, mas apesar disso, um aspecto intrínseco da jornada em direção ao conhecimento.

Se o impulso luciferiano se tornasse um desejo para o nada, ou uma presunção mística na qual perdemos o sentido do eu, o "arimã" em sua extensão também ameaçaria o eu em seu equilíbrio precário. Pois, além de nos autorizar no reconhecimento do outro, ele evoca o terror de se perder no desconhecido, o terror da alienação. Steiner descobriu uma exploração mística e profundamente imaginada desse aspecto do conhecimento no

---

* N.E.: Sugerimos a leitura de *O Livro de Enoch — O Profeta*, lançado pela Madras Editora.

poema da vida moderna do Mefistófeles de Goethe, *Fausto*. O mal de Goethe é apenas uma forma incidental da tradicional figura do Sedutor (um aspecto amplamente internacionalizado no próprio Fausto), mas dramatiza muito mais completamente as características arimãs da busca cognitiva de Fausto. Steiner vê uma evolução aqui do convencional ponto de partida da Igreja. As restrições moralizadoras aplacadas sobre os mais remotos pensamentos humanos, junto com a referência reassegurada de todas as coisas voltando para o Deus como Criador, não apenas limitou o impulso luciferiano do homem para a auto-expansão: ele também o protegeu da total intensidade do sentido do outro. Em contraste, isso deve ser encarado por um investigador desprotegido e solitário depois das respostas fundamentadas hoje.

Embora isso pudesse reunir muitas visões relevantes dos tradicionais mitos "luciferianos", portanto, uma filosofia espiritual para Steiner precisava reconhecer a ameaça muito maior do arimã, que surge da ênfase moderna do conhecimento, que é concebido menos pela crença compartilhada e mais como uma exploração, uma descoberta incansável; um desafio para cada mente individual, deixando-nos como herança também muitos medos sombrios. Goethe foi novamente um pioneiro – e Rudolf Steiner teria gostado de usar sua terminologia da obra do grande escritor. Mas Goethe realmente não foi claro o suficiente sobre o que ele estava fazendo[250] e, no fim, Steiner volta para o mito original do Arimã sobre o poder estranho, a escuridão contemporânea à luz divina: o mito de Arimã.

O mito é a base da religião de Zaratustra, cujo fundador, Zaratustra viveu em tempos pré-históricos. A adoração dos Senhores divinos ou dos poderes da Luz era antiga, mas é na revelação de Zaratustra que as descobrimos pela primeira vez, colocada no combate eterno com a essência coeterna da Escuridão. O Arimã está agonizante ou o pensamento negativo, associado à dúvida (principalmente a dúvida sobre si próprio) e à negação – em geral, a Mentira. Onde quer que as esperanças humanas se encontrem com a derrota esmagadora de uma circunstância externa, ou a vida é questionada em uma família ou na sociedade, há a mão do Arimã. Mas os seres humanos poderiam escolher alinhar-se com o Senhor Sábio, o poder da Luz e a vida. Então, eles também se tornariam combatentes na batalha universal contra a morte e a negação. A religião de Zaratustra envolvia uma escolha e um comprometimento, dramatizado de uma forma exemplar pelos dois espíritos que "no início" tinham escolhido seus caminhos respectivos. Portanto, junto à religião estimulada, um tipo de autoconsciência e um mesmo período dependiam diretamente do conhecimento: o conheci-

---

250. Veja *The Occult Movement in the Nineteenth Century* (London, 1973) p. 62-63.

mento das tendências que formariam a direção do universo. Esse foi como um mito sobre o conhecimento e isso que interessou Rudolf Steiner.[251]

O que o mito Arimã tinha a nos dizer sobre o conhecimento, ele observou, é bem diferente em suas implicações das versões luciferianas mais familiares vindas do Ocidente. A história de Lúcifer vem de um estágio no desenvolvimento do pensamento e da sociedade em que os seres humanos eram tentados a competir com os deuses, isto é, querendo conhecer eles mesmos, para tomarem suas próprias decisões, para terem suas próprias identidades absolutas. O mito de Arimã vem de um estágio muito mais arcaico, quando o eu é muito menos desenvolvido, e encontra correspondente mais ameaçador no mundo exterior. O mito não nega o eu – na verdade, encoraja-o a crescer pelas decisões tomadas. Mas a assustadora "diversidade" das coisas, quando nos colocamos no caminho do conhecimento que pode ser encarado, isso implica, apenas por meio de valores/crenças solidárias e coletivas. O aspecto luciferiano não foi um estágio isolado para análise, mas permanece uma parte não-diferenciada do lado da Luz da equação, visto que somos encorajados a sentir que o conhecimento é parte de uma missão como se fosse um deus, compartilhada com o Senhor Sábio. Nisso, acima de tudo, o mito sugere que mesmo no estado mais frágil do autodesenvolvimento, podemos agarrar as forças a trabalho no mundo e, bem especificamente, controlá-las. A agricultura, em particular, surge como o foco, sugerindo um caminho de que o conhecimento vai mais além na obra da Luz e da vida, cria uma sociedade dominante estável e transforma seu ambiente, encorajando a habilidade e o comprometimento para o objetivo consistente na vida humana. Ela proporciona a base para uma atitude difícil de ser atingida com o mundo material e a potência do conhecimento que foi muito influente no pensamento recente. Em contraste, o mito luciferiano do conhecimento centrado fundamentalmente em assuntos da autoridade e independência, da autonomia interior, e muito pouco na possibilidade de ação.

Pode parecer estranho que Steiner deveria voltar para um mito tão primordial, vindo quase dos primórdios da sociedade humana, para explicar a ameaça quando deixamos para trás os controles tradicionais. Ainda assim, ele se destaca por essa relevância nos tempos modernos quando os assuntos de autoridade de uma cultura dominada há muito tempo pelo mito luciferiano, originando em sociedades mais complexas e introvertidas têm, de certa forma, sido superados. Com certeza deveríamos estar preocupados com os perigos de se expressar, agora que a autoridade da fé religiosa comum não mais regula o significado social do conhecimento; nós mesmos

---

251. Interpretação moralizadora dos dois Poderes, que nem mesmo Nietzsche questionou, apesar de ele ter virado-os de cabeça para baixo em seu *Assim Falou Zaratustra*, é secundária: veja as observações de Steiner em *The Gospel of Luke* (London, 1964) pp. 115-116.

precisamos controlar e equilibrar o impulso luciferiano. Por outro lado, mencionamos repetidas vezes que Steiner não recomenda uma tentativa de retornar às antigas restrições morais, cujo eu dinamicamente concebido foi abandonado. De certa forma, portanto, enfrentamos mais uma vez, mas agora como indivíduos, os desafios de avançar sem apoio para um mundo estranho, para conhecê-lo e decidir seu valor, e agir sobre ele com objetivos significantes. (Isso é muito característico do progresso evolutivo que as formas anteriores não foram deixadas para trás, mas reapareceram, modificadas e em contextos alterados, em um estágio mais elevado.) Mas além de tudo isso, Steiner não pretende que retornemos nem para essa, nem para a alternativa mitológica sem fazermos críticas – ele está usando mitos antigos para suas visões mais amplas além dos compartimentos das idéias modernas, então combinando-as criativamente nas bases de sua abordagem evolutiva-filosófica independente. Ou para colocar de uma outra forma: tanto seus mitos luciferianos como arimãs devem ser realmente compreendidos em relação a um entendimento do conhecimento que equilibra os aspectos assimilativos e confortáveis; o papel do eu que tem surgido no pensamento filosófico moderno obviamente não pode ser encontrado em qualquer mito arcaico.

    O desafio do Arimã no mundo moderno, nesses termos, é claramente conduzido.

Anexo 2

Kant e os Pós-kantianos

A relação de Steiner com o idealismo alemão hoje, o entusiasmo pela verdade abstrata, é uma coisa muito importante, enquanto a verdade, que é o objeto do entusiasmo é tão completamente abstrata por estar, de forma geral, fora do alcance das faculdades humanas... E, portanto, Eu chamei o meu filho Immanuel Kant Flosky.

Sr. Flosky, no romance satírico
de Thomas Love Peacock *Nightmare Abbey*

Uma das desvantagens claras de *A Filosofia da Liberdade*, para um leitor moderno, é a atenção excessiva que ela devota a desembaraçar as idéias dos neo-kantianos. Steiner volta, quase obsessivamente, à implicação traiçoeira que por termos sido aprisionados nas limitações de nossa consciência há muitas coisas essenciais sobre o nosso mundo que estamos intrinsecamente incapazes de saber.

Essa circunstância tem uma explicação óbvia na ascendência histórica do pensamento kantiano na virada do século XIX – principalmente entre os cientistas. Talvez seja bem surpreendente para nós que os cientistas estivessem atraídos por uma filosofia que nega que até podemos saber o que as coisas são "em si"; mas as idéias neo-kantianas realmente serviram muito bem para limitar qualquer desafio ao conhecimento empírico. Ao aceitar a impossibilidade do conhecimento metafísico positivo, eles foram capazes de afirmar que o conhecimento dos sentidos era o único conhecimento real possível (desde que não desafiássemos a suposição de que qualquer "conhecimento mais elevado" seria especulativo e abstrato na forma metafísica tradicional).

Do ponto de vista kantiano, não é apenas que não conhecemos, na verdade, o que está além do alcance da nossa percepção sensorial, e aquelas idéias postuladas (como a causa e o efeito, etc.) que devemos empregar para fazer sentido em nossas mentes: Kant tinha argumentado que na natureza das coisas nunca podemos conhecer.

Kant tentou romper a dicotomia proposta pelo empirismo e pelo ceticismo no fim do século XVIII. O apelo de Locke para o que podemos ver e tocar tinha livrado um tipo de processo dialético que trabalhava sozinho no pensamento daquela época. A percepção apenas pode nos mostrar como as coisas aparecem, como elas são sentidas. Mas isso significa que a questão de o que elas na verdade eram não poderia, por definição, ser resolvida nesses termos: portanto, parecia que depois de tudo devemos permanecer na incerteza sobre os próprios temas que o Iluminismo esperava ter uma segurança concreta. Então, a menos que estejamos preparados para seguir Berkeley e afirmar que apenas havia aparências (mantidas em suas consistências por um ato direto de Deus), o ceticismo declarado com tal sutileza e lógica impossível de se escapar de Hume deve ser nosso único recurso. Nossas idéias sobre as coisas, além da forma como elas aparecem para nós, eram para ele apenas hábitos da mente – postulados que não podemos nem mesmo detalhar na natureza das coisas "lá fora". Kant, entretanto, via uma abertura na lógica da situação, que ele brilhantemente explorou para virar a mesa mais uma vez. Ele aceitava que fizéssemos os postulados sobre a forma como as aparências são relacionadas, mas que nunca poderemos saber como são detalhadas na natureza das "coisas em si". Mas, ele afirmava, os postulados da nossa razão são assim como devemos criar se vamos chegar a uma compreensão coerente da experiência completa. Ordenamos nosso mundo em causa e efeito, por exemplo, porque precisamos pensar dessa forma; o resultado é totalmente válido para nós e para a nossa experiência. Nós apenas não podemos saber se há uma verdade correspondente na natureza das coisas. A certeza que ataca o nosso conhecimento está baseada na necessidade de nossa própria constituição mental, os nossos caminhos do pensamento. E o preço de alcançar essa certeza é a realização de que nunca poderemos saber qualquer coisa além do alcance da experiência empírica para a qual aqueles modelos de pensamento se aplicam. Projetá-los como se eles nos contassem uma verdade além das nossas mentes era inerentemente contraditório, pois seria esquecer a forma na qual eles se aplicam à experiência.

Por mais estranho que possa parecer, as visões de Kant foram muito congeniais para muitos, não só para os cientistas. O kantianismo colocou limites ao conhecimento humano, mas também recobriu a situação humana com uma aura de inevitabilidade lógica, como se a tentativa científica que organiza a nossa fosse apenas o único tipo de conhecimento possível, por um lado, e o tipo que, portanto, tinha de ser aceito por todos os seres racionais, por outro lado. Nós pescamos o nosso mundo, segundo Kant, com um tipo de rede mental da nossa razão, e não devemos nos surpreender se apenas pegarmos aqueles peixes que têm o tamanho para ficar preso à rede, por um lado, ou aqueles que não conseguiram escapar, por outro lado. Sejam eles pequenos ou grandes – nunca saberemos.

Toda a teoria de Kant dependia da lógica, da necessidade interna de se ligar aos caminhos do pensamento que ele chamou de "racional". Na filosofia a partir do século XX, a real contingência dessas suposições "racionais" tem sido, entretanto, exposta repetidas vezes. A idéia de que não podemos pensar de forma inteligente em outros caminhos além daqueles endossados pelos cientistas newtonianos era desafiada, não menos pela queda da física clássica no despertar da teoria da relatividade de Einstein. E não mais no nível filosófico, isso foi além da recente importância de Wittgenstein em mostrar que a demonstração kantiana dos limites da aplicação de um conceito, deixando uma área que sabemos que realmente existe, mas sobre o que apenas podemos dizer que conhecemos o nada, não pode ter o tipo de significado que Kant supõe. Tais limites apenas podem ser estabelecidos internamente, e não nos permitem mensurar o sucesso contra uma realidade supostamente desconhecida que podemos, ao mesmo tempo, nunca conhecer.[252]

Entretanto, olhando para trás, poucos discordariam de que a cultura intelectual da época de Steiner foi muito bem diagnosticada por ele, em um dos seus primeiros trabalhos filosóficos, como "o sofrimento de uma overdose de Kant". Steiner lutou constantemente contra os apelos do kantianismo para estabelecer uma racionalidade universal que deve determinar todo o pensamento crítico subseqüente. Os apelos sempre repetidos dos kantianos para mostrar em princípio tudo que possa ser conhecido até o intrigou em alguns momentos de irritabilidade não característica – de qualquer forma, talvez haja ainda algum valor em seguir a sua sugestão de que devemos olhar criticamente para as proposições lógicas da *Crítica da Razão Pura*:

"Reverta cada uma dessas proposições e você chegará na verdade. O mesmo se aplica ainda mais a sua teoria do espaço e tempo..."

Todavia, a estratégia de Steiner não era fundamentalmente refutar Kant a fim de chegar a uma verdade filosófica oposta. Ele fez algo muito

---

252. As conseqüências desastrosas para o kantianismo como um sistema metafísico dessa análise foram levantadas no livro de P. F. Strawson, com o kantiano título maroto, *The Bounds of Sense* (London, 1966). É possível adicionar que o tratamento incompleto de Steiner sobre o sistema kantiano é basicamente um resultado de sua resposta não tanto como o mestre, mas para o uso do qual seus pensamentos estavam sendo colocados pelos neo-kantianos científicos. Wittgenstein mostrou de uma forma mais profunda as dificuldades inerentes na visão kantiana dos limites. Veja D. Pears, *Wittgenstein* (London, 1971) pp. 25-38.

mais interessante e importante. Pois o que ele fez dói aplicar a Kant a sua abordagem comum, designada a nos libertar da estrutura do pensamento que estamos usando, libertando-nos da falsa suposição de que ela representa uma forma sem escapatória de pensamento imposto a nós pela natureza das coisas, fazendo-nos vê-la como ela é: uma forma pela qual nos envolvemos com o mundo que nos cerca, cognitivamente útil ela bem pode ser, mas pela qual também temos responsabilidade.

É óbvio que no caso de Kant a batalha deve ser particularmente difícil de ser travada. Toda a confiança do pensamento brilhante de Kant está dirigida para provar apenas que Steiner deve mostrar que é uma miragem – a necessidade inerente, a finalidade da solução kantiana. Mas a técnica de Steiner é, como sempre, chegar à base da iniciativa filosófica, e descobrir as suposições, as perspectivas particulares nas quais ela foi baseada. Nesse sentido, ele não é hostil a Kant, nem saiu para pegá-lo em um fracasso de dedução lógica, mas está determinado a revelar a forma limitada na qual Kant está certo – bem como para expor o caminho pelo qual somos responsáveis por nos tornarmos rígidos, presos em um tipo de pensamento em vez de responder criativamente às diferentes situações cognitivas quando elas surgem. Na realidade, a extensão ilimitada dos caminhos do pensamento para se tornar uma camisa-de-força do pensador, além da qual é apenas intrinsecamente impossível de saber, serve para deslocar os problemas do conhecimento em vez de resolvê-los. E por ele apostar tudo na declaração para conhecer apenas os caminhos válidos do pensamento, o pensador kantiano está particularmente inclinado a tais ilusões.

Em parte alguma isso foi mais aparente que nessa seção da "Estética Transcendental" na qual ele tentou mostrar a natureza e as limitações da nossa experiência do sentido. Kant começou por avaliar criticamente a afirmação de que conhecemos o mundo real porque ele nos invade por meio dos nossos sentidos, e que as nossas idéias sobre o mundo são simplesmente reflexões do que temos vivenciado. Ele estava correto nessa conclusão de que sua teoria não poderia ser verdadeira. O resultado de tal bombardeamento sensorial nunca poderia ser um conhecimento claro e coerente do mundo, mas apenas o que um pensador designava de uma confusão que zunia e brilhava. Apesar de tudo, se não encontrarmos uma ordem para o mundo que faça sentido em nossa experiência, isso deve ser que um elemento do pensamento é introduzido, necessariamente, em nossa percepção sensorial. Qualquer mundo que conhecemos, ele conclui corretamente, é um mundo interpretado. A teoria empirista está, portanto, claramente errada. Mas em vez de abandonar a teoria simplista, Kant se fecha no caminho do pensamento e projeta-o para uma metafísica extraordinária: ele não rejeita a teoria, mas supõe que realmente vivenciamos uma confusão deslavada, uma "duplicata sensitiva" sobre a qual a nossa mente "impõe" o significado segundo a necessidade de suas suposições. Kant vê que apenas podemos conhecer um mundo interpretado, mas ele trata essa visão de uma forma estranhamente dualista e metafísica. Ele toma seu mundo rico e diferente para ser apenas a nossa "imagem mental", nossa interpretação, que se interpõe entre nós mesmos e "a coisa em si". Tendo visto que a teoria não pode dar uma visão de como conhecemos o mundo real, ele continua a aceitar a teoria e então supõe que deve haver realmente um mundo de coisas em si reais que nunca conheceremos.

A visão da qual Kant começou deveria ter sido um estímulo para mudar sua forma de pensamento. Em vez disso, Kant foi levado por um caminho do pensamento que apenas pode nos aprisionar e nos iludir com o espectro da "necessidade" lógica na qual parecemos capturados, incapazes de libertar das suposições impostas por nossas mentes. Mas, na verdade, Rudolf Steiner observa que a visão não esclarece nada. Ela mostra que com a conversa dele de "coisas em si", Kant apenas aparentemente

> "abandonou o ponto de vista ingênuo, enquanto inconscientemente guardava o tipo de pensamento que era necessário... Quem quer que pense dessa forma está apenas adicionando um outro mundo em seus pensamentos sobre um mundo que já está a sua frente. Mas, com referência a esse mundo adicional, ele deve estritamente começar novamente seu processo de pensamento completo. Pois a 'coisa em si' desconhecida é concebida exatamente da mesma forma..."[253]

O que nos encorajava como uma verdade metafísica acabou sendo realmente um regresso infinito. Estendendo seu argumento sobre os problemas — e aqueles dos seus seguidores — sobre as imagens mentais, Steiner diagnostica o fundamento da perspectiva para ser aquela do desapego. Kant assumiu o comando do modelo ingênuo, a idéia de que o observador é diferente daquele que o mundo que ele observa. É por isso que o problema reaparece depois de ser deslocado no mundo imaginário das coisas em si. Apesar disso, o problema é que a lacuna entre o observador e o mundo deve estar simultaneamente ligada:

> "Ao explicar as imagens mentais, os filósofos descobriram a dificuldade principal no fato de que nós mesmos não somos as coisas lá fora – e, ainda assim, nossas imagens mentais devem ter uma forma correspondente àquelas das coisas".[254]

Em vez de ceder ao desejo na metafísica kantiana, Steiner insiste que devemos rejeitar todos os termos da afirmação a fim de resolver o assunto diretamente:

---

253. Steiner, *Filosofia da Liberdade*
254. Steiner, ibid.

"Numa investigação mais atenta, nota-se que esse problema não existe realmente. Com certeza não somos as coisas lá fora; mas pertencemos com elas ao mesmo mundo... Pois uma relação para subsistir entre meu organismo e um objeto externo a mim, não é necessário, de forma alguma, que algo do objeto deva deslizar para dentro de mim, ou fazer uma impressão em minha mente como um anel com sinete na cera. A pergunta: 'como eu obtenho a informação sobre aquela árvore a três metros de mim?' é totalmente equivocada. Isso pressupõe que os limites do meu corpo sejam barreiras absolutas...".

Por trás das barreiras está uma consciência kantiana e, de alguma forma, com filtros de informação dentro dela. Steiner mostra que o intérprete é parte do mundo que ele interpreta, e o mesmo "processo de mundo produz igualmente uma percepção da árvore lá fora e a percepção do meu eu aqui" – de forma que as questões impossíveis que a metafísica tenta responder são realmente enganadas. O que precisamos é de uma relação com as coisas, não para reproduzi-las "dentro" de nós, o que apenas posiciona a questão da relação novamente e conduz ao regresso do infinito. O desapego – a separação – é parte do que define qualquer relação. Mas apesar disso, Kant vê apenas desapego e, portanto, projeta a separação da mente em um abismo do "desconhecido"; Steiner vê o desapego como o conhecedor libertando-se, separando-se a fim de entrar livremente mais uma vez em conexão.

As doutrinas morais e éticas de Kant também são determinadas por sua incapacidade em resolver o problema do desapego. Seu conceito de responsabilidade trai o ponto de vista da pessoa sem envolvimento particular que deve, portanto, ter as exigências para a interação em uma forma impessoal e totalmente abstrata. Os imperativos da obrigação moral, portanto, parecem existir em um vácuo racional, e Kant é estranhamente cego para suas óbvias origens públicas e sociais. Proteger o indefeso ou o inocente torna-se uma "obrigação" quando o consideramos no isolamento da preocupação ou simpatia com uma pessoa em particular. A postura moral de Kant, que insiste em permanecer nesse nível é, portanto, aquela de um eterno estranho, separado interiormente do mundo no qual ele atua, recusando identificar-se.

Entretanto, em vez de apreciar seu próprio ponto de partida, o sábio de Königsberg interpreta tudo isso de uma forma decididamente metafísica: a vacuidade ao redor de sua moral imperativa que ele usa para significar sua origem "mais elevada" como se viesse da boca de Deus; sua forma impessoal, idêntica para todos (observadores) sugere a ele que a "prática", ou seja, a ética, a razão, representa os domínios insociáveis para a mente especulativa. Sua conclusão básica é, portanto, que devemos ficar do lado de fora das nossas próprias situações, e agir como se concluíssemos que todos devem agir em circunstâncias similares. Nossa questão sempre seria: "E se todos estivessem...?" A ética, com isso, torna-se um assunto da racionalidade universal, precisamente análoga ao projeto epistemológico que já examinamos e apenas tão criticamente envolvida com a mesma metafísica absurda. Para a teoria da liberdade de Kant fazer sentido, temos de acreditar em seu mundo da realidade *noumenal* visto que podemos atribuir a liberdade apenas ao Homem como um *noumenon*, não como um fenômeno – ou em linguagem simples, como ele realmente é. Portanto, é difícil não concordar com Lorenzo Ravagli quando ele argumenta contra a crítica proposta de Steiner que ele não deu a Kant seu total valor como um defensor da liberdade.[255] O grande perigo no kantianismo estava, mais uma vez no que Kant reivindicou ter resolvido o assunto permanecido urgente e exasperado na cultura moderna.

Steiner foi claro que uma vez mais Kant estava transportando para os domínios espirituais um caminho do pensamento que foi inapropriado e materialista. "As pessoas atualmente abordam a natureza," ele comenta, "à luz de seu treinamento educacional. A natureza progride segundo leis naturais... Tudo é visto do ponto de vista das leis naturais. Então, além das leis da natureza, há a 'lei moral'. Os kantianos sentem que somos sujeitos ao imperativo categórico, tornando-nos parte integrante de uma ordem mundial moral".[256] E ainda, o resultado real é anêmico. Afinal de contas, se o significado moral liga-se ao princípio generalizado, ao "E se todos...", o elemento na fórmula, no caso específico, o ato moral, está despido de sua realidade ética – que é inerente na reflexão e na consciência, a consciência das boas intenções ou culpa. A tentativa de dar a ordem moral uma necessidade como aquela da lei natural falha. "Se formos realmente honestos, as idéias morais não estão relacionadas à ordem natural, ao que a ciência natural vê como as realidades fundamentais. As idéias morais têm se tornado enfraquecidas. Elas são fortes o suficiente para determinar as ações dos homens e os ditados da consciência – entretanto, não são fortes o suficiente para dar a impressão de que o que é contemplado como uma idéia moral hoje é uma força concreta e vital no mundo."[257]

---

255. A acusação foi que Steiner tinha negligenciado esse aspecto "para uma extensão quase grotesca": Ravagli, "Ist Rudolf Steiner ein Vertreter dês monistischen Pantheismus?" em G. Altehage (ed.), *Im Vorfeld dês Dialogs* (Stuttgart, 1992) pp. 175-198 (190). Ainda assim o argumento de Kant de que a liberdade está implicada pela obrigação moral (não faria sentido que fizéssemos algo se não podemos fazê-lo), e que isso é "praticamente" significativo mesmo que negasse nosso conhecimento de causa e necessidade – é admitido pelo próprio Kant estar cercado com "muitas dificuldades" e "é dificilmente capaz de ser claramente representado": citado por S. Körner, *Kant* (Harmondsworth, 1967). p. 157.
256. Steiner, *Building Stones for an Understanding of the Mystery of Golgotha* (London, 1972) pp. 74-75.
257. Ibid. p. 75.

E então ele também reverte as principais proposições da *Crítica da Razão Pura*. Assim, Steiner:

"O princípio da moralidade de Kant – o ato de forma que a base de sua ação possa ser válida para todos os homens – é o exato oposto do meu. Seu princípio significa a morte de todos os impulsos individuais de ações. Para mim, o padrão nunca pode ser a forma como todos os homens agem, mas em vez disso, para mim, é ser feito em cada caso".

Mas isso é superficial para ler Steiner como dizendo simplesmente que Kant estava errado. Seu ponto é sempre para compreender que a realidade está por trás das visões dos filósofos, e para nos libertar para fazermos total uso dela. A ética externa kantiana não está errada em sugerir que haja uma realidade moral, bem como uma natural: ele não descobriu o modo, entretanto, para realizá-la vivendo-a completamente, como um indivíduo, pertencendo à comunidade e identificando-se com ela. Steiner avalia o desapego moral que vem do questionamento dos valores de nossa sociedade da mesma forma, e ele quer empregar os recursos analíticos do intelecto rigorosamente, a fim de avaliá-lo criticamente. Aqui realmente está a fonte da liberdade individual. Mas Kant está em desvantagem com sua visão. Em vez de reentrar na comunidade como um agente livre, o indivíduo ético de Kant escolhe debater com uma sociedade hipotética de seres puramente racionais, como o Gulliver de Swift entre os Huyhnhnms. Assim que olhamos para do confinamento da cegueira metafísica para o que Kant se virou, fica óbvio que o que realmente temos aqui é a abstração do poder compulsivo da sociedade que Kant desligou de sua realidade histórica e concreta. Uma vez que devemos permanecer, em princípio, como observadores, o indivíduo de Kant necessariamente conhece a comunidade apenas na forma de exigências. Qualquer reconhecimento de pertencer daria a ele a oportunidade de descobrir a sociedade como um domínio no qual preenche sua própria individualidade, mas isso "descongelaria" a relação, roubando as características da estrutura embutida (o observador como tal, a sociedade como exigência) que Kant eleva muito nas características lógicas do mundo moral. Isso engessaria a moralidade livre no fluxo da história, e os valores morais ficariam perigosamente dependentes dos atos concretos e não-generalizados. Steiner, seguindo Nietzsche, queria historiar a moralidade; Kant a detia. Ele se recusa até a última dificuldade, e em vez de reconhecer uma ordem na qual a "lei" moral é tão real, em sua total independência, como a ordem natural, tenta realmente assimilá-la para o elenco científico generalizante da mente.

Entretanto, a história não causou impressão – ou para colocar de uma outra forma, o indivíduo kantiano que se tornou livre apenas na condição de que ele atuaria somente segundo a racionalidade pura, ou seja, a soma das experiências prévias, e não faria nada para mudar as coisas, não ocultou seu verdadeiro potencial de muitos pensadores que seguiram Kant. Eles vivenciaram o mestre não como um austero delimitador que ele aspirava ser, mas como um libertador filosófico encantador. A dialética de Kant inicialmente abriu o caminho, não para uma definição final do que nunca conheceríamos, mas para uma consciência do processo intelectual (Hegel), a liberdade interior e o esforço (Fichte), e geralmente todas aquelas aventuras de idéias que constituem o domínio deslumbrante, esplêndido e algumas vezes bizarro do "idealismo alemão". Nisso temos historicamente a mudança do iluminismo individual que atinge os outros apenas até onde eles sejam racionais e não reais, para o individualismo romântico que busca unir indivíduos reais em um movimento para uma mudança social e espiritual em sua "paixão pela reforma do mundo".

Owen Barfield repetidamente reforçou o lugar de Steiner na transformação profunda das atitudes e valores modernos que fluem daquele motim romântico. E o próprio Steiner estava aflito para revelar o impulso básico por trás dos pensadores que seguiam Kant de forma tão infiel para onde ele tinha dito para eles irem. Ainda assim, o mais impressionante de tudo é que Steiner seguiu o espírito, e não a forma metafísica na qual, liberado pela dialética transcendental de Kant, os idealistas alemães perseguiam sua nova missão filosófica. Eles ainda tentaram dar à liberdade uma forma quase lógica e conclusiva. Em vez de tentar descobrir o pensador cuja atividade espiritual relaciona a ele a um mundo de pensamento livre, Hegel atribuiu a dinâmica para uma extraordinária vida mística.

É a independência de tudo que está infectado pela metafísica que é o sinal da modernidade e o poder verdadeiramente libertador na filosofia de Steiner.[258] E é essa independência que o habilita a adotar uma atitude sofisticada para Kant. Ele, ao mesmo tempo, condena a tentativa do século XIX para impor novamente a advertência dos "limites do conhecimento" que é a parte mais metafísica do sistema de Kant, enquanto reconhece que Kant realmente definiu o "fundamento" para a liberação do pensamento individual, dando aos assuntos filosóficos relacionados a ele uma forma claramente moderna. É por isso que a *Filosofia da Liberdade* mantém tanto do que é kantiano. A ciência do conhecimento de Steiner, devemos lembrar, é

---

258. Como prova da divisão radical do Idealismo alemão, é possível listar: a) a total fuga de Steiner do pensamento "transcendental" (isto é, mover-se de algo para a idéia das condições necessárias de sua existência) no qual está a base da metafísica reformada de Kant; b) a visão pós-Goethe de Steiner sobre a forma e o conteúdo em um modo moderno e evolutivo como interdependente, a forma, em um nível, torna-se conteúdo em outro, enquanto em Hegel nós ainda temos a idéia de algo que é essencialmente conteúdo e construído sobre ele para níveis mais elevados, a forma essencial, resultando em uma metafísica essencialmente tão antiga quanto o *hyle* aristotélico; c) a completa rejeição de Steiner do modo teleológico de afirmação, que ainda é essencial no pós-kantiano, por exemplo, a filosofia hegeliana.

aquela "sem pressuposições": sua tarefa não é colocar novas pressuposições no lugar das kantianas, mas atingir um esclarecimento do conhecimento. Isso envolve a separação da ilusão metafísica, a percepção diz que essa formulação especial (por exemplo, kantiana) do conhecimento tem relação direta com algum tipo de característica absoluta ou definitiva da mente ou do mundo. Steiner procura mostrar o conhecimento como uma relação baseada na liberdade e constituída por perspectivas em processo de mudanças. Portanto, ele tenta não refutar os neo-kantianos, mas sim, torná-los cientes do verdadeiro potencial do pensamento humano, incluindo a forma de pensamento pós-kantiana – na verdade, talvez especialmente a pós-kantiana – uma vez que seu lado metafísico ilusório está aberto.

Quando Steiner descreveu seu conceito dessas perspectivas em processo de mudança (sua versão do círculo das ciências) libertando-nos dos pontos de vista pré-determinados, ele usou a analogia do sistema solar e o aparente movimento do sol em oposição às estrelas, os "sinais mentais do zodíaco" que são abordagens possíveis para o pensamento.[259] Nos detalhes desse desenvolvimento, seu círculo das ciências é muito não-kantiano. Mas claramente ele vê seu próprio pensamento liberado, com sua consciência das relações cognitivas em mutação, como a verdadeira realização dessa "revolução copérnica na filosofia" que Kant reivindicou de forma otimista que ele tinha produzido. Ele colocou o Homem no centro da filosofia, apesar de uma forma "metafísica" defeituosa. A antroposofia de Steiner é um decreto extremo do movimento "antropocêntrico" que está no centro de todo pensamento moderno.

Uma boa visão do que Steiner estava fazendo foi evidenciada por seu aluno Carl Unger, em vários ensaios filosóficos, mas talvez, principalmente em "Some Thoughts Concerning the Philosophy of Contradiction" – Algumas Idéias sobre a Filosofia da Contradição.[260]

Kant tinha argumentado que algumas ilusões não desaparecem, nem mesmo quando percebemos que elas são ilusões. Porque a nossa razão faz com que certas suposições sejam criadas como se fossem experiências compreensíveis, mas não nos dá acesso às coisas em si, é possível para nós considerar sem falhas e até chegarmos a resultados contraditórios. As "verdades" aparentes da nossa razão estão para ser explicadas como "transcendentais", segundo Kant, isto é, transcendemos a experiência em nossa razão, mas somos incapazes de provar qualquer verdade; ainda assim, precisamos dessa razão que vai além do que experimentamos a fim de formar aquela experiência, para interpretá-la em algo que faça sentido. Podemos ver através de ilusões normais e elas são dissolvidas. "A ilusão transcendental, pelo contrário, não deixa de existir, nem mesmo depois que ela tenha sido exposta, e seu valor nulo claramente percebido pelos meios da crítica

---

259. Steiner, *Human and Cosmic Thought* (London, n.d.) pp. 41 e ss.
260. In: *Unger, Principles of Spiritual Science* (New York, 1976) pp. 50-80.

transcendental. Tome, por exemplo, a ilusão na proposição: "O mundo deve ter um começo..." Sob o título "As Antinomias da Razão Pura", Kant demonstra que essa proposição é tão consistente logicamente quanto seu exato oposto.

Kant permanece comprometido com sua leitura metafísica usual dessa situação. Não há nada errado com a nossa razão em cada caso. E ele continua seguro de que existe uma realidade além do nosso conhecimento e raciocínio. O sinal de que isso é inacessível para nós está precisamente na forma como quando tentamos ir além das coisas, elas aparecem para nós, a nossa razão torna-se intrinsecamente contraditória, e nos decepciona com uma ilusão.

É neste ponto que Unger entra. Ele considera certo que o pensamento e principalmente a arte estão permeadas por esse tipo de visão da vida como contraditória (uma suposição levemente assustadora, talvez, para nossa era menos dialética). E ele vem em defesa de uma ciência espiritual, ou antroposófica, não ao rejeitar essa visão, mas ao entrar com um entusiasmo claro. Entretanto, logo surge que seu procedimento é algo que tende a uma desordem sutil da metafísica kantiana, pelo menos em face desse kantiano favorável. Todos os seus principais conceitos refletem a suposição kantiana; por exemplo, a oposição do ego e do não-ego como uma distinção primária, correspondendo à idéia de que começamos com uma consciência não-derivada que de alguma forma tem de obter o conhecimento de um mundo estranho. A consciência kantiana, Unger confirma amplamente, verá a vida como contraditória. Todavia, Kant está errado, muito errado, ao culpar a natureza das coisas: é Kant quem quer esperar por um caminho do pensamento e continua a se identificar com ele, mesmo quando ele estava além de sua esfera de aplicação. Mas o que realmente acontece não é que chegamos a algum abismo misterioso, refletido transcendentalmente nas ilusões que não querem ir embora. Isso é que nosso conhecimento tem de mudar para um conhecimento de um tipo diferente. Pois os sistemas de racionalidade não estão fechados em si mesmos, nem são completos (como Kant supôs). Unger mostra, por exemplo, que na construção das geometrias, não temos um sistema que esteja completo nos termos espaciais. Construímos nosso entendimento do espaço ao definir de nossa experiência do momento o elemento do tempo. Na geometria, o tempo é eliminado para um ponto que se aproxima do zero, pois "o fator tempo" que está contido no conceito do movimento não faz parte dela. Entretanto, a fim de desenvolver esse conteúdo, o tempo é usado no início e depois é eliminado. Este deve ter contato com o tempo a fim de traçar as fundações da ciência espacial que também podem ser vistas em todo o lugar na geometria, – por exemplo, em todas as questões de continuidade..."[261]

---

261. Unger, op. cit.

Quando temos de entender o movimento, ele necessariamente entrará em contradição com as nossas idéias geométricas puramente espaciais (que estão totalmente corretas nelas mesmas). A resposta de Unger é muito não-kantiana, mas muito steineriana por apontar o nosso papel ao mudar a forma que pensamos. Em vez de sentir a paralisia metafísica, o sentido dos limites do conhecimento, somos convidados a reconhecer as diferentes formas nas quais empregamos a realidade. Em vez de tentar desesperadamente nos fechar com um sistema de compreensão que é supostamente estático e completo, quando o consideramos contraditório, nos tornamos cientes da mudança de nossa perspectiva. Kant, por outro lado, permitiu que o homem ocupasse a posição copérnica no centro da filosofia apenas sob circunstâncias que ele considerava estabelecer em uma perspectiva que era única e necessária, não dependente de sua forma mutável de observar as coisas.

Portanto, Unger percorre seu caminho rastejando cada vez mais profundo, indo para uma estrutura conceitual de seus contemporâneos filosóficos, mas com o objetivo pomposo de mover-se lá livremente. Se a nossa forma de pensar revela-nos múltiplas contradições, e parece nos aprisionar nas necessidades e limitações de nossa própria natureza, não é a realidade que está em falta, mas a nossa tentativa mal-dirigida para mensurar nosso pensamento usando algum padrão externo, tal como os irreconhecíveis propostos que Kant quer inferir além das contradições. Unger nos encoraja a afirmar nossa natureza como um caminho de vivenciar a realidade. Então, não sentiremos mais como uma crise quando ficarmos contra algo que faz com que mudemos (que nos contradiz): "Pelo contrário, apenas sentiremos a satisfação se surgir um resultado disso. Obedecemos com prazer porque reconhecemos neste fato a realidade da nossa própria natureza. Dessa forma, observando com razão, nossa natureza apenas se torna uma compulsão para nós se pecarmos contra sua realidade. Estar de acordo com a própria natureza é mais precisamente uma liberdade estilizada."[262] Em vez de nos sentirmos limitados quando surgem as contradições, sentimos satisfação. Como Célia e Rosalind de Shakespeare dizem:

"Então, vamos nós satisfeitas
Para a liberdade e não para o exílio".

Podemos aceitar livremente a forma de pensamento de Kant, e nos envolvermos, camada a camada, nas contradições resultantes, as quais realmente são a forma em que o mundo nos transforma para acomodar seus níveis de significado incansavelmente mais profundos já revelados.

Steiner aprovou explicitamente o trabalho de Unger, que, como eu tenho declarado, pode não ser tão diferente em sua abordagem da estratégia

---

262. Ibid.

por trás de *A Filosofia da Liberdade*. A liberdade dos limites kantianos está ligada a um tipo de meta-kantinismo, demonstrado por teóricos metafísicos como a forma de se desembaraçar das imobilidades de sua própria teoria. Isso foi precisamente, eu acho, o que Steiner sentia que era preciso. Entretanto, com Unger, permanece mais do sentido que nós na verdade deveríamos pensar como os kantianos e poderíamos, portanto, apenas nos conhecer por meio das seis camadas da contradição; e de certa forma menos do próprio brilhantismo de Steiner de nos tornarmos cientes de todos os caminhos do pensamento como expressões de relações mutáveis (e não menos enfraquecidas) entre o pensador e seu mundo. Unger não está errado, e Steiner queria que nos libertássemos das estruturas de pensamento e de valor da nossa época e da nossa cultura, e não nos tornarmos estranhos a elas. Na verdade, dessa forma isso satisfaz as intenções de Steiner bem melhor que o próprio Steiner.

Um caso de certa forma similar é aquele de Kreyenbühl na ética, cujo trabalho Steiner elogia com entusiasmo como uma das contribuições "mais importantes da filosofia atual".[263] Kreyenbühl também se arrastou por esse caminho no modo kantiano de pensamento a fim de mostrar que isso tinha de mudar totalmente, e chegou à idéia da "ética *a priori*" – um conceito que de um ponto de vista kantiano normal deveria ser uma contradição nos termos (isso foi fundamental para o programa moral de Kant para mostrar que não poderia haver intuições morais implícitas). No caso de Steiner, isso é ainda mais claro que seu pensamento não surge na dependência ou da insatisfação com Kant, mas pode ser aplicado a ele e a todas as realizações históricas do pensamento humano. O indivíduo livre meta-kantiano de Kreyenbühl é como um peixe fora d'água (ou algo parecido), feliz por perceber que ele ainda está no lago e livre para nadar. O espírito livre de Steiner, possuído daquele "poder que contém nossos conceitos morais e que cria a partir deles um novo mundo" pode dar um passo evolucionário, e finalmente abandonar totalmente o lago.

* * *

Depois de Kant, uma palavra sobre Fichte pode talvez ser pertinente: muito porque seu *Wissenschaftslehre* foi o tema da tese de doutorado de Steiner, e porque as primeiras reflexões filosóficas maduras de Steiner surgiram a partir de sua resposta ao pensamento de Fichte. É ainda mais necessário por causa do novo modo incompatível no qual o pensamento de Fichte é formulado. Na verdade, atualmente ele é visto pela maioria dos estudantes de filosofia (para não dizer todos) como um idealista teórico do

---

263. Steiner, *Philosophy of Freedom* p. 128; o artigo ao qual ele se refere foi recentemente publicado em tradução como: Kreyenbühl, J. *Ethical-Spiritual Activity in Kant* (New York, 1986).

século XIX, difícil de ser levado a sério em seu discurso sobre o Espírito Absoluto e em suas árduas proposições obtusas sobre "O Ego em oposição ao Ego, um não-ego divisível em um ego divisível".[264] Mesmo assim, o prólogo de *A Filosofia da Liberdade* (com o subtítulo de *Verdade e Ciência*) de Steiner surge como uma tese preocupada com os detalhes técnicos, bem como um impulso geral da teoria do conhecimento de Fichte, pela qual Steiner recebeu seu doutorado em 1891. E os motivos por trás da disputa de Steiner contra as idéias de Fichte não são difíceis de serem vistos quando descobrimos que Fichte é o primeiro pensador que tenta fornecer uma análise abrangente sobre o conceito da liberdade – na verdade, Fichte afirma que todo seu sistema não passava de uma análise.

A resposta de Fichte para Kant antecipou e talvez tenha influenciado a abordagem geral de Steiner. Fichte via seu trabalho como o equivalente intelectual da Revolução Francesa, planejada para "livrar a humanidade das correntes da 'coisa-em-si', a partir de uma influência externa e o constrói em seu primeiro princípio como um ser autônomo".[265] A ligação entre o conhecimento e a liberdade, crucial para o pensamento de Steiner, surge para destacar pela primeira vez em Fichte, quando ele se desfez das últimas limitações metafísicas, o irreconhecível, as misteriosas coisas-em-si. Zeloso pela causa da liberdade, o filósofo formulou uma visão da dinâmica do conhecimento, segundo a qual nossa compreensão do mundo, longe de refletir a forma que as coisas são, na verdade determina o mundo. Nós nos colocamos contra a realidade, ele argumenta, não na contemplação, mas em uma batalha real. São simplesmente pensamentos conflitantes, não encontramos nada real; o mundo é real para nós na medida em que o controlamos, subjugamos e dominamos e, portanto, estabelecemos a nossa liberdade. O mundo é o que fazemos dele, e qualquer idéia que possamos fixar de que ele é dessa forma é pior que algo sem sentido.

É possível ver aqui em uma luz estranhamente distorcida, uma versão do caminho do impasse kantiano que Steiner tomou. Parece, para a mente observadora, que Kant deve estar certo: o universo é reconhecível apenas à medida que ele concorda com as minhas capacidades de percepção e de pensamento. A mente observadora esquece que isso nem sempre tem sido observado, e que sua organização foi formatada e formada pelas forças do ambiente no qual ela lutou para existir. Entretanto, em vez de restaurar o equilíbrio, Fichte escolhe voltar a batalha em direção da consciência em uma metafísica estranha da vontade, e acaba acreditando em um grande desejo cósmico que atua sozinho por meio do indivíduo ou do ego, forçando uma adoção total ou uma auto-afirmação absoluta que também é

---

264. Fichte, *Science of Knowledge*.
265. Carta de Fichte citada em M. H. Abrams, *Natural Supernaturalism* (New York, 1971) p. 349.

autodestrutiva. Pois se não existe mais um adversário para competir, nem lugar para ser dominado, o Ego perde sua *raison d'être*. O Ego deve, portanto, criar seu próprio adversário constantemente, como o "outro", como a "natureza", a fim de comandar e aniquilá-lo. Um Coleridge chocado rejeitou esse sistema, e ele o denunciou horrorizado como um "egoísmo rude, uma hostilidade prepotente e hiperestóica para com a NATUREZA, como algo morto, herege e totalmente profano".

Steiner também não tinha nenhuma relação com os metafísicos alemães da vontade por motivos que ele esclareceu em *A Filosofia da Liberdade*. Para ele, o Ego destrutivo e impaciente de Fichte pode ser qualquer coisa, menos algo livre. Mas a influência da linguagem de Fichte não estava limitada àqueles que abordaram suas últimas especulações. Essas suposições ecoaram em uma atitude muito mais difundida para a natureza que tornou-se a mercadoria principal dos sonhos tecnológicos: "Subjugar toda a natureza não-racional para si mesmo, controlá-la livremente e segundo sua própria lei é a meta final do homem..." Quando ele rejeita o sonho impulsionado pela vontade de Fichte, Steiner está, ao mesmo tempo, corrigindo uma má interpretação dos materiais sobre os quais a sua própria filosofia está formada – e desafiando uma atitude, baseada nessa má interpretação, que foi longe demais criando o mundo que conhecemos hoje. O "domínio da natureza" por tais meios, ele afirma, irá nos enganar sobre uma liberdade real. Ao falhar na compreensão das forças que nos impulsionam, talvez nos entreguemos àqueles "formadores da mente não-regenerada" (*The Eolian Harp* – A harpa eólica), que Coleridge em um poema sobre o novo panteísmo temia que substituiria as antigas diretrizes dadas por Deus.

Coleridge – em seu poema – e Fichte, de forma mais permanente, foram levados de alguma maneira a perder o chão por uma intoxicação da liberdade. Para Steiner, isso serviu para mostrar que uma avaliação lúcida da liberdade filosófica pode agir tanto contra a ansiedade, como contra os sonhos mais loucos. Sua resposta não foi (para continuar na analogia do banho) aquela que temos de manter nossos pés firmemente no fundo, que seriam as teorias "básicas" da metafísica, garantindo os valores a partir do interior. Devemos, desde o advento do conhecimento moderno, aprender de forma apropriada como nadar.

Cronologia

1861 — Rudolf Steiner nasceu em Kraljevic (Áustria), em 27 de fevereiro

1879 — Estudante em Viena, estuda matemática e ciências bem como literatura e filosofia; participa de palestras dadas por Brentano.

1882-1897 — Edita os escritos científicos-naturais de Goethe. Trabalha no Arquivo Goethe-Schiller em Weimar; mais tarde, no Arquivo de Nietzsche.

1886 — *Outlines of a Goethean Theory of Knowledge.*

1888 — *Goethe – The Founder of a New Aesthetics.*

1892 — *Truth and Knowledge* (publicou a versão da tese de doutorado de Steiner sobre epistemologia com uma referência especial a Fichte).

1894 — *A Filosofia da Liberdade.*

1897— Extensa obra literária e filosófica em Berlim, por exemplo, na Sociedade Giordano Bruno (da qual ele foi expulso por expressar visões positivas sobre Tomás de Aquino).

1899-1904 — Palestrante no Workers Educational College em Berlim.

1904 — Casa-se com Anna Eunicke (1899; morreu em 1911).

1900 — *Nineteenth-Century Ideas of the World and Life* (mais tarde incluído em *The Riddles of Philosophy* (1914).

1904 — Teosofia: Uma introdução ao Conhecimento Supersensível do Mundo e o destino do Homem; também, O Conhecimento dos Mundos Mais Elevados e suas Realizações.

1909-1911 — *Anthroposophie, Psychosophie, Pneumatosophie* (palestras em Berlim).

1910 — *Anthroposophie. Ein Fragment*; também *An Outline of Esoteric Science.*

1910-1913 — Trabalho com Marie von Sivers no domínio artístico, incluindo o desenvolvimento da nova arte do movimento: Eurythmy – Eurritmia – (1912).

1911 — Participa do Congresso Filosófico em Bolonha. *The World of the Senses and the World of the Spirit* (palestras, Hanover)

1912 — *The Spiritual Foundation of Morality* (palestras, Norrköping).

1913 — Sociedade Antroposófica fundada independentemente da Sociedade Teosófica. Muitas viagens e palestras em toda a Europa, incluindo uma visita a Londres (1914). Construção do First Goetheanum, uma estrutura talhada na madeira que inclui teatro, salas para reuniões, escultura e pintura, etc., em um local doado em Dornach, Suíça.

1914 — Casa-se com Marie Von Sivers.

The Riddles of Philosophy, também *Human and Cosmic Thought* (palestras, Berlim).

1917 — *The Case for Anthroposophy* (Von Seelenrätseln).

1919 — *The Study of Man* (palestras, Stuttgart).

Idéias sobre a "tríplice da ordem social" apresentadas em palestras e em livros, tais como *The Inner Aspect of the Social Question*. Fundação da primeira Escola Waldorf (Steiner), em Stuttgart. Fala amplamente sobre assuntos educacionais.

1920 — *The Bounds of Natural Knowledge* (palestras, Dornach).

1921 — *Man as a Being of Sense and Perception* (palestras, Dornach).

1922 — *The Origins of Natural Science* (palestras, Dornach).

1922-1923 — Incêndio do First Goetheanum (Noite de Ano Novo). Planos para o Second Goetheanum de concreto (inaugurado em 1928).

1923 — Novas abordagens em medicina, agricultura, pedagogia, religião e ciência. Participa da fundação da Societies em vários países da Europa, antes da nova fundação da Sociedade Antroposófica, Natal, 1923.

1924 — *Antroposofia. Uma Introdução* (palestras, Dornach).

1924-1925 — Atividade externa abreviada por doença, mas continua escrevendo e trabalhando em sua autobiografia. *Anthroposophical Leading Thoughts*; também *Fundamentals of Therapy* (com o dr. Ita Wegman).

1925 — Morre em 30 de março, em Dornach.

Bibliografia Selecionada

A. Principal

Obras de Rudolf Steiner:
Anthroposophical Leading Thoughts. London, 1973.
Anthroposophie. Ein Fragment. Dornach, 1980.
Anthroposophie. Psychosophie. Pneumatosophie. Dornach, 1931.
Antroposophy. An Introduction. London, 1983.
The Boundaries of Natural Science, com Introdução de Saul Bellow, New York, 1983.
Christianity as Mystical Fact. New York, 1997.
Colour. London, 1996.
Eleven European Mystics. New York, 1971.
Evil. London, 1997.
The Evolution of Consciousness. London, 1966.
Friedrich Nietzsche. Fighter for Freedom. London, 1960.
Fruits of Anthroposophy. London, 1986.
The Influences of Lucifer and Ahriman. Man's Responsibility for the Earth (1976).
The Inner Nature of Man. London, 1959.
Goethe als Vater einer neuen Ästhetik. Doenach, 1963.
The Gospel of St. John. New York, 1962.
Human Values in Education. London, 1971.
The Karma of Materialism. New York e London, 1985.
Man as a Being of Sense and Perception. Vancouver 1981.
Man – Hieroglyph of the Universe. London, 1972.
Man in the Light of Occultism, Theosophy and Philosophy. London, 1964.
Man in the Past, Present and Future. The Evolution of Consciousness. London, 1966.
Methodische Grundlagen der Anthroposophie. Doenach, 1961.

Nature's Open Secret. Introductions of Goethe's Scientific Writings. New York, 2000.
Origins of Natural Science. Com Introdução de O. Barfield. London e New York, 1985.
Outline of Esoteric Science. New York, 1997.
Philosophy and Anthroposophy. London e New York, 1929.
The Philosophy of Freedom, trad. M. Wilson. London, 1999.
The Philosophy of Spiritual Activity, trad. R. Stebbing. New York, 1963.
The Redemption of Thinking. A Study in the Philosophy of Thomas Aquinas. London, 1956
The Riddles of Philosophy. New York, 1973.
The Significance of Spiritual Research for Moral Action. New York 1981.
The Spiritual Foundation of Morality. (Vancouver n.d.)
A Theory of Knowledge based on Goethe's World-Conception. 1968. New York.
Theosophy. London, 1965.
Towards Social Renewal. London, 1999.
"Truth, Beauty, Goodness," in: Art in the Light of Mystery Wisdom. London, 1970.
A Way of Self-Knowledge. New York, 1999.
Wahrheit und Wissenschaft. Vorspiel einer Philosophie der Freiheit. Dornach, 1980.
The World of the Senses and the World of the Spirit. Vancouver, 1979.

Obras de Rudolf Steiner coletadas ou editadas por outras pessoas:
BARFIELD, Owen. *The Case for Anthroposophy.* London, 1970.
MACDERMOTT, R. *The Essential Steiner.* New York e San Francisco, 1984.
PALMER, O. *Rudolf Steiner on his Book "The Philosophy of Freedom".* New York, 1975
WELBURN, A. *The Mysteries. Rudolf Steiner's Writings on Spiritual Initiation.* Edingurgh, 1997.

B. Secundária

ALTEHAVE, G. (ed.) *Im Vorfeld des Dialogs.* Stuttgart, 1992.
AMRINE, F. et al. (eds.) *Goethe and the Sciences: A Reappraisal.* Dordrecht, 1987.
AUSTIN, J.L. *Sense and Sensibilia.* Oxford London e New York, 1962.
BARFIELD, Owen. *The Rediscovery of Meaning and Other Essays.* Connecticut, 1977.
—— *Romanticism Comes of Age.* Connecticut, 1967.
—— "*Rudolf Steiner's Concept of Mind*", in: Romanticism Comes of Age (Connecticut, 1967, pp. 241-54).

—— *Saving the Appearances*. A Study in Idolatry. New York, n.d.
—— *Speaker's Meaning*. London, 1967.
—— *What Coleridge Thought*. Oxford, 1971.
BARROW, J.D., e Tipler, F. J. *The Anthropic Cosmological Principle*. Oxford and New York, 1986, 1998.
BERGER, P.L. *A Rumour of Angels. Modern Society and the Rediscovery of the Supernatural*. Harmondsworth, 1971.
—— e Luckmann, T. *The Social Construction of Reality. A Treatise in the Sociology of Knowledge*. Harmondsworth, 1971.
BORTOFT, H. T*he Wholeness of Nature: Goethe's Way Toward a Science of Conscious Participation in Nature*. New York, 1996.
Butterfield. *The Whig Interpretation of History*. London, 1951.
COLLINGWOOD, R.G. *The Principles of Art*. London e New York, 1958.
DAVIDSON, N. *Astronomy and the Imagination*. London, Boston e Melbourne, 1985.
DAVY, J. (ed.), *Work Arising from the Life of Rudolf Steiner*. London, 1975.
DOBBS. B.J. *The Janus Face of Genius: The Role of Alchemy in Newton's Thought*. Cambridge, 1991.
DOUGLAS, M. *Natural Symbols*. Harmondsworth, 1973.
EMMET, D. *The Nature of Metaphysical Thinking*. London e New York, 1966.
FINDLAY, J.N. Hegel. *A Re-examination*. London e New York, 1958.
FOOT, P. Theories of Ethics. Oxford e Nova Iorque, 1967.
GAY, Peter. *The Enlightenment. The Rise of Modern Paganism*. New York e London, 1966.
GUT, B. *Informationstheorie und Erkenntnislehre*. Stuttgart n.d.
—— "Die Klassifikation seelischer Phaänomene und der Fortbestand der Individualität. *Versuch an einem Topos der Philosophie Franz Brentanos*", Die Drei. (1988) 2, 118-135.
—— *Die Verbindlichkeit frei gesetzter Intentionen*. Stuttgart, 1990.
HACKING, I. (ed.) *Scientific Revolutions*. Oxford e New York, 1981.
HARE, R. M. *Freedom and Reason*. Oxford, 1963.
HARWOOD, A. C. (ed.). *The Faithful Thinker*. London, 1961.
HEGEL, G.W.F. *Lectures on the Philosophy of Religion*. 3 vols. London e New York, 1974.
HEMLEBEN, J. *Rudolf Steiner*. Sussex, 1975.
—— *Rudolf Steiner und Ernst Haeckel*. Stuttgart, 1965.
HOFFMANN, David Marc. *Zur Geschichte des Nietzsche-Archivs*. Na série Supplementa Nietzscheana. Berlim e New York, 1991.
HOLBROOK, D. *Evolution and the Humanities*. Aldershot, 1987.
HUBER, J. "Astral Marx", no diário New Economy 8. (Verão de 1983), pp. 3-6.
HULME, T.E. *Speculations. Essays on Humanism and the Philosophy of Art*. London e New York, 1987.

HUSSERL, E. *Cartesian Meditations*. Haia, 1960.
—— *Logical Investigations*. London, 1970.
Jacob, M.C. *The Radical Enlightenment*. London, Boston e Sydney, 1981.
KAGAN, J. *The Nature of the Child*. New York, 1984.
KALLERT, B. *Die Erkenntnistheorie Rudolf Steiners*. Stuttgart, 1971.
KLINGER, W. *Rudolf Steiners Menschenbild*. Phil. Diss. Basel, 1969.
KOENIG, K. *The First Three Years of the Child*. New York, 1986.
KOERNER, S. *Kant*. Harmondsworth, 1955.
KREYENBÜHL, J. *Ethical-Spiritual Activity in Kant*. New York, 1986.
KUGLER, W. "Zeichen des Aufbruchs. Rudolf Steiner im Kreis der "Kommenden', no diário Die Drei. 1985, 607-618.
KÜHLEWIND, G. *The Logos Structure of the World*. New York, 1986.
—— *Stages of Consciousness*. New York, 1984.
KUHN, T. S. *The Structure of Scientific Revolutions*. Chicago, 1970.
LACAN, Kacques. *Écrits: A Selection*. New York, 1977.
LAUER, E.-H. *Die zwölf Sinne dês Menschen*. Schaffhausen, 1977.
LEHRS, E. *Man or Matter*. London, 1961.
LINDENBERG, C. *Rudolf Steiner*. Hamburg, 1992.
MACBETH, N. *Darwin Retried*. New York, 1976.
MACMURRAY, *The Self as Agent*.
MARSELLA, A. J. et al (eds.). *Culture and Self*. New York e London, 1985.
MERLEAU-PONTY, M. *Phenomenology of Perception*. London e Henley, 1962.
MEYER, T. H. D. N. Dunlog. *A Man of our Time*. London, 1992.
MILLER, A. V. "Rudolf Steiner and Hegel", Anthroposophical Quarterly 17 (1972) 4
MURDOCH, I. *The Sovereignty of Good*. London, 1970.
NAGEL, E. e Newman, *J. R. Goedel's Proof*. New York, 1960.
NICHOLL, C. *The Chemical Theatre*. London, 1980.
OLDENBURG, A. (ed.) *Zeitgenossen Rudolf Steiners im Berlin der Jahrhundertwende*. Dornach, 1988.
PASSMORE, J. A. *Hundred Years of Philosophy*. Harmondsworth, 1968.
PEARS, D. *Wittgenstein*. London, 1971.
PENROSE, R. *The Emperor's New Mind: Concerning Computers, Minds and the Laws of Physics*. Oxford, 1999.
PIAGET, J. Play, *Dreams and Imitation in Childhood*. London, 1962.
—— *The Principles of Genetic Epistemology*. London, 1972.
—— *Psychology and Epistemology. Towards a Theory of Knowledge*. Harmondsworth, 1972.
—— "The Myth of the Sensori Origin of Scientific Knowledge" in: Psychology nd Epistemology. *Towards a Theory of Knowledge*. Harmondsworth, 1972.
——, *Structuralism*. London, 1971.

PIVCEVIC, E. *Husserl and Phenomenology*. London, 1970.
— (ed.) *Phenomenology and Philosophical Understanding*. Cambridge, London e New York, 1975.
PRÍNCIPE, L. *The Aspiring Adept. Robert Boyle and his Alchemical Quest*. Princeton, 1998.
PUTNAM, Hilary. *The Collapse of the Fact/Value Dichotomy*. Harvard e London, 2002.
RODER, F. "Franz Brentano in der Begegnung Rudolf Steiners", no diário Die Drei (1988) 3, 197-219.
RYLE, G. *The Concept of Mind*. Harmondsworth, 1973.
SCHELER, Max. *The Nature of Sympathy*. London e Henley, 1954.
SCHMIDT, K. Maurice Merleau-Ponty. *Between Phenomenology and Structuralism*. Basingstoke e London, 1985.
SEARLE, R. "How to Derive 'Ought' from 'Is'", in: Foot, P. (ed.), Theories of Ethics. Oxford, 1967.
SMITH, Barry (ed.), *Structure and Gestalt: Philosophy and Literature in Austro-Hungary and her Successor States*. Amsterdã, 1981.
STEIN, Die moderne naturwissenscheftliche Vorstellungsart und die Weltanschauung
GOETHES, *Wie sie Rudolf Steiner Vertritt*. Stuttgart, 1921.
STEINER, G. *Real Presences*. London e Boston, 1989.
STRAWSON, P. F. *The Bounds of Sense*. An Essay on Kant's Critique of Pure Reason. London, 1966.
SUIGERMAN, S. *Evolution of Consciousness: Studies in Polarity*. Connecticut, 1976.
SWINBURNE, R. *The Evolution of Soul*. Oxford, 1997.
TAUTZ, J. W. J. Stein. *A Biography*. London, 1990.
UNGER, C. *Principles of Spiritual Science*. New York, 1976.
— *Aus der Sprache der Bewusstseinsseele*. Basel, 1954.
WANNAMAKER, O. D. *Rudolf Steiner's 'Philosophy of Spiritual Activity': A Student's Introduction and Analysis*. New York, 1963.
WARNOCK, G. J. *Berkeley*. Harmondsworth, 1969.
WARNOCK, M. *Imagination*. London e Boston, 1976.
WASTPHAL, J. *Colour. Some Philosophical Problems from Wittgenstein*. Oxford, 1987.
—, 'Henry Ford, Objective Idealist' in: Golden Blade. (1979), 115-36.
Whitehead, *Adventures of Ideas*. Cambridge, 1947.
WILLIAMS, Groundless Belief. *An essay on the possibility of epistemology*. Oxford, 1977.
WITTGENSTEIN, L. *Philosophical Investigations*. Oxford, 1972.

Este livro foi composto em Times New Roman, corpo 11/12.
Papel Offset 75g – Bahia Sul
Impressão e Acabamento
Gráfica Palas Athena – Rua Serra de Paracaina, 240 – Cambuci – São Paulo/SP
CEP 01522-020 – Tel.: (0_ _11) 3209-6288 – e-mail: editora@palasathena.org